PERSUASIÓN CONSCIENTE

Utiliza la PNL para comunicar mejor

XAVIER PIRLA LLORENS

PERSUASIÓN CONSCIENTE

Utiliza la PNL para comunicar mejor

EDICIONES PIRÁMIDE

Primera edición: octubre, 2025

Diseño de cubierta: José Luis Espuelas

© Xavier Pirla Llorens, 2025
© Ediciones Pirámide (Grupo Anaya, S. A.), 2025
Valentín Beato, 21. 28037 Madrid
Teléfono: 91 393 89 89
www.edicionespiramide.es

PAPEL DE FIBRA
CERTIFICADA

ISBN: 978-84-368-5111-3
Depósito legal: M. 16.323-2025
Impreso en España - Printed in Spain

AGRADECIMIENTOS

A mis maestros de la persuasión, Richard, John, Omar y GG, por su generosidad enseñando. A todos los que me han ayudado revisando el libro de manera desinteresada. Y, por supuesto, a quienes me han apoyado y animado a hacer este libro: Becca, Roc y Bernie.

ÍNDICE

PRÓLOGO

Xavier Pirla Llorens ha entrenado conmigo durante muchos años. Su experiencia, dedicación a la enseñanza de la Programación Neurolingüística y apoyo en mis formaciones han consolidado su posición como Master Trainer de PNL por méritos propios.

Mi respeto por él y por su trabajo me lleva a recomendar encarecidamente la lectura de este libro.

Cuando comencé hace unos 55 años a poner orden en el caos de la psicoterapia quedó rápidamente claro que la comunicación, las artes, las ventas, la negociación, el marketing, la gestión, la formación y muchas otras áreas habían sido contaminadas por teorías psicológicas que no solo las volvían ineficaces, sino que, en muchos casos, las perjudicaban aún más.

Construí modelos de ventas y del arte de la persuasión para poner orden este costoso caos.

Es por esta razón que me complace enormemente escribir el prólogo de *Persuasión Consciente*. En este libro, Xavier Pirla amplía mi trabajo y aporta habilidades que cualquiera puede utilizar para incrementar su éxito.

Este libro desentraña la mecánica de la toma de decisiones en el cerebro, ayudando a los lectores a comprender mejor a los demás y a adaptarse de manera más efectiva.

Persuasión consciente es una guía de liderazgo y éxito en cualquier profesión donde la influencia juegue un papel crucial.

Te animo a leer este libro y aprender de sus enseñanzas.

Dr. Richard Bandler
Padre y cocreador de la Programación Neurolingüística (PNL)

INTRODUCCIÓN

Vivimos en un mundo donde no siempre sucede lo que deseamos, y la persuasión es una de nuestras herramientas para influir deliberadamente en los demás. Existen muchos libros sobre persuasión, y la gran mayoría nos explican cómo cambiar a los demás utilizando diversas técnicas.

Sin embargo, pocos abordan cómo el acto de persuadir puede transformarte a ti mismo. A mi entender, persuadir no debería limitarse a *apretar botones* en los demás. Significa estar dispuesto a cambiar tu forma de pensar, para ser más flexible y comprender mejor a los otros. También implica reflexionar sobre cómo percibes el mundo, cómo reaccionas ante él y cómo, gracias a tus interacciones, puedes aprender tanto de ti mismo como de los demás. Así, persuadir deja de ser solo una herramienta de influencia y se convierte en una oportunidad para evolucionar como persona mientras generas un impacto positivo en quienes te rodean.

Este libro es una invitación a una concepción moderna de la persuasión: más consciente, respetuosa y orientada a que te conviertas en un líder transformador. Un líder que, en lugar de buscar solo su propio beneficio, aspire a construir algo en común con sus interlocutores.

Existen diferentes perspectivas sobre la persuasión, y todas pueden ser válidas en ciertos contextos. La propuesta que encontrarás aquí no es una persuasión estática, sino evolutiva: una persuasión generativa de cambio, tanto en ti como en los demás.

Si buscas un poco de literatura sobre el tema, te encontrarás con enfoques llenos de *leyes* o *reglas* generales que parecen aplicarse a cualquier persona. Es una forma ciertamente reconfortante de abordar el tema: estas reglas, que supuestamente rigen los mecanismos universales del ser humano, una vez dominadas prometen darte la seguridad que necesitas. Es un mundo *newtoniano* donde, supuestamente, A siempre causa B porque así lo afirman los expertos.

Esta concepción de la persuasión proviene de una visión *científica* del mundo, en la que los sujetos de estudio son tratados como pequeñas ratas de laboratorio, sometidas a pruebas mientras el experimentador observa sus reacciones desde la comodidad de un espejo unidireccional.

Otra visión (quizá anterior a esta) es la de un mundo lleno de enemigos potenciales y donde cada interacción humana es un juego de suma cero: ganar o perder. En un contexto así, las técnicas de influencia son armas que se usan para defenderse o atacar, donde el persuasor es un estratega que busca manipular la voluntad del otro en un gran tablero de ajedrez donde las piezas son seres humanos.

Leyes como *Oculta tus intenciones reales tras una fachada de amabilidad* y *Asegúrate de que cualquier competidor directo quede fuera del camino, incluso si eso significa usar técnicas poco éticas,* nos revelan un escenario en constante lucha donde las *leyes* se convierten en estrategias calculadas para navegar por un ambiente competitivo y maximizar las posibilidades de éxito.

Maquiavelo aconseja al príncipe regente en su obra *El Príncipe*: «Los hombres olvidan más fácilmente la muerte de su padre que la pérdida de su patrimonio». Estos consejos parecen normas de supervivencia en un mundo hostil.

Aunque estas visiones puedan tener cabida en contextos específicos, como el marketing de masas, la política, el entorno de las grandes corporaciones o cierto tipo de ventas, no reflejan la riqueza de las interacciones humanas en su conjunto.

Las implicaciones de este tipo de aproximaciones se reflejan en la sociedad actual:

- Solo el 36% de los empleados en grandes corporaciones siente que trabaja en un entorno psicológicamente seguro (Gallup, 2023).
- El alto nivel de estrés causado por ambientes laborales tóxicos está vinculado a un incremento del 50% en la rotación de empleados (McKinsey, 2022).
- La desconfianza ciudadana en los políticos alcanza el 64% en países democráticos, según el informe de Edelman Trust Barometer 2023.
- Un 78% de los clientes menciona la falta de confianza como la razón principal para no volver a contratar un servicio (Salesforce, 2023).

Esta aproximación a la persuasión me recuerda a la visión que ha imperado durante muchos años sobre los recursos naturales de la tierra. Los océanos, bosques y animales han sido considerados propiedad de algunos, haciendo un uso indiscriminado, egoísta y cortoplacista de ellos, con un resultado que ha beneficiado solo a una de las partes y perjudicado gravemente a la otra.

La crisis ambiental que enfrentamos hoy en día, en la que el uso de recursos y sus consecuencias no son sostenibles, es similar a la epidemia de falta de seguridad psicológica en los entornos laborales. Cada vez más personas trabajan bajo niveles de estrés tan elevados que terminan en *burnout*, lo que le cuesta a la Unión Europea más de 136.000 millones de euros al año en bajas laborales, según la Agencia Europea para la Seguridad y la Salud en el Trabajo (EU-OSHA).

Son síntomas de un enfoque donde la otra persona (en nuestro caso el persuadido) no es el centro, sino simplemente el medio para un fin.

El tipo de visión de persuasión que escojas dependerá de tus valores. La visión que yo te propongo, aunque compartida con más personas, es con la que yo me siento cómodo, y por ese motivo me implico personalmente, dando mi opinión en vez de simplemente hacer un libro *divulgativo*. En esta visión de la persuasión el centro está en el respeto a la esencia de los seres humanos y en su descubrimiento.

No es una persuasión que sirva para grandes masas; tampoco puede que sea inmediata, ni quizá parezca un truco de magia mental. Es una visión a largo plazo, pausada, que requiere a menudo paciencia y que se nutre en parte del concepto de *seguridad psicológica*.

La *seguridad psicológica*, como describe la investigadora Amy Edmondson, es la percepción de los individuos de que pueden expresarse sin temor a consecuencias negativas para su autoestima, posición social o empleo. Cuando nos sentimos seguros no nos tenemos que defender ni atacar.

Es una invitación a construir espacios donde la influencia no sea un juego de suma cero, sino una danza colaborativa. En un entorno de *seguridad psicológica*, las personas se sienten libres para compartir ideas, cuestionar supuestos y expresar vulnerabilidades, porque saben que serán escuchadas y valoradas sin miedo al juicio o al castigo.

Siempre que inicio un curso o conferencia sobre persuasión, defino tres conceptos clave:

Coacción: Uso de amenazas o fuerza para obligar a alguien a actuar de una manera específica, generalmente bajo la posibilidad de sufrir consecuencias negativas si no se cumple lo exigido. Es el *Si no te quedas estas horas extras te vas a quedar sin trabajo.*

Imposición: Uso de la jerarquía, normas o reglas establecidas para obligar a otros a aceptar una idea, decisión o comportamiento, sin que exista un espacio real para la negociación o el desacuerdo. Es el *Lo vas a hacer porque yo soy tu padre.*

Persuasión: La persuasión es el uso de argumentos, razonamientos y estrategias emocionales para influir en las ideas, decisiones o comportamientos de otra persona, buscando un resultado mutuamente aceptable o beneficioso. Es decir, negociando con la otra persona. Sería algo así como: *¿Qué es lo que más te preocupa al realizar esta tarea? Esto podría ayudarte a ahorrar tiempo y reducir tu estrés. Un cliente logró reducir un 30% su tiempo en una semana. ¿Cómo ves que podría encajar en tu situación?*

En mi experiencia trabajando con miembros de las fuerzas de seguridad, a pesar de tener instrumentos claros de coacción y la posibilidad de recurrir a la imposición, los agentes más experimentados optan siempre por la persuasión.

En su libro *Fundación,* el famoso escritor de ciencia ficción Isaac Asimov dice: *«La fuerza es el último recurso del incompetente».* Esta cita me la aplico cada vez que en casa acabo utilizando la imposición o la coacción con mis hijos. Ese momento de *porque yo soy tu padre* o *si no lo haces te vas a quedar sin tele* es mi momento personal de fracaso, porque es cuando soy consciente de que no he conseguido negociar la salida a la situación.

Existen contextos en los que la coacción o la imposición son las únicas salidas viables, pero es importante entender que ninguna de ellas genera implicación por parte de la otra persona, y mucho menos refuerza la relación entre ambas partes.

En la visión que te propongo en este libro, tanto tú como tus interlocutores vais a ser relevantes. Todo lo que sucede en tu mente afecta al proceso persuasivo; sin esta consciencia es difícil entender cómo respondes a lo que te sucede cuando estás frente a los demás.

Cada uno de tus miedos, inseguridades, enfados y sonrisas afectan a tu modo de comunicar y tienen un impacto en tu interlocutor. En este modo de ver la persuasión, lo que pasa dentro de ti afecta a los demás. Hasta la *cara de póker* tiene efectos en tus interlocutores. Como decía el teórico de la comunicación Paul Watzlawick, *«Es imposible no comunicar».*

Para poder mejorar necesitas saber qué haces que te funciona y qué haces que no. El problema es darse cuenta de ello. Sin esa consciencia, es difícil hacer algo diferente para obtener resultados diferentes.

Desde que nacemos, los seres humanos aprendemos a comunicarnos de manera inconsciente, observando, imitando y, como se denomina en psicología, a través del *modelado*. Este aprendizaje intuitivo nos lleva a desarrollar habilidades de comunicación sin ser plenamente conscientes de cómo las adquirimos. Gracias a ello somos muy eficientes comunicando, pero luego no es más difícil mejorar sistemáticamente.

El *modelo de las cuatro etapas del aprendizaje* de Noel Burch nos ayuda a comprender mejor este proceso. Sus etapas son:

- **Incompetencia inconsciente** (no sé que no lo sé hacer).
- **Incompetencia consciente** (sé que no lo sé hacer).
- **Competencia consciente** (tengo que poner atención para hacerlo).
- **Competencia inconsciente** (puedo hacerlo sin necesidad de fijarme).

Comenzamos en un estado de *incompetencia inconsciente,* en el que no sabemos lo que no sabemos hacer, y progresamos a través del *aprendizaje consciente* hasta alcanzar un nivel de *competencia inconsciente,* es decir, realizamos ciertas habilidades de manera automática sin saber exactamente cómo las ejecutamos.

Si bien esta automatización nos permite ser rápidos y eficaces, también nos dificulta mejorar, ya que no somos conscientes de lo que hacemos ni de cómo lo hacemos.

Por eso, enseñar a un adulto a comunicarse mejor puede resultar frustrante. Este proceso implica retroceder en las etapas de aprendizaje, pasando por la *competencia consciente* (prestar atención deliberada a cómo comunicamos) o incluso, en algunos casos, volver a la *incompetencia consciente* (darnos cuenta de que no sabemos comunicarnos adecuadamente en ciertos contextos).

Todo lo que implica la consciencia activa está fuertemente relacionado con el *lóbulo prefrontal*. Esta parte del cerebro nos diferencia de la mayoría de los mamíferos, al permitirnos planificar, reflexionar y regular nuestras emociones. Sin embargo, los procesos conscientes requieren un alto consumo de recursos y son más lentos que los automáticos. En este libro te guiaré para que tomes conciencia tanto de lo que ya sabes hacer como de aquello que quizá aún no.

Te advierto que prestar atención puede hacernos sentir más torpes y generar frustración, algo similar a cuando aprendemos a conducir por primera vez o intentamos corregir un mal hábito al volante. Comparado con la comodidad de hacer las cosas sin pensar, mejorar puede parecer incómodo al principio, pero este desafío se resuelve con paciencia, curiosidad y flexibilidad, cualidades que los niños poseen en abundancia y que los convierten en auténticas esponjas de conocimiento.

Además, cada uno de los estímulos externos, ya sea en forma de palabras, gestos, tonos o, por supuesto, silencios de la otra persona, también te afectan. Estas respuestas que tenemos ante dichos estímulos nos revelan cómo somos. Y, por supuesto, también indican si sentimos o no esa seguridad psicológica al comunicar.

Sería fácil decir: *No me dejas hablar, me sacas de quicio* o *contigo siempre se acaba a gritos*. En todos estos casos la responsabilidad de la interacción se ha trasladado a la otra persona, considerándola la generadora de nuestros comportamientos, en lugar de reconocer que somos nosotros quienes reaccionamos a lo que nos ocurre. La *persuasión consciente* que te propongo requiere asumir responsabilidad personal y comprender que la comunicación es siempre, como mínimo, un proceso de dos.

La mejor herramienta que conozco para desarrollar esta conciencia es la *Programación Neurolingüística* (PNL), ya que nos permite analizar cómo pensamos, sentimos y actuamos como individuos. A diferencia de otras disciplinas que buscan explicaciones generales sobre el comportamiento humano, la PNL se centra en describir nuestra propia experiencia mientras comunicamos y en comprender lo que ocurre en la persona que tenemos frente a nosotros.

A lo largo de este libro te hablaré sobre qué es la PNL, cómo puede ayudarte a crecer y, especialmente, a mejorar tus habilidades de persuasión.

Tengo la fortuna de contar como amigo, mentor y maestro al padre de la PNL, el Dr. Richard Bandler, así como de haber conocido a algunos de los mayores expertos en PNL del mundo. Muchos de ellos los considero grandes amigos, y de todos he podido aprender muchísimo.

Gracias a la PNL pasé de ser un ingeniero tímido, con pocas habilidades sociales, a hablar en público, entrenar y mentorizar a miles de personas a lo largo de los últimos 25 años. La PNL no hizo el trabajo por mí, pero, con la guía de grandes mentores y, sobre todo, con mi compromiso de aplicar lo que iba aprendiendo, logré desarrollar las habilidades necesarias para convertirme en un comunicador más efectivo y, por supuesto, en una mejor persona.

En vez de buscar mecanismos inconscientes en las personas para doblar su voluntad a nuestro gusto, para mí la persuasión puede utilizarse para crear la base de un edificio con relaciones duraderas basadas en el respeto y la confianza, con la intención de aprender y descubrir más sobre cómo piensa, siente y se comporta otra persona. Cuando esto sucede, el resto viene naturalmente.

Hemos evolucionado como sociedad y como individuos, reconociendo que cada persona es un universo complejo, guiado por emociones, valores y contextos donde reducirlos a simples *botones* es una oportunidad perdida.

La persuasión moderna debería ir más allá: no se trata de manipular, sino de entender profundamente a las personas, de conectar con ellas de manera genuina y de crear un impacto positivo que beneficie a ambas partes.

En este sentido, nos alejaremos del enfoque maquiavélico de utilizar a las personas como medios para un fin, invitándonos a establecer relaciones basadas en el respeto mutuo, en el crecimiento compartido y, especialmente, en la generosidad.

No hace falta percibir el mundo como un lugar abundante para ser generoso, sino darse cuenta de cómo el miedo a perder, a no tener o a no ser, nos impacta.

Dominique Lapierre relata en *La ciudad de Alegría* (un barrio de Calcuta llamado Anand Nagar donde viven los más pobres y desamparados), cómo en medio de la más extrema miseria se daban casos excepcionales de altruismo y generosidad. Sus habitantes eran héroes de la generosidad y de la compasión sin tener absolutamente nada.

El *persuasor consciente* es un ser generoso por definición, independientemente de las circunstancias en las que se encuentre. Porque en esta persuasión no se trata solo de obtener un *sí*, sino de crear un *sí* que transforme, inspire y beneficie a todos los involucrados.

El objetivo que me ha llevado a escribir este libro no es solo ayudarte a que te conviertas en un mejor comunicador, sino a que puedas crecer e influir positivamente en los demás, llegando a ser alguien que no solo busca extraer recursos o ventajas, sino que aspira a ser un *héroe* y no solo una *víctima* en las interacciones cotidianas.

Al comprender y aplicar las ideas aquí presentadas podrás transformar cada contacto con otros en una oportunidad para impactar positivamente, fomentando relaciones genuinas y creando un valor duradero. Porque no se trata solo de lo que puedes obtener, sino de lo que puedes aportar.

Este libro te invita a ser esa fuerza transformadora que inspira, conecta y contribuye al bienestar de todos. Entender lo que te pasa y entender a los demás te dará más claridad, más capacidad de autoliderazgo y especialmente más seguridad.

Con esta base sólida podrás convertirte en un verdadero agente del cambio, capaz de influir y transformar positivamente las vidas de los demás en cada interacción.

Estimado lector, bienvenido a este viaje de autodescubrimiento, donde aprenderás a ser un mejor persuasor a través de un mayor conocimiento de ti mismo y de los demás.

1
¿POR QUÉ PERSUASIÓN CONSCIENTE?

1. La teoría del Big Bang que cambió mi vida

Hace muchos años, mientras asistía a una formación de PNL en Orlando con el Dr. Richard Bandler (cocreador de la PNL), una alumna de ese curso (a la que desde entonces le tengo mucha estima) me preguntó:

—Oye, ¿has visto la serie *The Big Bang Theory*?

Le respondí que no, y me dijo:

—Deberías verla.

Su comentario me dejó intrigado. Más tarde, cuando regresé a mi habitación del hotel, casualmente la estaban emitiendo.

Descubrí en esa serie a un conjunto de jóvenes profesores universitarios de ciencias físicas más raros que un perro verde. *¿Yo soy así? ¿Qué tengo en común con un grupo de desadaptados sociales que vivían en su mundo de ciencia y videojuegos?*

Lo más evidente era que yo no era un científico, aunque sí un ingeniero (lo cual, en el mundo de *The Big Bang Theory* cuenta menos para el estatus de *nerd*). Pero sí era cierto que soy más bien tímido e introvertido, y que no me abro fácilmente a las personas. ¿Sería eso?

Después del shock inicial, y como ya era trainer de PNL, me hice la pregunta: *¿Cómo puedo mejorar? ¿Qué hacen las personas «normales» que yo no hago? ¿Cuáles son los elementos que hacen a una persona más carismática y que la dejan fuera de la cajita de «nerd»?* La propia serie me dio una serie de pistas puramente conductuales; sin embargo, lo que descubrí es que la verdadera clave estaba en la *actitud*.

Hablar de actitud no es tarea fácil, pero para que puedas sacar el máximo provecho de este libro te propongo primero establecer un acuerdo sobre algunas ideas fundamentales. Es importante entender cómo debería pensar un persuasor consciente que sigue el *lado luminoso de la fuerza* (sí, referencia a *Star Wars*, porque en eso también coincido con *Sheldon* y sus amigos).

Algo así como cuando alguien va a comprarse una moto o automóvil deportivo y le dicen: *¿Entiende que esta máquina le puede ofrecer muchas emociones fuertes, pero al mismo tiempo tiene que tener las habilidades para poder pilotarla con seguridad?*

Empecemos con las ideas a tener en cuenta para desarrollar una persuasión más consciente.

2. La incomodidad de persuadir

En los libros de persuasión, sean de divulgación científica o intentos más o menos serios de abordar el tema de la persuasión de forma genérica, la base es la misma: una aproximación general a la conducta humana.

Insisto que esta no va a ser nuestra aproximación. ¿Por qué? Porque vamos a combinar una mejor comprensión del cerebro a través de los avances en psicología y neurociencia con la aproximación única que ofrece la PNL.

Aunque más adelante explicaré en más detalle qué es la PNL, te adelanto que su enfoque consiste en analizar a cada persona de manera individual, identificando patrones comunes en todas ellas, pero comprendiendo cómo se combinan de manera única en cada individuo.

Es decir, imagina que tu médico, en lugar de simplemente identificar síntomas en menos de diez minutos y aplicar un tratamiento estándar, se dedicara a analizar exhaustivamente cómo funciona tu cuerpo en particular. Tendría en cuenta tu complexión física, tu sistema inmunológico, tus niveles hormonales y neurotransmisores, entre otros factores. Luego diseñaría un tratamiento personalizado y realizaría un seguimiento continuo para evaluar tu evolución y ajustar el enfoque según tus necesidades. En otras palabras, no sería solo un experto en medicina, sino también un experto en ti. La PNL es la herramienta para convertirte en un experto de ti mismo o de la persona que tienes delante.

El cambio de punto de vista es fundamental. Los libros de persuasión y de psicología de la influencia te proponen convertirte en un experto en comportamiento general para que identifiques síntomas, generes un diagnóstico y apliques el tratamiento a todos por igual. Este libro te propone que te conviertas en un experto solo de la persona con la que te estás comunicando.

Ello supone un riesgo para ti. Cuando estás en posesión de las *10 leyes de la persuasión, de los 14 secretos de la influencia* o de cualquier otra ley universal, estás en tu zona de confort. ¿Por qué? Básicamente porque crees que eres conocedor de la verdad en términos de cómo funcionan las personas. Si son leyes universales y te las sabes, solo falta aplicarlas sobre las personas y listos, ¿no?

Cuando te conviertes en un especialista de la otra persona, cada interacción con un ser humano es una nueva aventura, porque partimos de la base de que, aunque todos compartamos elementos en común en el funcionamiento básico del cerebro, cada cerebro tiene su propia manera de funcionar. ¡Ten en cuenta que los procesos mentales y emocionales que se producen en tu cerebro son mucho más complejos que los metabólicos que se producen en el resto del cuerpo!

Este punto será clave a lo largo de todo el libro. Por eso he decidido abordarlo desde el principio. Si partes de la idea de que posees la verdad absoluta sobre la persuasión (o cualquier otro tema), lo primero que debes hacer es demostrarlo. De ahí la importancia de respaldar tus afirmaciones con referencias a estudios científicos, ejemplos concretos, casos de estudio y un uso preciso de la terminología especializada.

Cuando el objetivo es ser experto en cada persona que tienes delante, las verdades absolutas dejan de ser tan útiles y pueden llegar a entorpecer. De hecho, el pensar que se sabe mucho sobre conducta humana puede llegar a hacer creer al persuasor que no necesita saber mucho de la persona que tiene delante. Ese es el peor error en esta propuesta que te hago.

Nosotros partiremos de la curiosidad y las ganas de aprender, ya que ser un experto en el otro implica escuchar más, ver más, sentir más y, especialmente, analizar más. Queremos encontrar sus patrones de conducta, sus reacciones emocionales, sus ideas, sus valores, sus experiencias previas, sus necesidades y sus objetivos, entre muchos otros elementos.

No buscamos fórmulas mágicas para alcanzar el éxito absoluto. Mi objetivo es proporcionarte herramientas de análisis que te ayuden a comprender mejor qué sucede en la mente de la persona que tienes frente a ti. Sin embargo, el análisis por sí solo no basta; necesitas contar con estrategias prácticas que, basadas en esa comprensión, te permitan convertirte en un comunicador más eficaz, preciso y claro.

Estarás aprendiendo constantemente sobre el otro (y sobre ti mismo), por lo que la curiosidad será un requisito imprescindible.

3. ¿Un secreto para el éxito? La curiosidad y la aventura

Este no es un libro solo para pasar el rato en un aeropuerto. No es un *divertimento* para *matar unas horas perdidas* aquí y allá. Este libro es una provocación a tu mente, a tu statu quo y, especialmente, una invitación a que salgas de tu zona de confort y pases a la acción probando nuevos modos de comunicarte.

Llevo veinte años enseñando comunicación y persuasión a todo tipo de perfiles: ejecutivos agresivos, *key account managers*, asesores personales de *private banking*, managers y responsables de equipos, vendedores, abogados, profesores, terapeutas, médicos, profesionales de la atención al cliente, vendedores *online*, delegados de farmacéuticas (los antiguos visitadores médicos) y prácticamente casi cualquier otro perfil que puedas imaginar. En todos estos campos he conocido a persuasores mediocres, buenos y excepcionales.

Los mediocres solían tener una característica en común: escuchaban poco y hablaban mucho. No es solo un hábito. Es la respuesta a ciertos procesos mentales y emocionales que es importante entender. Los buenos, pero especialmente los excepcionales, tenían otra característica en común completamente diferente: sentían curiosidad por su interlocutor.

La curiosidad tiene un efecto maravilloso en nuestra mente: nos hace flexibles. La curiosidad parte de la base de que no todo está descubierto, que no tenemos la verdad absoluta ni toda la razón. Y cuando no se tiene toda la razón, es cuando hay espacio para otras opiniones.

Cuando leo libros de persuasión entro en conflicto inmediato. Te hablan de todo lo que puedes hacer para influir al otro, pero en ningún momento hablan de ti. Y no concibo que se pueda hablar de los otros sin hablar de lo que te pasa a ti también.

Siempre cuento en mis formaciones y charlas que parece que los otros sean robots a la espera que entres el *código adecuado* para que ejecuten tus órdenes.

Para ordenar nuestras ideas adecuadamente, vamos a diferenciar dos grandes tipos de influencia: la de corto plazo y la de largo plazo.

Cuando nos hablan de todos los trucos inteligentes para acceder al inconsciente de la otra persona y hacer que acabe tomando la decisión que a nosotros nos conviene, se están olvidando de algo muy importante. Suponiendo que eso fuera eficaz, se está persuadiendo *a pesar del otro* y *no en conjunción* con el otro. A corto plazo puede ser válido, pero no es sostenible en el tiempo.

La persuasión de la que hablo no trata de ser un *virtuoso de la palabra, un espadachín de la manipulación emocional* o *el mago de los trucos de la mente*. A mi entender, el mejor persuasor es aquel que es lo suficientemente valiente para dudar de lo que sabe, de modo que deje espacio para aprender de los demás. Es el que se arriesga a buscar en el otro la solución y no a imponerla.

Como ya veremos, esta aproximación me parece más sostenible en el tiempo y permite construir relaciones estables y duraderas en el tiempo. En definitiva, en vez de buscar la imposición de ideas o la manipulación emocional, busca la concesión, la comprensión y el acuerdo como herramienta para alcanzar nuestros objetivos.

Si no te interesa la opinión del otro, si no sientes curiosidad por el modo de pensar de tu interlocutor, tampoco vas a sentir la necesidad de explorar, entender e integrar lo que el otro te dice.

Y este es uno de los principios básicos de la PNL: la constante retroalimentación de lo que el otro nos dice dentro del discurso que nosotros llevamos a cabo.

Cuando viajas en un tren de alta velocidad sabes que del punto A al punto B vas a tardar exactamente el tiempo establecido, salvo imprevistos. Las vías del tren y el uso exclusivo de ellas lo convierten en un sistema muy rígido, pero al mismo tiempo eficaz. En avión es más o menos lo mismo. Quizá las corrientes de aire o una gran perturbación atmosférica puedan afectar al tiempo de vuelo. Pero cuando navegas a vela, estás a merced del viento y de las corrientes. Estás en una aventura lejos de lo programado por el GPS.

Precisamente esta gran incertidumbre del viaje es lo que lo hace también mucho más interesante y retador. Nos pone a prueba como seres humanos, pero nos hace sentir vivos y empoderados. Nos lleva al límite de lo que somos y de lo que podemos llegar a ser, pero crecemos por el camino y nos transformamos.

Además, es crítico entender que lo que te pasa a ti influye en el proceso de la persuasión. La PNL postula que cuando se trata de comunicación, la cosa siempre va al menos de dos.

No tiene sentido hablar de las emociones del otro sin tener en cuenta tu viaje emocional a medida que interaccionas con los demás. Y es que, como ya veremos, tus experiencias previas, expectativas, lo que lees en tus interlocutores y lo que crees que va a ocurrir, te afecta emocionalmente hasta el punto de que puede llegar a condicionar tu desempeño.

Pretender persuadir a alguien, cuestionar sus ideas y cambiar sus objetivos sin estar dispuesto a flexibilizar tu propia postura rara vez es el método más eficaz o sostenible. La verdadera influencia no solo consiste en convencer, sino en construir relaciones de calidad basadas en la comprensión y el respeto mutuo.

4. Si el otro es tu oponente, entonces tienes un problema

La persuasión consciente no trata de un combate de karate o taekwondo donde gana el que consigue ser más rápido y hacer más puntos al otro. Si quieres construir una relación sólida con la otra parte, no lo veas como un contrincante o como una amenaza; de hecho, la otra persona tiene la solución, *es* la solución.

Cada vez que estoy en una formación con vendedores aparece el tema de las *objeciones*. Es curioso el término, porque tú no vas a oír a un cliente decir: *tengo una objeción*. Ese es el punto de vista del vendedor.

Hablamos de objeciones porque lo que nos dice o pregunta el interlocutor parece interferir en nuestro camino, pero es justamente lo opuesto. Los clientes no objetan, sino que plantean dudas o buscan que se cumplan unos requisitos en concreto para tomar una decisión.

Nosotros lo vivimos como un problema, pero ellos lo viven como una necesidad para entender si les conviene tomar esa decisión o simplemente si se dan unas condiciones para poder alcanzar sus objetivos.

La otra persona, sea tu jefe, tu cliente o tu paciente, no es nunca el problema. Al contrario, es la solución. Tenemos la imperiosa necesidad de meter información en una cabeza que ya está a rebosar.

No estamos buscando las *verdades científicas* o *las leyes universales*, tampoco los *secretos desvelados*. Buscamos tus habilidades de análisis y comunicativas, y las habilidades requieren práctica y equivocarse para mejorar. El proceso nunca termina.

Para ello, me parece más útil ver a la otra persona con la curiosidad adecuada, respetando su modo de entender el mundo y, especialmente, indagando como si estuvieras leyendo un libro de alquimia que hablara de cómo utilizar la piedra filosofal. Es decir, la aproximación que te propongo es interactuando con la otra parte, sabiendo que dentro de él o ella se encuentra la clave, la solución.

De este modo, más que un arte marcial, la persuasión la propongo como un baile de salón donde los dos se entrelazan siguiendo un compás. En los bailes de salón siempre hay uno que lidera y otro que sigue.

Sigue porque quiere, nadie lo arrastra. Ese es el secreto del arte de la persuasión: que la otra persona no sienta que está siendo arrastrada, sino que le apetezca seguirte.

Algunas veces la cosa se pondrá más *intensa*. En esos casos, en vez de ver quién lanza la patada más rápida, te propongo que utilicemos la fuerza del otro y practiques un arte marcial similar al judo o al aikido.

Este libro no es solo divulgativo, frío u objetivo. Por eso, voy a impregnar sus páginas con valores con los que también espero que coincidas. Un valor es aquello que consideras importante. Los hay más o menos universales, y otros que son mucho más personales.

Cuando me preguntan si la persuasión es manipulación, me gusta responder que, para mí, la persuasión es una herramienta de influencia, mientras que la manipulación es un uso específico de esa herramienta. Es mi forma de verlo, y me ayuda a diferenciar ambos conceptos.

Escribir este libro implica un dilema: lo que aquí comparto podría ser utilizado para manipular a las personas. Sin embargo, no puedo controlar el uso que se haga de esta información. Tampoco creo que sea justo privar a quienes quieren mejorar sus habilidades comunicativas para hacer el bien, solo por el riesgo de que otros puedan usarla con fines menos éticos.

La PNL es una disciplina que permite un análisis detallado y objetivo de la persona que tienes delante. Algunos la perciben como una herramienta *sin alma* o *sin corazón*. Para mí, es precisamente esto lo que la hace tan fascinante: está diseñada para que cada uno le insufle su propia esencia, para que la haga suya.

Dicho esto, quiero aportar mi interpretación de la persuasión. Por eso, este libro incluirá algunos de mis valores principales: honestidad, respeto, paciencia, humildad, congruencia, generosidad y autenticidad. Quiero darle *alma* a la *herramienta*.

Y, al final, quedarán tus valores. Esa será tu contribución para adaptar esta tecnología a tu forma de ser.

Recuerda que, al profundizar en tus valores y al hacer de la persuasión una extensión de tu esencia, estás no solo comunicando mejor, sino también construyendo relaciones auténticas.

No busco darte solo herramientas, sino inspirarte a usarlas con propósito, empatía y visión, convirtiendo cada interacción en una oportunidad para impactar positivamente y crear algo significativo junto a los demás. ¡Esa es la verdadera magia de la persuasión!

5. Crecer es parte de persuadir

Soy formador en PNL desde hace más de veinte años, de modo que no puedo evitar ver la vida de un modo determinado.

Creo que no existen personas completas, terminadas o perfectas. En mi día a día a veces me encuentro con profesionales que creen saberlo todo, y eso me entristece. Me entristece porque pienso que están cerrándose a la oportunidad de mejorar como personas, algo que, personalmente, considero el fin último del ser humano.

El simple hecho que estés leyendo estas palabras constituye un indicio de que probablemente estás buscando mejorar, y esa es una buena señal. De todos modos, permíteme que recalque una vez más que el mejor persuasor es aquel que sabe que no se encuentra en posesión de la verdad.

No solo eso, sino que está dispuesto a aprender de los demás.

Especialmente en el mundo directivo se da muchas veces la situación del *homo superioris*. Es una especie de condición a la que se llega a menudo en cargos de dirección o en puestos de reconocimiento social como médicos, abogados, pilotos o ingenieros, entre otros.

Las personas se sienten legitimadas por su carrera profesional, por el reconocimiento de los demás o por el cargo que ostentan. Ciertamente, hay un momento en la carrera profesional de un individuo que el cargo que ostenta hace que el resto de personas tiendan a buscar consejo en ellos, darles la razón o acatar órdenes sin que la negociación de ideas se pueda dar.

Por supuesto que los *homines superiores* llevan a cabo negociaciones, pero son de otro tipo. Son negociaciones muchas veces relacionadas con fusiones, adquisiciones, contratos, despidos, contrataciones, retribuciones, etc.

En estos casos, también puede haber influencia y persuasión. De hecho, sería lo aconsejable, pero muchas veces todo se reduce a una negociación *dura*, posicional y estratégica.

Este es un libro enfocado a influir en los seres humanos para que las dos partes sientan que están ganando y, al mismo tiempo, probablemente cediendo en algo también.

Ser *homo superioris* y que la gente de tu alrededor no ofrezca demasiada resistencia a sus ideas, tiene sus consecuencias. Atrofia el músculo de la flexibilidad. Lo mismo pasa en casa con los padres y los hijos. Es tan fácil hacer uso del *báculo del poder* que se convierte en una tentación abusar de él.

Los *homines superiores* se equivocan, como todo hijo de vecina, pero suele haber menos personas a su alrededor diciéndoles *ya te lo dije*. Eso hace que incremente su sensación de que están en lo cierto, que no se equivocan tanto.

Tanto si eres uno de estos homínidos como si te estás convirtiendo lenta pero inexorablemente en uno de ellos, si quieres mejorar es importante que estés dispuesto a autoevaluarte y a tomar consciencia de tus propios hábitos mentales, de tus propias emociones, de tus propios miedos y debilidades. Porque es muy probable que estén.

Es muy emocionante terminar un curso de persuasión y que la respuesta de los alumnos sea: *¡Pero si esto también lo puedo aplicar en casa!* o *Esto me lo puedo aplicar a mí mismo.*

Así es. Saber más de cómo funciona el cerebro de los demás suele llevar a la reflexión de qué hacemos nosotros, cómo nos sentimos, qué creemos y, por supuesto, cómo nos relacionamos con los demás. A veces la verdad es dolorosa, pero, pasada esta primera fase, aquellos dispuestos a mejorar entienden la oportunidad que se les abre frente a ellos.

Las interacciones con los demás son un modo de descubrirnos, conocernos y entendernos que estando solos no tendríamos la oportunidad de experimentar, y esto hace de la comunicación un proceso apasionante de crecimiento.

Por este motivo, la intención no es solo influir en los demás desde la honestidad, sino entender que también te puedes influir y te pueden influir. Ser honesto contigo mismo, darte el permiso para encontrar en tu interior tanto *las luces* como *las sombras*, te va a permitir convertirte en persuasor más poderoso, más influyente y, por supuesto, más carismático.

Seguramente, lo que está a punto de ocurrir sea un viaje de no retorno hacia una nueva comprensión de ti mismo, pero eso solo depende de ti. Está todo en tus manos. Empecemos.

Resumen del capítulo

- La clave de esta nueva aproximación está en entender a quien tienes delante y no basarse únicamente en leyes generales.
- La curiosidad es un elemento central: nos permite ser flexibles y abiertos a las diferencias individuales.
- La persuasión no se trata de manipulación ni imposición, sino de crear un diálogo que permita comprender al otro y llegar a acuerdos sostenibles.
- La influencia efectiva requiere un análisis profundo de las emociones, valores y objetivos de la otra persona, así como un autoconocimiento constante.

Tareas

1. Reflexiona sobre una interacción reciente donde intentaste influir en alguien. Haz una lista de:
    *   Las características o patrones que identificaste en la otra persona.
    *   Qué tan bien escuchaste antes de presentar tu punto de vista.

2. Enfócate en una conversación próxima con alguien cercano o en tu entorno laboral. Antes de interactuar:
    *   Identifica al menos tres preguntas que te permitan conocer mejor los valores o necesidades de esa persona.
    *   Observa su lenguaje corporal, tono de voz y emociones durante la conversación.

3. Practica la curiosidad. Durante un día completo, busca comprender mejor a las personas con las que hablas. Haz preguntas como:
    *   «¿Por qué piensas eso?».
    *   «¿Cómo llegaste a esa conclusión?».

4. Analiza tus propios valores. Pregúntate:
    *   ¿Cuáles son mis prioridades en la comunicación con los demás?
    *   ¿Estoy dispuesto a cambiar mi enfoque en función de lo que descubra del otro?

2
LA HISTORIA DEL LOBO QUE DESCUBRIÓ LA PNL

1. La historia de un lobo

Había una vez un lobo muy malo que se dedicaba a engañar a las personas de buena fe. Era muy listo y sabía hablar tan bien que sumergía a sus víctimas en una especie de trance hipnótico donde perdían su voluntad y hacían todo lo que él decía.

Este lobo no se comía a la gente entera, pero sí les robaba todo su dinero, y con él sus sueños, sus esperanzas y hasta su dignidad. Este lobo tiene nombre y apellido: Jordan Belfort, *El lobo de Wall Street.*

Por si no has visto la película protagonizada por Leonardo DiCaprio, te hago un resumen express: Jordan Belfort, más conocido como *El Lobo de Wall Street*, no era un simple corredor de bolsa de Nueva York; era el Elvis Presley de la persuasión…, el rey de las palabras dulces, pero con menos rock y más fraudes financieros.

En los años 90 montó *Stratton Oakmont*, una firma que convirtió las llamadas telefónicas a puerta fría en una máquina de hacer dinero (y estafas). Su talento para la influencia era innegable: podía vender hielo a los esquimales o convencerte que comprar una finca en la luna era la inversión de los listos (obviamente, las dos son hipérboles inventadas como licencia artística del autor de este libro, pero si no llegó a ese nivel poco le faltó).

Pero, como todo buen espectáculo, su show tuvo un final…, y no fue precisamente una ovación con el público de pie. Después de años de excesos, fiestas salvajes y, por supuesto, violaciones masivas de leyes financieras, el FBI se interesó por el rastro que estaba dejando de lamborghinis aplastados y helicópteros estrellados y, por supuesto, de todas sus increíbles oportunidades de hacerse rico a su lado.

Resultado: una fantástica invitación personal al exclusivo *Club Federal de Prisioneros*, donde pasó 22 meses meditando sobre cómo su genialidad para persuadir lo llevó de la cima de Wall Street al fondo del abismo.

Pero a diferencia del cuento del lobo y Caperucita, este sí tuvo un final feliz para él. Sus reflexiones le mostraron un camino nuevo donde entendió que aprovecharse de sus habilidades sin considerar a los demás fue su error, y decidió aprovechar sus dones para enseñar a otros a persuadir para el bien.

Lo interesante del caso es que como no sabía lo que hacía para hechizar a la gente, asistió a un curso con el padre y absoluto genio detrás de la PNL, el Dr. Richard Bandler.

El Dr. Bandler es reconocido por haber desarrollado esta poderosa herramienta de análisis que permite entender cómo cada individuo organiza sus pensamientos, emociones y conductas. Además, ha aplicado esta tecnología para ayudar a las personas a mejorar su comunicación y potenciar su capacidad de influencia.

Ahí aprendió algo fundamental, la diferencia entre lo que yo llamo *persuasión industrial* y la *haute persuasion*.

Vamos a detenernos en este concepto, porque mucha gente me pide que les dé el guion o la receta para persuadir y yo no la tengo.

Imagínate que entras en un McDonald's o un Burger King. Ya sabes qué esperar: un menú estándar, un trato rápido y una experiencia neutra que podrías tener en cualquier parte del mundo. Y es un modelo de negocio totalmente válido.

Todo está calculado para atender a miles de personas cada día, de manera eficiente pero impersonal; el *fast food* en su esencia más pura: funcional, correcto, limpio (con suerte) y sobre todo estándar. Ya estés en Pekín, Moscú, Nueva York, Laos o París, sabes a qué va a saber y qué vas a poder pedir, salvando quizá algunas excepciones, como en Calcuta, donde te vas a tener que pedir un *Chicken Tandoori Burger*.

Estas cadenas tienen procedimientos estandarizados basados en la experiencia acumulada de clientes que entran a diario en sus locales en todo el mundo. Eficiencia es la palabra. Pero no hace falta ir a un restaurante de los de *haute cuisine* con 3 estrellitas del muñeco hecho de neumáticos para sentir un trato totalmente diferente.

Si vas a ese restaurante tan especial para ti, ese que te reservas para las ocasiones importantes, la experiencia cambia por completo. Esperas que te reciban con una sonrisa genuina, que sepan exactamente cómo hacerte sentir cómodo y que cada detalle esté pensado para ti. No solo quieres buena comida; quieres que te traten como si fueras único, como si cada interacción estuviera hecha a medida.

Esa es la gran diferencia: un restaurante de calidad busca no solo atenderte, sino cuidarte, ofreciéndote atención al detalle, un servicio personalizado y una cortesía que se siente verdadera. La *persuasión industrial* que usaba Belfort funciona eficientemente cuando tienes muchos intentos y donde un 5 o 10% de éxitos se considera un buen resultado. Este enfoque es inaceptable cuando realmente te importa el ser humano que tienes frente a ti.

Este otro modo de aproximarse a la persuasión lo aprendió cuando llegó al mundo de la PNL.

2. ¿PNL?

La PNL nació entre finales de los años 60 y principios de los 70 de la mano de un estudiante de ciencias de la computación de la Universidad de California, Richard Bandler. A pesar de su juventud, y por motivos que se escapan del alcance de este libro, Bandler poseía buenas relaciones con algunos de los psicoterapeutas e investigadores de la conducta humana más prestigiosos de la época.

Observando cómo trabajaban, y desde su visión de programador, se hizo una pregunta disruptiva para aquel entonces: *¿Qué comportamientos y procesos mentales tienen aquellos profesionales que obtienen resultados excepcionales? ¿Y cómo podríamos enseñárselos a otros?*

El cambio de paradigma fue radical, ya que, hasta la fecha, la psicología se enfocaba a identificar *patologías* o *disfunciones* tanto cognitivas o emocionales en los pacientes y proponía intervenciones. Evidentemente, cada uno tenía su teoría de lo que se tenía que hacer con los pacientes, y las diferentes escuelas competían entre ellas.

Bandler buscó la ayuda de un profesor de lingüística de la misma Universidad, John Grinder. Juntos, empezaron a buscar no aquello que los terapeutas decían que se tenía que hacer, sino aquello que ellos hacían y funcionaba en sus terapias.

Fue ahí donde descubrieron que los propios terapeutas no eran conscientes de aquello que hacían y que les funcionaba. Los dos jóvenes empezaron a analizar cómo hacían estos profesionales para ser excelentes, con la intención de replicar dichos comportamientos en ellos mismos o en otros.

El éxito fue tan contundente que en los 70 no solo captó el interés de psicoterapeutas de California, sino de profesionales de diferentes ámbitos que querían ser *modelados* por Bandler y Grinder para entender las claves de su propio éxito. En esa época se convirtió en una especie de muestra de *estatus intelectual* que los dos modeladores *investigaran tu cabeza*.

Tengo la suerte de considerar a Richard Bandler un maestro, mentor y, por encima de todo, amigo. A pesar de la diferencia de edad (técnicamente podría ser mi padre) hay algo más allá que nos conecta, y es esta visión individualizada y, al mismo tiempo, analítica del ser humano. Los dos tenemos esta *visión de ingeniero* donde nos gusta ver cómo las diferentes piezas engranan y giran.

Hemos tenido largas conversaciones hablando de cómo muchos hablan de la PNL por referencias, sin entender la profundidad y complejidad de la herramienta, simplemente por haber leído un libro, convirtiendo una tecnología muy sofisticada en una broma de mal gusto y diciendo cosas tan absurdas como que *hay personas de tipo visual, auditivo, etc.*

Cualquiera que hable de PNL y te cuente que las personas se pueden clasificar es que no sabe de lo que está hablando. En PNL no se clasifica nunca a nadie; de hecho, va en contra de los propios principios de esta tecnología.

Es importante para este libro aclarar la base epistemológica detrás de lo que se plantea. La idea es identificar elementos específicos que, al combinarse, formen una secuencia o proceso estructurado. Esto es similar a lo que ocurre en la música: existen 7 notas principales en la escala diatónica, más 5 notas alteradas en la escala cromática, dando un total de 12 notas.

Estas 12 notas pueden organizarse en innumerables combinaciones, lo que resulta en una casi infinita variedad de posibilidades musicales. Desde la *Novena Sinfonía* de Beethoven a la música de Taylor Swift, pasando por Iron Maiden, todas estas obras se han creado a partir de estas mismas notas.

De manera similar, el alfabeto español, compuesto por 27 letras, permite formar más de 100.000 palabras registradas en el idioma castellano. A partir de estas palabras se pueden crear infinitas oraciones e historias, desde *El Quijote* a *Las edades de Lulú*.

Esta aproximación de Bandler y Grinder era lógica, ya que Bandler, siendo un programador, sabía que, con una serie de comandos, variables y funciones, se podía traducir lo que un ser humano hacía a *código máquina* y, por tanto, crear un programa para una computadora desde el cual analizar el trabajo de un contable, físico, etc.

No voy a entrar en mucha profundidad sobre la PNL, pero me interesa la idea: con un número básico de elementos, se puede construir una descripción del comportamiento de una persona. Es decir, se puede descomponer lo que alguien siente, piensa y hace en un conjunto de pasos. Bandler y Grinder llamaron *estrategias mentales* a este conjunto de pasos, indicando que cada persona tiene las suyas.

Estimado lector, ahora es el momento de tomar distancia y darse cuenta de lo que ya se comentaba en la introducción. Cuando buscas qué respuestas parecidas tienen 150 personas a un estímulo, estás haciendo un estudio psicológico o hasta sociológico. Cuando investigas cómo cada ser humano se convence de algo, cómo se motiva o toma decisiones, en su modo único y característico, estás haciendo PNL.

¿Te das cuenta de las implicaciones de querer clasificar? Para clasificar se requiere estadística, agrupar y, por encima de todo, *McDonalizar*, es decir, olvidarte de las diferencias y enfocarte solo en los puntos en común.

Acabarás así convirtiendo el mundo en tipos de negocios de comida: McDonald's, Burger King, KFC, etc. Si buscas el detalle en el que tienes delante, en el modo único en que organiza la información y toma sus propias decisiones, te das cuenta de que hay muchos restaurantes, con diferentes chefs, *maîtres,* camareros, especialidades, etc.

Este no es un libro para aprender PNL, sino para enseñarte a persuadir utilizando sus principios. Por ello, no profundizaré en detalles sobre cómo se modela la conducta de un terapeuta o de cualquier otro profesional. Sin embargo, sí nos interesará comprender cómo tu interlocutor toma decisiones y qué lo motiva.

Insisto, lo que vas a tener delante no es a 150 estudiantes de una universidad sometidos a un experimento, sino solo a una persona (o a varias). Citando al mismo Dr. Bandler: *Una estadística nos habla de lo que les ha pasado a 1.000 personas, no de lo que te pasa a ti.*

En este libro iremos desplegando diferentes *notas musicales* o *letras* que, uniéndolas, nos permitan, de un modo fácil y ágil, analizar cómo la persona que tenemos enfrente construye sus propias *melodías* o *relatos*, es decir, y en nuestro caso, cómo toman decisiones, se enfadan, se motivan o se asustan. Para esto no existen estudios científicos ni teorías que nos brinden la precisión que requerimos, ya que cada persona tiene su propia huella. Sin embargo, cabe aclarar que la ciencia sí nos ayudará a identificar los elementos a combinar.

Nuestra persuasión va a ser de precisión, para que se adapte a cada una de las personas que tengas delante, y donde las reglas generales, las leyes y las teorías serán solo una guía general.

3. El mapa no es el territorio

Este concepto, aunque no es original de la PNL sino de Alfred Korzibsky, fue adoptado por Bandler y Grinder, y resume fantásticamente bien la aproximación que vamos a adoptar en este libro.

Como ya se ha mencionado antes, cuando hablamos de persuadir, influir, convencer o vender, nos han enseñado que existe un *emisor* (activo) con la capacidad de incidir en un *receptor* (pasivo). La mayoría de los libros y teorías parten de esa premisa. Pero esa idea es solo eso, una idea, no la realidad.

Nada más alejado de lo que realmente sucede. Aquella vieja concepción de la comunicación que aprendimos en la escuela (con un emisor, un receptor, un mensaje, un canal y un código) no nos sirve para lo que quiero construir aquí contigo.

Este enfoque crea un modelo mental simplificado *(un mapa)* en el que el receptor es visto como un recipiente pasivo, esperando ser llenado con nuestros argumentos o ideas. Si bien en ciertos contextos, como un discurso o un correo electrónico, esta dinámica puede darse en cierta medida, cuando se trata de un proceso de persuasión con interacción real entre personas este modelo resulta bastante ineficiente.

Cada ser humano tiene sus mapas de la realidad, su manera de ver el mundo. Y nosotros no nos escapamos a ello. Como decía el presidente de los Estados Unidos J. F. Kennedy: «*Yo no negocio con aquellos que dicen: "Lo tuyo es negociable pero lo mío no"*». Y es que aproximarse a una conversación pensando que tienes la razón, esperando que el otro se *convierta* a la *auténtica fe*, es hablar de tu *verdad*, y ello nos lleva a buscar todas las herramientas posibles para que nuestra verdad prevalezca.

Nosotros no tenemos que cambiar nuestro mapa o modo de ver el mundo, porque, para empezar, no sentimos que tengamos un *mapa* sino el *territorio* (es decir, la verdad). Dentro del mundo de la PNL buscamos algo diferente: negociar ideas desde el entendimiento, aprovechar el mapa de la otra persona y estar dispuestos a cambiar el nuestro. Y esto requiere flexibilidad, una de las bases de la PNL.

Lo que nos aporta también la PNL es entender que, aunque podamos influir desde fuera, es la mente de la otra persona la que activamente lleva a cabo procesos internos que acaban en resultados, del mismo modo que lo hacemos nosotros.

El receptor es el que, de hecho, se convence en vez de ser convencido, cambia su emoción en vez de ser influenciado y toma la decisión de comprar en vez de que *se le venda algo*. Dicho de otro modo: *Nadie vende nada.* La idea de que uno vende es un reflejo de dónde está la atención. Una vez más, esto se traduce en esta clásica aproximación de querer *crear necesidades,* donde la atención está en los intereses del persuasor.

¿Estamos seguros de que vendemos algo? La ratio de cierre en B2B (Business-to-Business) suele estar en el 20-30%, mientras que en B2C (Business-to-Customer) es de entre el 10 y el 20% y en el método de la *puerta fría* se mueve entre el 1% y el 5%. Vamos a darle la vuelta a estos números: la ratio de fracaso en la venta oscila entre el 99% y el 70%. Yo mismo me considero un vendedor desde hace más de veinte años y he entrenado a miles de agentes comerciales, por lo que tengo un gran respeto al sector.

Aunque hay habilidades comerciales que unos tienen más desarrolladas que otros, sería interesante preguntarnos si más allá de ese 30% es posible cerrar un trato. Algo parecido sucede en las elecciones, donde las campañas políticas tienen el objetivo de luchar por los indecisos, no tanto por los ya convencidos del propio partido, y mucho menos intentar convencer o a los acérrimos a otros partidos, a pesar de los millones de euros volcados en esas campañas.

Es decir, quizá es que solo hay un 30% o un 20% o un 5% de personas dispuestas a comprar si el vendedor lo hace bien, mientras que el resto, aunque el vendedor lo haga a la perfección, no comprará nunca.

Si es así, ¿podemos hablar de que *vendemos* o de que los demás *compran*? ¿Podemos hablar de que *convencemos* o que los demás se *convencen*?

Es su cerebro el que *hace.* Nosotros no tenemos ni capacidad de saber que hay ahí por completo ni de actuar sobre ello. Como decía el filósofo Tales de Mileto: «*La cosa más difícil es conocernos a nosotros mismos; la más fácil es hablar mal de los demás*».

Aquí la idea de Korzibsky de «*El mapa no es el territorio*» es fundamental: aquello que creemos sobre nosotros o sobre el mundo es solo un constructo subjetivo. Pero esa *no es la verdad,* sino *nuestra verdad.* Y lo que sabemos de los demás es eso: solo *nuestra verdad* sobre ellos.

Es decir, nosotros podemos emitir información verbal o no verbal, que interactúa con el cerebro de la otra persona, que es el que reacciona a dicha información. Este punto es crucial y requiere de toda tu atención: nosotros emitimos una información hacia el cerebro de otra persona que, para nosotros, es una caja negra.

Es decir, es como si estuviéramos jugando al billar y casi solo pudiéramos ver la bola blanca, nuestro taco y, en el mejor de los casos, algunas de las otras bolas, pero no todas.

Es curioso observar a las personas hablar (lanzar la bola blanca contra la azul) y sorprenderse de las respuestas de sus interlocutores (la bola azul cambia de trayectoria inexplicablemente y, de repente, aparece una roja). La realidad es que cada vez que interactuamos con alguien hay muchísima información (otras bolas) que desconoces y que genera resultados imprevisibles.

Imagina que llamas a alguien pidiéndole un favor y te contesta mal. Sería fácil asumir que ha sido por el favor que le has pedido, pero quizá haya tenido una llamada complicada antes o simplemente tenga un mal día.

Las *leyes* nos intentan prometer un mundo *newtoniano* con planetas que giran en órbitas conocidas y que, gracias a ello, podemos mandar naves a los confines del espacio. Una especie de *gran reloj cósmico* donde podemos saber cuándo será el próximo eclipse. El cerebro humano es el sistema más complejo que hemos estudiado.

Crecí con la serie *Cosmos* de Carl Sagan, donde aprendí que el cerebro humano funciona como un universo propio, con aproximadamente 86 mil millones de neuronas interconectadas a través de hasta un cuatrillón de sinapsis. La cantidad de posibles configuraciones de estas conexiones es tan inmensa que, según algunas estimaciones, podría incluso superar el número total de átomos en el universo observable.

Este caos organizado, capaz de realizar más de diez mil millones de operaciones por segundo, crea algo que el universo físico no puede replicar: la conciencia, la creatividad y la capacidad de imaginar futuros que aún no existen.

La *persuasión consciente* es un juego constante de descubrir bolas y reajustar la estrategia a la nueva situación. Es navegar por corrientes y vientos que cambian, no es un tren encarrilado donde se sabe con precisión cuándo sale y cuándo llega. No puede haber un rumbo fijo. Las personas ni son cajas vacías esperando que tú las llenes, ni robots esperando que tú los programes. Ese modelo está excesivamente simplificado.

Para mí, este cambio de paradigma es fundamental, porque pone el foco donde siempre debería haber estado: en el otro.

El comportamiento que solemos observar en alguien que cree que es él o ella quien persuade es que habla mucho más de lo que escucha. En cambio, cuando comprendes que la verdadera clave está en la otra persona, comienzas a escuchar mucho más de lo que hablas.

Como dicen dos genios de la persuasión como Richard Bandler y John LaValle en su libro *Persuasion Engineering*: «*Tu cliente te da todas las claves para saber cómo persuadirlo; su lenguaje, sus movimientos y sus emociones son un mapa claro de lo que necesita. Si no lo entiendes, no estás en el juego*».

Entonces, ¿cuáles son esas notas musicales de los seres humanos? ¿Qué tenemos en común todos los seres humanos, que, dependiendo de cómo lo combines, nos da las melodías individuales de cada uno?

4. El triángulo mágico de la PNL

Vamos a poner un poco de práctica a toda esta teoría, porque, por encima de todo, la PNL trata de actuar y no de filosofar.

Y no hay nada más importante que entender el triángulo que se utiliza en PNL. Si por casualidad has estudiado psicología, o al menos te interesa el tema, lo que te voy a contar te va a resultar reduccionista, pero créeme: no por saber mucho se sabe hacer más. Lo importante es su uso y obtener resultados con ello.

Este triángulo nos dice que podemos establecer una relación entre aquello que sentimos, aquello que pensamos y lo que acabamos haciendo.

Dicho de otro modo, aquello que dices o cómo te comunicas está dictado por cómo te sientes y, a su vez, por la percepción que estás teniendo de la situación. Aunque en el siguiente capítulo entraremos más en profundidad, déjame que te demuestre la importancia de lo que te estoy hablando.

Estoy seguro de que alguna vez en tu vida te has sentido nervioso anticipando alguna situación. Lo increíble del caso es que todo lo que anticipas está en el futuro y que, por definición, todavía no ha ocurrido.

Imagina una entrevista con un superior, una visita a un cliente o una charla con alguien que te gusta. Aunque en el pasado te hayan pasado situaciones similares, la que está por llegar solo reside en tu mente.

Quizá pienses que te van a juzgar, que te van a rechazar o que se van a reír de ti, que te van a regañar o hasta despedir. Quizá pienses que no eres lo suficientemente competente, que no tienes suficiente carisma o que estás indefenso. Sea lo que sea, en tu mente esta situación es lo suficiente factible para que se dispare una respuesta de amenaza.

Y ya sabemos todos que cuando una emoción aparece, ya no actuamos igual, pudiendo escalar hasta quedarnos completamente en blanco cuando la tensión llega a su máximo.

En PNL se habla de que nuestro estado emocional determina nuestra conducta y que, por tanto, no vas a ser mejor que lo que te permita tu estado emocional.

Pero debes tener en cuenta que no solo te sucede a ti; también a tu interlocutor.

Una vez, en un curso que impartí a los asesores de un banco, uno de ellos me expresó su preocupación porque tenía una reunión con su *manager*. Le dije que eso era normal y le di algunas herramientas de gestión emocional.

Lo curioso del caso ocurrió a la semana siguiente, cuando tuve a los *managers* en el mismo curso. En ese momento, la *manager* de esa persona me expresó su preocupación por la reunión que debía tener con ella y me confesó que estaba nerviosa al respecto.

Solemos pensar que los únicos nerviosos somos nosotros, pero en muchas situaciones la otra persona también está en un estado emocional que no es el ideal para la interacción y no suele saber cómo cambiarlo.

Un buen persuasor es un buen gestor de sus emociones, y de las de los demás, y la PNL es la herramienta más eficaz que he encontrado para desarrollar los *músculos* de nuestra *inteligencia emocional*.

Ahora, la pregunta podría ser: *¿Qué emociones son las más adecuadas?* Cuando en clase llega este momento, dibujo un cuadrado alrededor del triángulo y añado otra variable de la que también hablaremos: nuestro objetivo o necesidad.

El comportamiento de los seres humanos es, por definición, funcional (es decir, persigue alcanzar un objetivo o necesidad). Si bien es cierto que no siempre escogemos inconscientemente el mejor modo para hacerlo, en PNL creemos que las personas están siempre buscando esa especie de *intención positiva* en lo que hacen, aunque no siempre salga bien.

Pues bien, en PNL no se habla de bueno o malo, sino de útil o no para alcanzar el objetivo. Pongamos un ejemplo para explicarlo mejor: ¿Son los nervios antes de dar una conferencia *buenos* o *malos*? Si vas muy relajado a dar una conferencia te va a faltar fuerza en el discurso y carisma, pero si vas muy activado te quedarás en blanco o no transmitirás seguridad.

Lo que determinará lo adecuado que es tu estado emocional será si obtienes los resultados que quieres. ¿Le ha gustado al público? ¿Sí? ¿Lo has pasado muy mal? ¿Sí? Luego, aunque aparentemente has conseguido el resultado, quizá no sea sostenible en el tiempo.

Pero hay un cuadrado más que siempre dibujo: el *contexto*. Cualquier estrategia que utilizamos para alcanzar un objetivo está relacionada con él. Aunque el humor es un gran aliado en una conferencia (los grandes discursos de autoridades siempre tienen un momento de humor), quizá al dar tu pésame a una persona que ha perdido a alguien ese humor no sea bien recibido.

Entender qué pasa por nuestra cabeza y corazón, cómo esto nos hace actuar, entender qué objetivo perseguimos y en qué contexto, es a lo que nos ayuda la PNL. Pero no solo en nosotros, sino a los que queremos persuadir.

5. Sin decisiones no hay persuasión

Piénsalo por un momento: ¿cuándo quieres persuadir a alguien? Normalmente, cuando tu interlocutor tenía en la cabeza hacer A y tú quieres que haga B. Pero para que abandone la idea A y vaya hacia B, tiene que tomar la decisión que B es más conveniente para él o ella.

Nuestro día a día se constituye por un sinfín de decisiones que debemos tomar. Desde si apretar el *snoozer* del teléfono y dormir 10 minutos más, a qué corbata, zapatos, falda, etc., nos vamos a poner, qué ruta va a ser la mejor, cuándo intervenir en una reunión, cuándo hacer callar a alguien, qué (y cuánto) comer, a qué dedicar nuestra atención y una gran lista de pequeñas o grandes acciones que requieren decidirse por un mínimo de dos opciones.

La investigación científica sobre los procesos de toma de decisiones de los seres humanos ha avanzado muchísimo en los últimos treinta años, especialmente desde el surgimiento de lo que se llama *behavioural economics,* una rama de la psicología que se entrelaza con la economía y que nos habla de cómo los seres humanos tomamos decisiones relacionadas, en este caso, principalmente con el dinero.

Ya apunté en el primer capítulo que no tenía ninguna pretensión de hacer un libro de divulgación científica y no voy a faltar a mi palabra. Si bien es cierto que haré citas a teorías sobre el cerebro humano, siempre será como excusa para mi propósito de hablar de cómo explorar el cerebro de cada uno.

Este no es un libro de marketing resuelto a desvelar qué es lo que mueve a la mayoría de las personas a decidirse por el producto A o el producto B. La *mayoría* no son todos; por tanto, no me interesa, ya que podría ser que la persona que tengas delante caiga del lado de la *ley de Pareto* equivocada.

Abordaremos brevemente algunos elementos que pueden resultarte útiles al interactuar con otra persona. Sin embargo, es fundamental recordar que deberás adaptar estos principios a cada individuo, descubriendo qué funciona mejor para cada uno en particular.

Una decisión es por definición la elección entre dos consecuencias futuras: *¿Cenamos en el italiano o en el japonés? ¿Dejo el trabajo o me quedo? Pero, ¿cómo generamos esas predicciones de las consecuencias y cómo acabamos decidiendo?*

Ten en cuenta que cualquier decisión que tomamos puede tener en cuenta un mínimo de factores:

- Beneficios.
- Amenazas.
- Probabilidad.
- Esfuerzo.
- Familiaridad.
- Experiencias pasadas.

Insisto: no estoy haciendo un tratado de neurociencia, pero sí es cierto que podemos describir cómo alguien toma decisiones desde estos elementos, sin perjuicio que haya más.

Partimos de la base de que vas a generar un escenario con la decisión A y otro con la decisión B, y que para cada uno de ellos tendrás una respuesta emocional, suma de lo que te genere pensar en los beneficios de cada opción, sus amenazas, la probabilidad de que sucedan, el esfuerzo que implica, lo habituado que te encuentres a llegar hasta dicha opción y qué te ha pasado de parecido en el pasado.

Es muy probable que la decisión acabe teniendo que ver con las sensaciones que te lleguen de cada opción. Un buen persuasor sabe cómo influir en estos factores.

Aprender a influir en la toma de decisiones de nuestros interlocutores va a ser uno de los pilares de nuestra persuasión y, como siempre, lo haremos entrando en su mente y trabajando a partir de ella con precisión quirúrgica y con atención y respeto a su mapa del mundo.

Resumen

- La «persuasión industrial» funciona como el *fast food*: eficiente, estándar y repetitiva, adecuada solo cuando hay grandes volúmenes y bajos niveles de personalización.
- La *haute persuasion,* como la alta cocina, se enfoca en la individualización, el detalle y la conexión emocional auténtica con la otra persona.
- La PNL no busca clasificar personas, sino entender y modelar cómo cada individuo procesa y toma decisiones.
- Cada persona interpreta la realidad de manera subjetiva; su visión subjetiva no refleja la realidad objetiva. Para persuadir de manera efectiva es crucial comprender y respetar el mapa del otro.
- Lo que alguien siente influye en cómo piensa, y lo que piensa determina cómo actúa. Un buen persuasor comprende esta relación y la utiliza para influir de manera precisa.

- No existe una estrategia única para persuadir. Cada interacción requiere adaptarse al contexto, los objetivos y las emociones de la otra persona.
- En PNL, la otra persona no es un recipiente pasivo; es un actor activo que procesa la información según su experiencia y emociones.

Tareas

1. **Reflexiona sobre tus métodos actuales**:
   - Evalúa si tus interacciones recientes han sido más cercanas a la persuasión industrial o a la *haute persuasion*.
   - Anota ejemplos y reflexiona sobre cómo podrías haber mejorado la personalización y empatía.

2. **Analiza los mapas mentales**:
   - En tu próxima conversación, identifica cómo la otra persona interpreta su realidad.
   - Haz preguntas como: «¿Qué es importante para ti en esta situación?» o «¿Qué esperas lograr con esta decisión?».

3. **Practica la tríada de la PNL**:
   - Observa cómo las emociones, pensamientos y comportamientos de la otra persona están conectados.
   - Reflexiona sobre cómo puedes influir en uno de estos elementos para generar un cambio positivo.

4. **Busca la intención positiva**:
   - Durante una conversación, identifica cuál podría ser la intención positiva detrás de las acciones de la otra persona.
   - Usa esa intención como punto de partida para construir puentes de conexión.

3
LA PERSUASIÓN SIEMPRE EMPIEZA POR TI

1. ¿Cuál es tu objetivo?

Para persuadir tienes que comunicar, palabra que proviene del latín *communicare*, que significa *compartir* o poner en común.

Es un término que nos recuerda que, en su esencia, la comunicación no es un acto unilateral, sino un intercambio. Cuando comunicamos no solo transmitimos información; construimos un puente entre nuestra perspectiva y la del otro.

Comunicar implica hacer algo en común, generar un terreno compartido donde las ideas puedan encontrarse y enriquecerse. Y aquí está la clave para persuadir conscientemente: no se trata de imponer, sino de colaborar.

Pero para intercambiar tienes que estar dispuesto no solo a descubrir a la otra persona, sino a mirar hacia dentro y saber qué hay en tu interior. Llevo muchos años ayudando a comunicar mejor a profesionales, pero sobre todo ayudo a las personas a que se entiendan mejor a ellos mismos, y después a los demás.

Y todo empieza en el mismo triángulo inscrito en dos cuadrados del que te hablaba en el capítulo anterior.

Antes de entrar en los objetivos es importante hablar del contexto. Entender el contexto y saberlo leer es esencial: *¿Qué está sucediendo? ¿Cuál es el histórico detrás de esta queja? ¿Por qué no reciben bien a un comercial? ¿Qué percepción se tiene de lo que constituye la autoridad? ¿Qué valores y costumbres hay? ¿Quién es la figura de referencia entre los interlocutores? ¿Quién está más abierto a nuevas ideas?*

Cada vez que voy a otro país a trabajar me dedico a absorber como una esponja cada una de las sutilezas que yo, con mi limitada mirada de extranjero, puedo detectar. Japón es uno de mis lugares favoritos del mundo y su cultura me fascina.

Tengo que reconocer que es un desafío para mí, pero al mismo tiempo me atrae hasta el punto de que pedí a una de mis alumnas de allí, Yumi San, que me enseñara la ceremonia del té, pues considero que es un gran ejemplo de la diferencia cultural que existe entre nosotros y ellos, pues lo menos importante de la ceremonia es beberse el té. Para explicártelo con más detalle, antes déjame que te cuente una anécdota que nos introducirá en los entresijos de aquella sociedad.

La cultura japonesa es considerada de *alto contexto*, lo que básicamente quiere decir que todo lo que rodea a las palabras comunica tanto como las propias palabras. En una visita oficial que hice a la empresa más importante de formación de esa época, mi agente y amigo *Naoto San* me hizo una clase de 25 minutos sobre cómo saludar y empezar una reunión. Desde cómo recibir las tarjetas de visita a cómo hacer comentarios sobre cada una de ellas, o cómo ordenarlas por orden jerárquico encima de la mesa, todo quiere decir algo en Japón.

La cultura española es de *bajo contexto*, es decir, entender y respetar las jerarquías no es tan importante como lo puede ser en países de Latinoamérica. A pesar de esto, siempre va a ser muy importante leer el contexto e informarse lo máximo posible antes de empezar cualquier interacción.

Una vez leído el contexto, lo que también tendrías que tener claro es qué quieres obtener de la conversación. Ya sé que suena a obvio, pero no lo es. En este punto es muy relevante que entiendas que nuestro comportamiento es el resultado de un conjunto de procesos automatizados que escapan a nuestra consciencia y que están regidos por objetivos y necesidades también inconscientes.

Una de las citas más famosas de Richard Bandler es: «*Tu mente es como si estuvieras en un autobús conducido por alguien más y tú estuvieras sentado entre los pasajeros. Vas a tener que fiarte que este conductor sabe lo que se hace y tiene la mejor de las intenciones*».

Vivimos esclavos de nuestros automatismos, y la mayoría de nuestros comportamientos se encuentran pregrabados por años de respuestas inconscientes a los estímulos del mundo exterior.

Si quieres ser un persuasor eficiente, impactar y hasta liderar el cambio, necesitas más consciencia de cómo funciona tu mente (no el cerebro como término general, sino cómo haces tú con tu cerebro). Sin esa consciencia no te darás cuenta ni de lo que quieres ni de cómo haces para conseguirlo y hasta de los resultados que obtienes. Y sin esa consciencia tampoco puede haber mejora continua y, por tanto, evolución. Créeme: somos mucho más inconscientes de lo que queremos admitir.

Pero volvamos a los objetivos. ¿Crees tener claros tus objetivos? Permíteme que lo ponga en duda.

Aceptando que tuvieras claro el objetivo principal cada vez que interaccionas con alguien (vender un producto, motivar a un trabajador, hacer que tus hijos acaben sus tareas o lo que quieras conseguir), hay otros objetivos, a los que vamos a llamar *inconscientes,* que intervienen o hasta interfieren mientras persuades.

Vamos por partes. Primero te hablaré de los objetivos conscientes, que son los más evidentes, y luego pasaremos a los inconscientes.

En mi experiencia, solemos empezar a interactuar sin tener muy claro qué queremos obtener de ello. Como ya mencioné, la persuasión no deja de ser una forma de negociación. Si no tienes claro qué quieres, qué estás dispuesto a ceder y con qué te conformarías, será difícil mantener un orden en tu proceso.

Algo que suelo mencionar en mis cursos y conferencias es que la rutina es la enemiga de la preparación. En una primera cita con la persona de la que nos hemos enamorado, nos preparamos, escogemos nuestra mejor ropa y, por supuesto, le dedicamos tanto tiempo como consideramos prudente a nuestro aspecto físico. Pero cuando ya llevas bastantes citas y la relación ya está estabilizada, digamos que la cosa es menos elaborada y ya no te tomas ni tanto tiempo ni esfuerzo, ¿cierto?

Cuando ya has acumulado bastantes interacciones con alguien, ya sea reuniones, llamadas o correos electrónicos, acabas por automatizar el proceso y no ponerle tanta atención ni intención. Es normal que lo hagas así, ya que nuestro cerebro requiere automatizar procesos y llevarlos fuera de la consciencia para ahorrar energía.

¿Te acuerdas de cuando empezaste a conducir o cualquier otro tipo de actividad compleja? Era agotador, porque tenías que trabajar desde la *competencia consciente* y utilizar una parte del cerebro llamada *corteza frontal,* que nos permite darnos cuenta de lo que hacemos a costa de utilizar muchos recursos. Poner atención cansa; te avanzo que este va a ser un punto importante en futuros episodios.

Ese consumo excesivo de energía hace que no sea eficiente ser consciente de todo lo que pensamos, sentimos o hacemos. Por esta razón, el cerebro tiende a apartar de la conciencia los procesos habituales o repetitivos.

Trabajamos en *automático (competencia inconsciente)* de forma mucho más rápida y eficiente, pero siempre y cuando sea algo ya hecho antes y que requiera una respuesta ya *programada*. Es decir, mientras Juan siga diciendo lo que dice siempre y mi respuesta habitual ya le sirva, este proceso inconsciente obtiene los resultados sin mucho gasto de energía. Es muy eficaz. El problema es que cuando Juan ya no se comporta del mismo modo que los últimos años, la respuesta que he obtenido de él ya no sirve más o Juan ya no está porque lo cambian por Pedro, ahora mis automatismos ya no me ayudan. De hecho, van en mi contra.

Automatizar siempre va a favor de la rapidez y en contra de la improvisación o de la creatividad. Cuando creo automatismos, me estoy habituando a ello. Se convierte en familiar y me siento cómodo con ello.

Por estos motivos, la rutina es la enemiga de la preparación (no sentimos que haya nada a preparar). Debes estar siempre atento a ello. Y no solo sucede con la rutina; otra enemiga es la prisa.

Hablaremos más de ello cuando abordemos la gestión emocional y los niveles de estrés por activación, pero cuando vamos todo el día *como pollo sin cabeza* de aquí para allá, ahogados con tareas, agendas imposibles, saltando de reunión en reunión y con *deadlines* a cumplir, inconscientemente sacrificamos la preparación por la ejecución.

Este es uno de los principales errores a evitar en este modelo de persuasión que te propongo. Porque en este modelo las personas son el centro. Y cuando vamos muy *estresados* solemos enfocarnos mucho más en las tareas que en las personas.

Para que te puedas preparar mejor y no caer en la rutina, hay una especie de *objetivo de objetivos* (algo así como un *metaobjetivo*) que siempre deberías tener presente: *honrar la relación*.

Es decir, al más puro estilo de la ceremonia del té y su *Ichigo Ichei: una vez, un encuentro*, que expresa el hecho de que cada momento que vivimos es único e irrepetible, por lo que debemos valorarlo plenamente, como si fuera la última oportunidad de experimentarlo, te propongo que, más allá de todos tus objetivos, siempre haya uno por encima: mejorar la relación con tus interlocutores.

Mi alumna Yumi San (convertida en este caso en mi maestra) me decía que la ceremonia no trataba de beber el té sino de honrar a los invitados, del mismo modo que, a mi entender, un acto de persuasión debería tener como base el honrar a las otras personas, buscando establecer relaciones fuertes para no convertirse en un acto de pura manipulación unidireccional.

Insisto: ¿cuál es entonces tu objetivo a la hora de comunicarte con alguien? ¿Sacar tú un provecho de ello? ¿Un beneficio mutuo?

Como en una *matrioshka* (esas muñequitas rusas que se meten unas dentro de las otras), cada vez que interaccionamos con alguien no debemos pretender únicamente convencerle de nuestras ideas, o hacerle sentir de un modo diferente; podemos buscar establecer una mejor relación, afianzar la confianza, ayudar o crecer, o hasta descubrir mejor al otro o a nosotros mismos.

Lo más sorprendente del caso es cómo cambia nuestro comportamiento de manera inconsciente cuando enriquecemos nuestros objetivos y ponemos a la otra persona en la ecuación. Cambia nuestro comportamiento, pero también cambia la «*vibra*», cómo dirían los mexicanos. Somos percibidos como menos amenazantes por el sistema nervioso de la otra persona, como tendremos tiempo de ver.

2. ¿Cómo definir tu objetivo?

Vamos a hacer una nueva inmersión en el mundo de la PNL para entender la importancia de definir adecuadamente qué es lo que quieres obtener de tu comunicación. Vamos a suponer que sí, que sabes lo que quieres de tu interacción con alguien. Supongamos que es vender un servicio a un cliente.

En PNL siempre se utiliza una pregunta clave cuando se habla de objetivos: *¿Cómo vas a saber que lo has conseguido?* La respuesta automática que puede venirte a la cabeza es: *Porque me compran mi servicio.* ¿Obvio, no?

Sin embargo, tanto si las ventas no son tu interés principal como si te dedicas a ellas y tienes mucha o poca experiencia, seguramente estarás de acuerdo en que no siempre es tan inmediato. Quizá, en lugar de cerrar la venta directamente, hayas logrado un paso hacia la compra.

Y en ese caso, ¿cómo sabes que estás en el camino correcto? Y aunque fuera un proceso donde en la primera interacción tu interlocutor ya adquiere lo que tú le ofreces, ¿cómo sabes que no se va a arrepentir de ello?

Una vez, trabajando para una conocida OTA (AVO en castellano, Agencia de viajes *online*), nos encontramos que dentro de sus agentes comerciales se encontraban lo que yo llamo *tiburones,* es decir, vendedores con un perfil muy agresivo enfocado en cerrar la venta lo más rápidamente posible a través de empujar al cliente hacia una opción que, por cierto, era la que el vendedor quería para llegar a los objetivos que tenía la empresa. Dicho de otro modo, si el cliente quería un hotel en Mikonos y el vendedor tenía como objetivo endosar cruceros por las islas griegas, pues eso es lo que se acababa llevando el cliente.

No eran *lobos* engañando y buscando estafar al cliente, pero sí presionaban a este a quedarse unas vacaciones que quizá no era lo que en principio buscaban. Una vez cerrada la venta, las cancelaciones ya no eran un problema suyo, sino del servicio de atención al cliente (el famoso *Customer Success*). Como ya te puedes imaginar, el mayor volumen de peticiones de reembolso procedía de los clientes de esos tiburones.

Definir lo que esperamos obtener de forma muy objetiva (adquisición del producto, 15% de cierre, 0% de devoluciones) puede parecer que tenga todo el sentido del mundo, dentro de un mundo corporativo lleno de KPIs (*Key Performance Indicators*) o OKRs (*Objectives and Key Results),* donde todo tiene que estar parametrizado para poder ser analizado *fríamente,* pero en el mundo *soft* de los seres humanos quizá no ayude tanto.

El ejemplo de las ventas es aplicable a cualquier entorno donde se quiera persuadir, aunque en este entorno es más evidente, por el hecho de existir unos objetivos comerciales claros.

Entonces, ¿cómo lo podemos hacer? Mi opinión es que no hay una respuesta definitiva, pero sí herramientas que nos pueden ayudar si entendemos mejor cómo funcionamos los seres humanos.

¿Te has parado a pensar cómo funciona un horno o un aire acondicionado? Estos aparatos son sistemas cibernéticos que interactúan con el exterior. Un horno tiene básicamente tres componentes: una resistencia, un selector de temperatura y un termostato. Tú le fijas un objetivo, y dependiendo de la información del termostato sobre la temperatura dentro del horno, se enciende o se apaga la resistencia.

De un modo un poco más sofisticado pasa lo mismo con un aire acondicionado. Y de un modo aún más sofisticado sucede con nuestro cerebro. Tenemos un sistema que fija un objetivo, un sistema que actúa para conseguirlo y otro que verifica si lo conseguimos (o lo estamos consiguiendo) o no.

Cuando quieres convencer a alguien, tu cerebro genera una representación mental del resultado deseado. Tal vez imaginas cenar en un restaurante, a un grupo de personas aplaudiéndote o al amor de tu vida diciéndote *Sí, quiero.* Esta anticipación de recompensa activa el sistema de dopamina en tu cerebro, un neurotransmisor que está estrechamente relacionado con la motivación y el refuerzo.

Este sistema pone en marcha los procesos necesarios para alcanzar lo que deseas, guiado por la sensación de recompensa que tu cerebro anticipa. Así, actuamos movidos por la expectativa de lograr ese objetivo, más que por la recompensa en sí misma.

Si alcanzamos el resultado deseado, el sistema de recompensa del cerebro libera dopamina, lo que genera una sensación placentera. Pero, ¿qué ocurre cuando no sucede así? La frustración emerge como una señal incómoda de que nuestras expectativas no se han cumplido, lo cual está ligado a una menor liberación de dopamina de lo esperado.

Esta sensación desagradable tiene una función importante: si cada vez que fracasáramos nos sintiéramos indiferentes o complacidos, probablemente no desarrollaríamos la motivación necesaria para alcanzar metas difíciles o superar desafíos.

Es importante que entiendas que esta sensación desagradable puede llevarnos, dependiendo de su intensidad, a querer intentarlo de nuevo, a veces haciendo lo mismo, a veces cambiando la estrategia, aunque un exceso de frustración nos puede también desmotivar.

Cuando hablemos en otro capítulo del papel de las emociones, volveremos a abordar la importancia de gestionar nuestra frustración y la de los demás, pero por el momento volvamos a la importancia de una adecuada definición de aquello que quieres que suceda.

Date cuenta de que si no eres consciente de aquello que te va a indicar que estás consiguiendo tu objetivo, puede que te empieces a impacientar cuando no es necesario, o que, por el contrario, creas que estás consiguiendo lo que quieres cuando no es el caso. Este hecho es especialmente relevante cuando estamos queriendo convencer a alguien y los signos que buscamos es que nos diga *Sí, tienes razón* o *De acuerdo, lo haremos como tú dices,* o que nos compre a regañadientes simplemente para que le dejemos tranquilo.

Aunque las palabras pueden parecer las esperadas: *De acuerdo, compro,* o *Me quedo con el crucero,* o simplemente *Tienes razón* o *Haremos como tú dices*, la realidad es que esa persona está cediendo por presión, por evitar un conflicto o porque eres una autoridad, pero en ningún caso porque esté convencido de ello. Y, al igual que los clientes de los *tiburones*, vences, pero no convences.

¿Qué otras señales te indicarían que efectivamente está de acuerdo? ¿Quizá que la solución salga de su boca? ¿Quizá que se implique en complementar tu propuesta? ¿Quizá es un cambio en el color de su piel o en el tono de su voz? No te quedes con el OKR frío.

En PNL se habla que un objetivo que entienda tu cerebro tiene que estar representado sensorialmente.

Clásicamente se ha hablado de la existencia de cinco sentidos principales: vista, oído, gusto, olfato y tacto. Sin embargo, hoy sabemos que también existen otros sentidos esenciales, como la propiocepción, que nos permite percibir la posición y el movimiento de nuestro cuerpo en el espacio, y el equilibrio, gestionado por el sistema vestibular. A pesar de esta ampliación en nuestra comprensión sensorial, para lo que nos interesa aquí nos centraremos en los cinco sentidos clásicos.

En PNL hablamos de que no tenemos acceso directo al mundo exterior. Nuestro cerebro no percibe el entorno tal cual es, sino que interpreta la información sensorial que recibe a través del sistema nervioso, en forma de impulsos eléctricos. Es en el cerebro donde esta información se procesa y se *reconstruye* en lo que llamamos una representación interna o representación mental.

Por ejemplo, cuando vemos un elefante no estamos viendo al animal directamente. Lo que ocurre es que los ojos capturan la luz reflejada por el elefante, la convierten en señales eléctricas que viajan al cerebro, y allí esta información es procesada para crear una representación mental del elefante. Como decimos en PNL: *no experimentamos el mundo, sino nuestras representaciones mentales del mismo*, que son construidas a partir de nuestros sistemas sensoriales.

Lo que acabo de explicar va a tener consecuencias muy relevantes para nuestra gestión emocional y la de los demás. Seguramente, la tecnología que la PNL ha desarrollado para aprovechar este fenómeno, y de este modo aumentar y disminuir respuestas emocionales en las personas, es una de las mayores contribuciones al desarrollo del potencial humano y, por supuesto, a la persuasión.

Regresemos una vez más a los objetivos. Si queremos que nuestro cerebro se ponga en marcha hacia un objetivo, debe poder representárselo con la máxima precisión posible e involucrando el máximo de sistemas representacionales, es decir: visual, olfativo, gustativo, auditivo y kinestésico o cinestésico.

¿Qué y cómo te representas tu objetivo? ¿Tienes una imagen lo suficientemente clara de él? ¿Te enfocas en el resultado más frío, o también en cómo reaccionará la otra persona? ¿Sabes cómo tiene que sonar la voz de la otra persona para saber que estás alcanzando tu objetivo? ¿Sabes cómo tiene que sonar la tuya para generar el efecto que deseas? ¿Sabes cómo tienes que sentirte al hablar con alguien y provocar el impacto que quieres? ¿Qué te va a indicar que no solo has vencido sino también convencido?

El 99% de la población nunca ha pensado de este modo porque es un proceso muy inconsciente, pero, como te decía antes, ¿quién quieres que conduzca el autobús?

3. Necesidades incómodas

Ya te advertí que este libro quizá no siempre sería cómodo de leer, porque tendrás que mirar dentro de ti y puede que te encuentres con aspectos de tu personalidad con los que no te sientas del todo a gusto.

Vaya por delante que soy consciente que esta cita que voy a hacer no sea la más culta del mundo, pero el mensaje es muy claro y, por tanto, útil para explicarte este punto.

Al final de la película *8 Mile*, Eminem (este rapero rubito de ojos azules tan conocido), en el papel de B-Rabbit, demuestra una estrategia brillante que desmonta por completo a su oponente en la batalla de rap final. Normalmente, estas batallas de rapear y de generar rimas son para atacar al oponente. Anticipándose al movimiento de su oponente, Papa Doc, empieza aceptando y burlándose de sus propias debilidades (las de B-Rabbit): su pobreza, su vida en una caravana y el ataque humillante que sufrió en el club.

Con este movimiento, le quita al rival cualquier arma que pudiera usar en su contra. Pero no se detiene ahí. Cambia las tornas y lanza su ataque directo a Papa Doc, desenmascarándolo como un farsante, alguien que finge dureza mientras viene de una vida privilegiada que nada tiene que ver con la calle. Este movimiento no solo desarma a su rival, sino que se gana al público con su autenticidad. Cuando Papa Doc recibe el micrófono, el silencio lo deja en evidencia.

Para mí la lección es muy clara: cuando no tienes miedo de tus vulnerabilidades y eres capaz de enfrentarlas de cara, no solo te haces más fuerte, sino que también te posicionas en un lugar desde el que nadie puede tocarte.

Aunque tendremos tiempo para hablar de autenticidad y su papel en generar confianza en los demás, lo que sí podemos avanzar es que, cuanto más aceptamos quiénes somos y menos caretas nos ponemos para agradar a los demás, más seremos percibidos como auténticos, y al mismo tiempo menos miedo tendremos a mostrar una parte de nosotros que no nos gusta.

Esas partes más *oscuras* suelen provenir de experiencias vividas que generan una *huella emocional* más o menos profunda y que derivan en necesidades psicológicas que nos disparan unos comportamientos que a veces ni siquiera podemos entender conscientemente.

Todos tenemos necesidades fisiológicas, psicológicas y sociales, pero dependiendo de nuestras huellas emocionales, nuestra historia personal y nuestro contexto, algunas de estas necesidades afloran con más fuerza que otras.

Entender qué necesidades intentas cubrir cuando te relacionas con los demás no solo te permitirá comprender mejor por qué te comportas de la manera en que lo haces, sino que también te ayudará a relacionarte más eficazmente con otras personas que, como tú, también tienen sus propias necesidades.

Como ya apuntaba Abraham Maslow, las necesidades humanas están organizadas en una jerarquía. Primero, debemos cubrir las necesidades fisiológicas básicas para poder avanzar hacia otras más complejas. Sin embargo, para lo que nos ocupa, vamos a centrarnos en la necesidad de sentirse seguro y protegido, porque es desde esta base que podemos empezar a construir y desarrollar las demás.

Muchos de mis clientes llegan diciendo cosas como: *Mi jefe me desespera. Es una persona fría que no me valora. Pierdo los nervios con él y, de la rabia, me quedo en blanco. Me gustaría poder expresarme más persuasivamente y asertivamente para dejar claros mis límites.*

Si nos enfocamos en los objetivos que ellos consideran conscientes, parece obvio que desean mejorar su comunicación, ser más persuasivos o aprender a gestionar sus emociones. Sin embargo, si analizamos la situación desde la perspectiva de las necesidades humanas, lo que realmente están expresando podría ser algo más profundo, como:

- *Me siento insegura y desprotegida delante de mi jefe porque no valora ni reconoce lo que hago bien.*
- *Siento que soy invisible para él, y esta sensación de inseguridad me lleva a temer que, en cualquier momento, pueda prescindir de mí.*
- *Me siento impotente y sin capacidad de influir en las situaciones donde él se cierra en banda. Este miedo a que suceda lo que no quiero se convierte en frustración y enfado interno.*

Cada uno de estos mensajes refleja una necesidad humana diferente que no está siendo satisfecha:

1. Necesidad de seguridad y protección

Cuando sentimos que nuestro entorno es hostil, impredecible o amenazante, como en el caso de un jefe crítico o distante, nuestra necesidad de seguridad queda comprometida. Esto puede manifestarse como miedo al rechazo o a la pérdida de un trabajo, o simplemente a no sentirnos respaldados.

2. Necesidad de reconocimiento y validación

Las personas necesitamos saber que nuestras contribuciones, habilidades y esfuerzos son valorados. Si esta necesidad no se satisface, podemos sentirnos invisibles, irrelevantes o menospreciados, lo que afecta directamente a nuestra autoestima.

3. Necesidad de autonomía e influencia

La sensación de impotencia frente a una autoridad que no parece dispuesta a escuchar o cambiar nos priva de nuestra capacidad de tomar decisiones y de influir en nuestro entorno. Esto genera frustración, rabia y, en última instancia, puede derivar en una actitud de resignación o en un estallido emocional.

4. Necesidad de conexión emocional

Aunque pueda no ser evidente, muchas veces lo que buscamos en nuestras relaciones, incluso laborales, es una conexión más humana. Cuando percibimos frialdad o distancia emocional, sentimos que nuestras necesidades de empatía y cercanía no están siendo atendidas.

5. Necesidad de certidumbre o control

Cuando no sabemos qué esperar de una persona, especialmente de alguien en una posición de poder, como un jefe, podemos sentirnos desbordados por la incertidumbre. Esta falta de claridad puede alimentar nuestra inseguridad y hacer que nuestras reacciones emocionales se intensifiquen.

No insinúo que sea fácil encontrar qué necesidades tenemos inconscientemente, pero, definitivamente, conocerlas te va a dar más poder sobre lo que te sucede. Aquí solo te he listado algunas, pero cuando entremos más en analizar a los demás para persuadirlos, lo que valga para ellos valdrá para ti también.

Piensa por un momento cuánta gente quiere ser más persuasiva solo para poder sentirse más valorada, más competente, más influyente, más popular o más reconocida por sus logros. Piénsalo así, ¿cuántas veces has querido ganar una discusión a cualquier precio, incluso cuando no era estratégicamente lógico hacerlo? Quizá ganaste la batalla, pero perdiste la guerra. ¿Por qué tanta insistencia? Ahí seguramente se esconde una necesidad no cubierta.

Quizá me equivoque en lo que voy a decir, pero dudo que haya una persona que detrás de su objetivo no esconda una o más necesidades que necesitan ser cubiertas. ¿Cuáles deben ser las tuyas?

Y, por supuesto, para los lectores más exigentes o para aquellos que encuentran seguridad en comprender y dominar la teoría (licencia pícara del autor con guiño cómplice incluido), vale la pena señalar que podemos tener diferentes necesidades según el contexto. El verdadero desafío para un buen programador neurolingüista es identificar dónde, cómo y cuándo se activan dichas necesidades, pudiendo esta variabilidad generarte cierta sensación de incertidumbre o inseguridad.

El buen persuasor define sus objetivos, verifica que se están cumpliendo y hace los ajustes necesarios en caso contrario, pero siempre teniendo consciencia de lo que hace. Y desde la consciencia, busca también qué otros objetivos puede estar persiguiendo de manera inconsciente y cómo se relacionan con esos otros objetivos más evidentes.

Resumen

- Comunicar implica compartir y construir un terreno común; persuadir es colaborar, no imponer.
- El contexto es clave: comprender el entorno, las dinámicas culturales y sociales mejora la comunicación.
- Definir objetivos claros, incluyendo los inconscientes, es esencial para persuadir eficazmente.
- La rutina y las prisas son enemigas de la preparación y de la atención en las personas.
- Honrar la relación: cada interacción es única, como en la ceremonia del té japonesa.
- El cerebro anticipa recompensas para guiar las acciones; los objetivos deben representarse sensorialmente.
- Identificar y aceptar necesidades humanas profundas (seguridad, reconocimiento, autonomía, conexión, certidumbre) fortalece la persuasión.

Tareas

1. **Reflexión personal:**
   Identifica un objetivo reciente en el que hayas intentado persuadir a alguien. Evalúa si tenías claro lo que querías lograr y qué obstáculos inconscientes podrían haber interferido.

2. **Análisis del contexto:**
   Antes de cualquier interacción persuasiva, investiga y reflexiona sobre el entorno, las dinámicas culturales y las posibles percepciones de los interlocutores.

3. **Definición de objetivos sensoriales:**
   Utiliza los cinco sentidos para visualizar, escuchar y sentir cómo sería alcanzar tu objetivo. Define indicadores claros que te indiquen progreso.

4. **Identificación de necesidades personales:**
   Analiza qué necesidades humanas (seguridad, reconocimiento, autonomía, etc.) están detrás de tus comportamientos en situaciones persuasivas.

5. **Práctica de autenticidad:**
   Escribe una lista de tus vulnerabilidades o aspectos que te incomodan y reflexiona sobre cómo aceptarlos puede fortalecer tus interacciones.

4
CAPTA LA ATENCIÓN

1. ¿Nos estamos convirtiendo en ardillas?

Estamos delante de una epidemia sin precedentes en la historia del ser humano. Los avances tecnológicos y el alto nivel de estrés nos están haciendo perder uno de los recursos más preciados.

Recuerdo que cuando yo era niño me pasaba horas observando por la ventana del coche en silencio. En viajes largos, la conversación de los adultos se acababa apagando y lo único que se oía era el ruido del motor o Roxy Music por el radiocasete del coche. Era esa época donde la gente iba en tren mirando por la ventana o leyendo un libro. Reconozco que yo ya soy un poco *vintage*, pero no deja de sorprenderme cómo hemos cambiado los seres humanos en los últimos veinte años.

Sería fácil apuntar con el dedo a los niños o adolescentes y pensar que ellos tienen el problema porque no pueden estar mirando una película sin hacer algo más al mismo tiempo.

Dibujos animados como *He-man*, *Heidi*, *Mazinger Z* y hasta *Dragon Ball* eran en muchos casos casi una sucesión de imágenes estáticas, animadas en el mejor de los casos a 12 fps (cuadros por segundo). Entre cambio de plano y cambio de plano tenías tiempo de ir a hacerte la merienda sin miedo a perderte nada, solo escuchando los diálogos de fondo.

Hoy en día, y gracias a las técnicas digitales, los dibujos animados fluyen a 24 fps, con transiciones más rápidas, efectos visuales impactantes y cambios de plano a un ritmo diabólico que a mí, personalmente, casi me marean. Pero ni siquiera este ritmo vertiginoso puede mantener a muchos niños pegados a la pantalla.

Pero no nos engañemos: este fenómeno no se limita a los niños. Los adultos también estamos cayendo en esta espiral de falta de atención durante períodos prolongados, en gran parte debido a la sobreestimulación constante a la que estamos expuestos en el entorno digital moderno.

En la era de los *reels*, los *shorts* y los *TikToks*, donde lo que no impacta inmediatamente nos lleva a cambiar a otro estímulo, la capacidad de poner la atención de forma sostenida se está perdiendo a un ritmo aterrador.

¿En cuántas reuniones por *Teams*, *Zoom* o cualquier otro medio digital tienes a las personas solo escuchando al que habla? Si observas las caras de los presentes, a menudo están ausentes o inexpresivos, y sus ojos están moviéndose leyendo algún correo, un mensaje del chat de *Teams*, de *Slack* o de *WhatsApp*. Hoy en día casi nadie hace una única cosa delante de la pantalla. Por no mencionar cuando es una llamada telefónica y ya no hay ni el miedo a que te pillen.

Para comunicar necesitas la atención del otro; de lo contrario, estarás literalmente perdiendo tiempo y energía. Captarla es complicado, pero retenerla, en algunos casos, puede ser casi una misión imposible.

Los magos, auténticos maestros de la creación de realidades, lo saben muy bien. No solo saben captar tu atención, sino que la saben dirigir. Sin esta parte no podrían hacer sus trucos de magia.

Persuadir es liderar, y lo primero a liderar es la atención de las personas que te escuchan, pero hoy en día nos hemos convertido en ardillas huidizas que al mínimo estímulo ya están mirando hacia otro árbol.

Vamos a ver qué es la atención, la concentración y cómo activarla en los demás. Sin ello, estás virtiendo agua sin un vaso delante.

2. Atención, concentración y retención

Para que la persuasión sea efectiva, no basta con captar la atención de alguien en el momento.

El verdadero poder de persuadir reside en lograr que el mensaje no solo resuene, sino que perdure. Porque un argumento que impacta en el instante, pero se olvida al día siguiente, es como una de esas bengalas de luz (o *estrellitas*) con las que juegan los niños: muy bonita, pero incapaz de encender nada y totalmente efímera. Vivimos en el mundo de lo absolutamente efímero.

La persuasión efectiva es aquella que deja una huella profunda, que permanece en la memoria de la persona a la que va dirigida y guía sus decisiones incluso tiempo después de haber escuchado tus palabras.

Pero vayamos por partes. La atención, para empezar, es la puerta de entrada. Es lo que nos permite centrar nuestros recursos mentales en un estímulo mientras ignoramos todo lo demás. Sin atención, no hay posibilidad de persuasión.

La atención no es automática; se dirige hacia aquello que percibimos como relevante, interesante o necesario en un momento dado. Cuando algo despierta nuestro interés (ya sea porque lo encontramos atractivo, útil o alineado con nuestras metas), nuestro cerebro prioriza ese estímulo por encima de otros. Es como si activara un filtro que nos dice: *Esto importa, presta atención.* Por tanto, tu trabajo como persuasor es el de motivar (o interesar) a las otras personas para que te presten atención.

Vamos a hacer una pausa para subrayar algo que no se te puede pasar por alto y que nos vuelve a dirigir hacia la PNL: tiene que ser algo relevante, pero, ¿relevante para quién?

Siempre pongo el mismo ejemplo cuando enseño persuasión: has tenido una idea fantástica, has descubierto algo apasionante y se lo quieres comunicar a alguien más. Perfecto. Pero ese *alguien más* seguramente no está esperando que tú lo ilumines, a no ser que seas un gurú y la otra persona tu discípulo, o que seas un médico o un abogado y el otro te haya venido a pedir ayuda.

Es más, lo más probable es que la otra persona esté sumergida en un océano de diálogos internos, dudas, miedos, tareas a terminar, comidas por hacer o hasta puede tener una orquesta filarmónica entera en su cabeza. ¿Y ahora llegas tú y esperas que toda esa cacofonía interna se detenga de golpe porque has tenido una idea genial o te ha pasado algo increíble? Cuanto menos, va a ser improbable que suceda.

Y sí, ciertamente hay casos en que la persona te tiene mucho aprecio, te respeta o hasta te adora, o simplemente tiene miedo de las consecuencias de no escucharte. Pero en la mayoría de los otros casos con llamar a la puerta no va a ser suficiente.

Para captar la atención debes hacer algo que en PNL se insiste muchísimo (y que poca gente más tiene en cuenta o sabe hacer), que es entrar en la realidad de la otra persona (su mapa); es decir, en su mundo de cosas interesantes, objetivos o hechos emocionantes, y desde ahí activar la atención.

Insisto: para captar la atención de alguien no basta con tener algo interesante que decir, sino que debes asegurarte de que sea relevante para esa persona, en ese momento y en su contexto mental.

Puedes hacerlo entrando en su realidad inmediata y validando lo que le preocupa: *Sé que tienes mil cosas en la cabeza con ese «deadline», pero quiero compartir algo que creo que podría ayudarte con eso*, o apelando a su curiosidad con algo inesperado: *¿Te has fijado que, en realidad, nadie presta atención cuando les hablas? Pero hay un modo de cambiarlo.*

Si sabes qué les interesa, puedes abrir con una promesa útil: *¿Sabías que hay una técnica psicológica que puede aumentar tus ventas sin que parezca que estás vendiendo?*, o incluso usar una metáfora que conecte emocionalmente con su estado actual: *Tu mente ahora mismo debe sentirse como una caja llena de piezas de un puzle que no encajan. Déjame mostrarte cómo podrías ponerlas en orden.*

También puedes generar impacto al resaltar lo que valoran profundamente: *Imagínate que hay una forma de garantizar que tu familia esté más tranquila y segura sin que tengas que hacer grandes sacrificios.* O provocando introspección con una pregunta que los invite a reflexionar: *¿Te has dado cuenta de cómo pequeñas decisiones pueden cambiar completamente tu día?*

Recuerda siempre todos esos violines, trombones y hasta timbales sonando mientras tú intentas hablar. No intentes cantar más alto. Vete al director de orquesta y susúrrale al oído algo que le haga dejar de mover la batuta por un momento.

Y recuerda algo muy importante: si no tienes la atención y no es ni el contexto ni el momento para tenerla, mejor dejarlo para otro momento. Cuando hablo con ciertas personas y veo que al mismo tiempo están moviendo los ojos o hasta los labios, prefiero callar, y entonces me dicen: *¿Por qué has dejado de hablar?* A lo que yo respondo: *Porque espero que acabes tú*, y me dicen: *¡Pero si no estoy diciendo nada!* y digo: *No, por fuera no, pero por dentro sí lo estás haciendo, y contra esa voz no puedo competir.*

Ya tienes su atención. ¿Te puedes ahora relajar? Nunca. Como te he dicho, tener la atención de alguien no es ni mucho menos lo más difícil hoy en día. Es retenerla.

La concentración es, básicamente, la habilidad de mantener la atención en algo durante un tiempo. Es lo que nos permite centrarnos en lo que estamos haciendo ahora, sin que nuestra mente se desvíe al próximo mensaje de *WhatsApp* o al correo que me queda por mandar. Y es que, sin concentración, no podemos procesar bien la información ni mucho menos recordarla después.

Como te decía antes, con mil estímulos compitiendo por nuestra cabeza, más todo lo que sucede ya dentro de ella, conseguir procesar la información resulta una batalla titánica.

¡Ay, perdona! ¿Me podrías repetir lo que me acabas de decir, que no lo he entendido? ¡Mentira! ¡Lo que pasa es que te has distraído a media conver-

sación! Aunque eso ni lo puedes decir en voz alta, ni la otra persona lo admitiría, es altamente probable que sea el caso.

¿Y qué tiene que ver la motivación aquí? Todo. Si la atención requiere energía, la concentración es otro nivel. Piénsalo así, nuestro cerebro está para mantenernos vivos, y para ello debe ahorrar energía, organizando prioridades, alejándonos de los peligros y acercándonos a lo que nos puede beneficiar. Por tanto, solo se enfoca en lo que le parece relevante o interesante. León corriendo hacia mí: interesante. Baobab con babuinos sacándose pulgas en una rama: para otro momento. Hoy en día tenemos la cabeza llena de leones.

Ten en cuenta que cada tarea que tienes por finalizar es una distracción constante para tu cerebro, y tenemos decenas de ellas. El *efecto Zeigarnik* se produce cuando tenemos tareas incompletas que generan una tensión cognitiva, centrifugando en tu mente hasta que se termina. Aunque estés intentando concentrarte en algo más, las tareas pendientes susurran en segundo plano, consumiendo tu energía, fragmentando tu atención y, por supuesto, estresándote. Como ya veremos, una persona estresada no escucha bien.

Esto convierte cada pendiente en una fuente de distracción. ¿Por qué? Porque tu cerebro trata de mantenerlas activas para asegurarse de que no las olvides. Así, aunque físicamente la persona esté delante de ti queriéndote escuchar, mentalmente puede estar resolviendo cómo enviar ese correo pendiente o recordando que tiene que terminar la presentación para mañana.

¿Cuántos leones pendientes tienen las personas que convierten a nuestro intento de persuadirlas en un simple babuino en un baobab? Lo siento, la verdad a veces es dura de digerir.

Para empezar, minimiza las distracciones visibles. Si estás conversando con alguien, busca un entorno tranquilo, libre de interrupciones y ruidos innecesarios. Un simple *vamos a un lugar más tranquilo* puede marcar la diferencia.

Luego, mientras estás hablando con la persona, busca la relevancia inmediata: conecta lo que estás diciendo con algo que le interese, sus valores, creencias o preocupaciones. Por ejemplo, si sabes que tu interlocutor está preocupado por la productividad de su equipo, podrías comenzar con algo como: *Déjame que te cuente que cambiando la forma en la que gestionas tus reuniones puede aumentar un 30% la productividad*. Eso mantiene la atención porque va dirigido directamente a algo importante para ellos.

Evita caer en monólogos eternos. Si alguien quiere un sermón, seguro que sabe dónde encontrarlos. Haz preguntas clave que obliguen a la otra persona a participar activamente. Un simple *¿Qué opinas de esto?* o *¿Cómo encaja esto con lo que necesitas ahora mismo?* no solo mantiene su atención, sino que demuestra que valoras su opinión.

Si tienes mucho que decir, divide y vencerás. Nuestro cerebro procesa mejor la información en bloques pequeños, así que preséntala por partes y haz pausas estratégicas. Estas pausas, además de evitar saturar a tu interlocutor, generan expectación. Es como cuando estás viendo una serie y cortan justo en el momento más interesante.

Ten en cuenta que un ser humano con interés para escucharte va a conseguir hacerlo entre 7 y 10 minutos antes de que su cerebro empiece a pensar si le va a preparar *lasaña* o *musaka* a sus hijos para cenar.

Cierra ciclos mentales para liberar la mente de tu interlocutor. Si notas que está distraído, puedes decir algo como: *¿Quieres tomarte un momento para apuntar eso antes de seguir? No quiero que lo olvides*. Este pequeño gesto puede hacer maravillas para aliviar la tensión cognitiva y devolver su atención al momento presente.

Otro elemento clave es mantener la información ordenada. La estructura importa. Si presentas tus ideas de forma clara, con una introducción que prepare el terreno, un desarrollo fluido y un cierre contundente, ayudas a que tu interlocutor mantenga el hilo de lo que estás diciendo. Las personas procesan mejor lo que está bien organizado; lo contrario es como intentar seguir una película de David Lynch (yo todavía le doy vueltas a *Mulholland Drive*). Volveremos a ello en otro capítulo específico.

Sé visual y narrativo. Las historias o imágenes mentales impactantes no solo captan la atención, sino que la retienen. Si algo se convierte en un *león mental*, que sea lo que estás diciendo tú, no su lista de tareas pendientes. Por ejemplo, en lugar de decir *Esto es importante*, prueba con algo más gráfico: *Esto es tu brújula en mitad del desierto buscando un oasis. Si no lo usas, te pierdes. ¿Qué* opción crees que funcionará mejor?

Y hablando de estrés: córtalo antes de empezar. Una broma, un comentario distendido o incluso un pequeño silencio pueden relajar a tu interlocutor. Si reduces su estrés será mucho más receptivo. Cuando hablemos de la gestión emocional de nuestro interlocutor volverá a aparecer el increíble uso del humor.

Por último, recuerda que tu lenguaje verbal, paraverbal y no verbal deben trabajar en equipo. Usa un tono de voz dinámico, cambiando según el mensaje: más suave para empatizar, y más firme para subrayar puntos clave. Las pausas bien colocadas son tus aliadas, pero también lo son tu postura y tus gestos. Mantén una postura abierta, usa gestos que refuercen tus palabras y haz contacto visual (sin pasarte, pues no queremos intimidar).

Y si hablas de algo que consideras esencial, transmítelo también con tu cuerpo. No puedes decir *esto es clave* mientras miras al suelo y te encoges de hombros, pues en ese caso el mensaje pierde toda su fuerza.

3. Si no se retiene, ¿para qué lo cuentas?

Retener la atención no es solo una habilidad, es un arte. Y cuando logras que la otra persona permanezca contigo, con la mente despejada y la atención enfocada en lo que dices, alcanzas el verdadero poder de persuadir. Pero aún nos queda la retención, un nivel superior que requiere aún más energía.

La memoria no es un armario repleto de cachivaches donde todo lo que vivimos queda apilado al azar. Es más bien un sistema de filtrado sofisticado que prioriza qué merece quedarse y qué se puede descartar.

Cuando algo despierta nuestro interés, el cerebro activa su sistema de recompensa, liberando dopamina, ese famoso mensajero químico que dice: *Esto es importante, no lo olvides*. La dopamina no solo mejora nuestra atención, sino que también refuerza las conexiones entre las neuronas, dejando una marca más profunda en nuestra memoria. Es como si le pusiera un cartel luminoso a la información para asegurarse de que pase el filtro.

Aquí es donde entra el *hipocampo*, esa pequeña estructura en el centro del cerebro que actúa como un guardián de los recuerdos. Su trabajo es decidir qué información a corto plazo merece ser almacenada a largo plazo. Y, sorpresa, no todo pasa el examen. El hipocampo presta especial atención a lo que considera interesante, útil o emocionalmente impactante. Si la información no cumple con estos requisitos, probablemente se pierda en cuestión de minutos.

Imagina una fantástica reunión que verse acerca de cómo vamos a mantener un registro de todas las personas que se llevan cajitas de clips del armario de material de la oficina: diez minutos más tarde y a la papelera de reciclaje mental… Increíble desayuno con tu amiga que ha vuelto de *Fiji* con el teléfono lleno con 567 fotos suyas posando delante de playas blancas y aguas cristalinas (por cierto, aprovechando ese agujerito sin otros turistas por en medio): diez minutos más tarde adivina dónde acaba…

Y no termina ahí. Las emociones juegan un papel crucial en la memoria. Si algo nos hace reír, llorar o sentir curiosidad, el *hipocampo* lo etiqueta como prioritario. Esto explica por qué recordamos perfectamente esa anécdota divertida de hace años, pero olvidamos lo que desayunamos hace dos días o nos acordamos solo del profesor que nos aterrorizaba y del que más nos gustaba. Del resto, ni nos acordamos de su nombre. Las emociones son el pegamento de la memoria, y el contexto actúa como el marco que ayuda a sostenerla.

La repetición es un elemento importante para la retención; pensar que alguien se va acordar de una instrucción es realmente temerario. Aunque algo no parezca muy interesante al principio, la repetición refuerza las conexiones neuronales, haciendo que esa información se grabe con mayor fuerza. Es como caminar varias veces por un sendero: cada paso lo hace más claro y más fácil de seguir.

En persuasión, entender cómo funciona este proceso es clave. Si quieres que alguien recuerde lo que dices, no basta con capturar su atención momentánea. Tienes que activar su interés, conectarlo con algo que le importe y, si puedes, añadirle un toque emocional. Porque, al final, no es lo que dices lo que se recuerda, sino lo que haces que el otro sienta como importante. La memoria, como la persuasión, siempre responde a la pregunta: *¿Esto realmente importa para mí?* Si logras que la respuesta sea *sí*, entonces tu mensaje no solo será escuchado, será inolvidable.

La persuasión, al fin y al cabo, no es solo un ejercicio de transmitir ideas, sino de asegurarte de que esas ideas se conviertan en algo relevante y duradero para la persona que las recibe. Esto no se logra solo con argumentos racionales o datos abrumadores, sino con la capacidad de despertar interés, emocionar, simplificar el mensaje y darle un propósito claro. Si consigues que alguien se concentre en lo que dices y que lo guarde en su memoria como algo significativo, habrás dado un paso más allá del impacto momentáneo: habrás sembrado una semilla de cambio, capaz de influir en las decisiones futuras de esa persona.

La próxima vez que busques persuadir a alguien, recuerda que no se trata solo de lo que dices ni de cómo lo dices en ese instante. Se trata de cuánto eres capaz de permanecer en su mente, de convertir tus palabras en algo tan claro y poderoso que vuelvan a ellas incluso cuando tú ya no estés presente. Porque ahí, en la memoria, es donde la persuasión alcanza su verdadera dimensión.

¡Ah! No me he olvidado de algo fundamental: ¿Qué pasa con tu atención? ¿Está cuando el otro habla o solo estás pendiente de que acabe de hablar? ¿Cuál es tu motivación para escucharle? Una vez más, estimado lector, volvemos irremediablemente a poner a nuestros interlocutores en el centro de nuestro universo para que nuestro cerebro ponga los recursos para atender, sostener y retener. ¿Acaso tú no tienes una orquesta en la cabeza como todos?

Para que tu cerebro invierta la energía necesaria y, de este modo, poner la atención en la otra persona, tiene que considerarlo un objetivo prioritario. Si para ti esa persona entra en la categoría de *babuino*, difícilmente vas a tener la motivación para escucharlo profundamente y analizar su comportamiento.

Resumen

- La tecnología y el estrés han reducido nuestra capacidad de atención sostenida.
- La atención es la puerta de entrada para la persuasión; sin ella, el mensaje se pierde.
- Capta la atención conectando con lo relevante para la otra persona en su contexto y momento específico.
- La concentración permite mantener la atención y procesar información.
- La motivación es clave para priorizar estímulos relevantes y evitar la dispersión.
- La memoria selecciona lo relevante, emocional o repetido para almacenarlo a largo plazo.
- Las emociones, el interés y la repetición fortalecen la retención.
- La persuasión efectiva conecta el mensaje con algo significativo para la otra persona.
- Valida la realidad del interlocutor y apela a su curiosidad, intereses o preocupaciones.
- Usa pausas estratégicas, divide el mensaje y emplea historias o imágenes impactantes.
- Repite los puntos clave y estructura las ideas para facilitar su comprensión y recuerdo.

Tareas

1. **Evalúa tu capacidad para captar la atención:**
   - Analiza si tus mensajes son relevantes y conectan con la realidad del interlocutor.
   - Practica formular introducciones que despierten interés o curiosidad.

2. **Crea un entorno favorable para la atención:**
   - Elige lugares tranquilos y elimina distracciones visibles al comunicarte.
   - Detecta señales de distracción en tu interlocutor y ajusta tu enfoque.

3. **Mejora la retención del mensaje:**
   - Incorpora elementos emocionales y visuales en tu comunicación.
   - Usa metáforas, analogías y ejemplos cercanos a la realidad de la audiencia.
   - Repite y refuerza los puntos clave en diferentes momentos de la conversación.

4. **Fomenta la concentración:**
   - Divide la información en bloques pequeños y usa pausas estratégicas para evitar saturar al interlocutor.
   - Mantén la interacción con preguntas abiertas que estimulen la participación activa.

5. **Desarrolla una narrativa persuasiva:**
   - Crea una estructura clara para tus mensajes: introducción, desarrollo y cierre contundente.
   - Usa historias que conecten emocionalmente y dejen una impresión duradera.

6. **Autodiagnóstico continuo:**
   - Reflexiona sobre tu capacidad para captar, mantener y dirigir la atención de los demás.
   - Ajusta tus estrategias según los resultados observados en tus interacciones.

5
GENERA CONFIANZA

1. El mayor secreto de los (buenos) interrogadores

En mis conferencias sobre liderazgo empiezo con una historia que, admito, es un poco controvertida.

George Piro, un agente especial del FBI de origen libanés, fue asignado para interrogar a Saddam Hussein después de su captura en diciembre de 2003, tras la invasión estadounidense en Irak. El dictador iraquí había estado huyendo durante meses y fue finalmente localizado en las cercanías de Tikrit, su ciudad natal.

Desde el inicio, Piro decidió no usar métodos agresivos ni violentos. En lugar de eso, adoptó un enfoque completamente diferente. Piro se presentó como una persona tranquila y respetuosa, sin mostrar ningún tipo de hostilidad hacia el exdictador.

Piro, que hablaba árabe como lengua materna, aprovechó esta habilidad para conectar con Hussein a un nivel más profundo. Desde el principio comenzaron a hablar de temas personales y culturales. En lugar de centrar la conversación en las armas de destrucción masiva o los crímenes de Hussein, prefirió hablar de la vida del dictador, de sus creencias y de su carrera política.

Se centró en establecer un vínculo a nivel más humano, compartiendo con Hussein aspectos de su propia vida, mencionando su familia y especialmente su madre, lo que generó una relación más cercana y genuina.

El dictador, conocido por su carácter duro, sin escrúpulos y autoritario, mostró una faceta más vulnerable al contarle que le gustaba escribir poesía. Piro se interesó sinceramente en estos detalles, e incluso intercambiaron ideas sobre literatura y poesía, lo que permitió que Hussein se abriera más.

El interrogador y el prisionero comenzaron a conversar como dos personas que se conocían, y Hussein, gradualmente, empezó a compartir información sobre su vida y su régimen, aunque no reveló todos los detalles que los interrogadores deseaban.

El verdadero punto de inflexión llegó a pocos días de entregar al dictador a las autoridades iraquíes, donde le esperaba un juicio y la pena de muerte. En ese momento Hussein comenzó a hablar más libremente sobre sus pensamientos y sus creencias políticas, y reveló ser un hombre más complejo, lleno de contradicciones y vulnerabilidades.

Y hablando del miedo, Hussein aceptó que había amenazado públicamente con unas armas de destrucción masiva que no tenía, por miedo a su eterno enemigo, Irán.

El día en que George Piro fue por última vez a ver a Saddam Hussein, este le dijo, después de despedirse con los tradicionales besos en la mejilla, que se había sentido más conectado con él que con sus propios hijos.

En YouTube tengo una conferencia donde cuento la historia y donde los espectadores expresan su descontento, porque a estas alturas todos sabemos que el gobierno de los Estados Unidos mintió sobre el tema. Yo intento contar a aquellos que se toman el tiempo para comentar que el hecho que describo sigue siendo válido, mintieran las dos partes o no.

La pregunta que te podrías hacer es: ¿dónde aprendió George Piro a interrogar así? Y la respuesta se remonta a exactamente 60 años antes.

En la Segunda Guerra Mundial, alrededor del 70% de los aviones aliados que sobrevolaron Europa fueron abatidos en combates o misiones fallidas. Los cielos eran un lugar mortal y complejo, donde tanto la RAF británica como las fuerzas aéreas estadounidenses luchaban incansablemente por la supremacía.

Ponte por un momento en los zapatos de un joven aviador de 20 años. Estás pilotando uno de esos bombarderos lentos y pesados. Has volado manteniendo la formación a través de nubes de fuego antiaéreo y esquivado cazas enemigos, hasta que uno de los motores empieza a echar humo y tienes que hacer un aterrizaje forzoso en territorio ocupado.

Y ahora, capturado, esperas lo peor: torturas, intimidación, presión. Pero en lugar de amenazas y golpes, te reciben con un paseo por un jardín. Un hombre con una sonrisa amable te ofrece café o té y empieza a hablar contigo, preguntándote cómo lograste sobrevivir a tantas misiones.

Este oficial alemán era Hanns Joachim Scharff, el interrogador de la *Luftwaffe* que revolucionó el arte del interrogatorio.

Scharff tenía un talento especial para hacerte sentir importante. Te escuchaba como si cada palabra que dijeras fuera la más fascinante del mundo. *¿Cómo conseguiste volar tan bajo para evitar los radares? Debe haber sido aterrador…* Y tú, hinchado de orgullo, le contabas tus historias, sin darte cuenta de que, en cada detalle, estabas revelando información clave.

No tomaba notas, no interrumpía, simplemente conectaba los puntos en su cabeza. Si otro piloto mencionaba un aeródromo remoto, Scharff lo enlazaba con lo que tú habías dicho sobre las rutas de vuelo.

Se dirigía a ti por tu nombre, con el poder que tiene este gesto. Dale Carnegie, en *Cómo ganar amigos e influir sobre las personas*, lo explica perfectamente: *El nombre de una persona es para ella el sonido más dulce e importante en cualquier idioma.* Scharff lo sabía, y con eso creaba un ambiente donde los pilotos se sentían valorados, casi como si estuvieran charlando con un viejo amigo.

Después de la guerra, Hanns Joachim Scharff emigró a Estados Unidos, donde, sorprendentemente, muchos de los pilotos que había interrogado lo recibieron con los brazos abiertos. Algunos incluso lo invitaron a cenar en Navidad.

Fue Scharff el que ayudó a fundar el primer programa de entrenamiento para interrogadores del FBI. El mismo entrenamiento que George Piro recibió décadas después y que tan magistralmente supo utilizar.

Esta escuela de interrogadores parte del mismo principio que nosotros vamos a utilizar: la confianza es el lubricante social. Cuanta más confianza exista, menos trucos de otro tipo vas a necesitar. Y tiene mucho sentido verlo de este modo.

2. Flujo de información y confianza

«La información es poder» es una frase que deriva de la cita del filósofo y político Francis Bacon, *El conocimiento es poder,* pero el fundamento se conserva: *Cuanta más información tienes de mí, más puedes influirme, persuadirme o manipularme.* Por tanto, los seres humanos queremos tener el control de la información si no nos sentimos seguros.

Todos hemos visto esas películas donde se leen los derechos al detenido: *Tiene derecho a permanecer en silencio. Cualquier cosa que diga podrá y será utilizada en su contra en un tribunal de justicia. Tiene derecho a un abogado. Si no puede pagar un abogado, se le asignará uno de oficio.*

La famosa Quinta Enmienda de la Constitución de los Estados Unidos, que tanto hemos visto en series y películas, nos habla del silencio como control sobre la situación y del derecho a no autoincriminarse.

Solo cuando empezamos a sentirnos seguros nos relajamos lo suficiente y empezamos a expresarnos, como pasaba con los pilotos prisioneros de guerra o Saddam Hussein.

En este capítulo vamos a ver algunas de las variables que nos ayudarán a mejorar la confianza con los demás para que la comunicación pueda fluir y, por supuesto, podamos persuadir con mayor facilidad.

Recuerdo un caso que me hizo pensar mucho. En un curso de liderazgo para una empresa de software, Piotr, uno de los *managers,* me dijo: *Xavi, me cuesta poner en práctica todo lo que cuentas en el curso.* Yo le pregunté si es que no lo entendía y me dijo: *Sinceramente lo veo una pérdida de tiempo, porque aquí cada uno tendría que saber qué hacer y venir motivado de casa.* Yo le pregunté si le interesaban las personas y él me dijo: *La verdad es que no mucho.* Esta mentalidad es habitual y no es nada a criticar. Es simplemente eso: un tipo de mentalidad.

La diferencia entre persuasión y manipulación reside básicamente en el enfoque. La manipulación es un uso de la capacidad de influencia y persuasión sin tener en consideración a los demás. En el caso de la gestión de personas, enfocarse más en tareas o en personas no es ni bueno ni malo, pero tiene consecuencias, especialmente para llegar a ser un líder carismático.

Los seres humanos tenemos una especie de sexto sentido para detectar a aquellos que les importan los demás y a los que no. Y cuando detectamos a alguien que no nos tiene como prioridad, lo percibimos como una amenaza y solemos cerrar el grifo de la información.

En el caso de Piotr, lo fácil hubiera sido decirle que se aprendiera los nombres de los colaboradores y que se interesara genuinamente por ellos. Pero esto es un enfoque desde la conducta, es decir, desde qué hacer. Y este tipo de conductas, sin la actitud adecuada, pueden acabar siendo percibidas como incongruentes, poco genuinas e interesadas.

Además, hay razones psicológicas que explican por qué a veces no nos sentimos a gusto entre otras personas. La timidez solo es la expresión de comportamientos que a menudo tienen que ver con sentirnos inseguros por experiencias vividas en el pasado. No siempre tiene que ser así, ya que también puede haber personas que naturalmente tengan una baja necesidad social. Simplemente, están mejor solos o con poca gente.

Para todos los que se sienten tímidos, asociales o introvertidos, es importante que quede claro que para ser un buen persuasor no hace falta tampoco ser extrovertido y carismático. Hay modos muy sutiles, de los que hablaremos enseguida, para influir y convencer a los demás.

Volvamos al tema de la confianza y nuestras respuestas delante de las amenazas. Como decíamos, nuestra manera de gestionar un entorno amenazante puede ser cerrar el grifo de la comunicación y no decir nada. Un poco en el estilo de la máxima de Mark Twain: «*Prefiero quedarme callado y parecer tonto, que hablar y despejar las dudas definitivamente*». Hablar requiere exposición y exposición puede conllevar amenaza.

Aunque a veces es lo opuesto. Una respuesta también posible es la de aquella persona que no deja nunca de hablar con una verborrea abrumadora. La intención detrás es tratar de hacer de su discurso el que prevalezca por pura cantidad de *minutos jugados*. Los dos son respuestas adaptativas a un entorno amenazante en busca de exactamente lo mismo: el control a través del flujo de información.

Algo que los negociadores saben hacer muy bien es hablar o callar cuando es estratégicamente adecuado. Es decir, gestionar el flujo de información. Las dos estrategias adaptativas nos hablan de cómo percibimos algo que en este libro llamaremos nuestra *zona de influencia o de control*.

Imagínate un círculo donde dentro de él tienes la percepción que cualquier acción que lleves a cabo culminará con el resultado que tú esperas. La consecuencia de ello es una sensación clara de certidumbre.

La certidumbre es una de las variables que necesitamos para poder anticipar las consecuencias de nuestras decisiones, y sin ella se nos abren muchos escenarios que nos hacen sentir inseguros.

A partir de ese borde de la circunferencia comienza una zona en la que, cuanto más te alejas, menor es la probabilidad (según tu mente) de que ocurra el resultado que deseas, lo que conlleva una mayor sensación de incertidumbre.

Vamos a poner un ejemplo ilustrativo: si tu mejor amigo te pide 500 €, ¿se los prestarás?, ¿qué variables tendrás en cuenta? Como ya vimos en el capítulo 2, empezarás a calcular qué va a pasar si se los prestas o si no se los prestas, qué consecuencias puede tener en la relación con él y con tu economía, qué probabilidades hay de que salga mal, etc. Pero una de las variables que, sin duda, será importante, es lo que percibes que puedes hacer en el caso de que no quiera devolverte el dinero. Si crees que tienes capacidad de influencia sobre él, aunque no estés seguro de que lo devuelva a tiempo por su propia voluntad, tu certidumbre de recuperar el dinero será elevada.

Lo único que determina dónde empieza y acaba esta circunferencia es el conjunto de experiencias vividas que te han llevado a conclusiones sobre cómo eres tú, qué puedes hacer, cómo es el mundo en el que vives y qué puede hacerte a ti. Si tus experiencias desde pequeño te han llevado a la conclusión de *que en boca cerrada no entran moscas*, es probable que tu forma de mantener tu zona de control o influencia sea el silencio.

Sin embargo, estar callado tiene consecuencias predecibles. Al restringir el flujo de información, obligas a los demás a suponer qué pasa por tu mente, lo que aumenta la posibilidad de equívocos y malentendidos. Una persona poco transparente genera incertidumbre: los demás no pueden leerla ni predecir sus reacciones.

Por otro lado, hablar mucho también es una forma de controlar la situación al intentar dirigir el mensaje. No obstante, esto también tiene consecuencias, ya que el flujo de información se vuelve unidireccional, impidiendo recibir información del otro lado. Es como conducir un coche en plena noche llevando encendidas únicamente las luces de posición.

Es fundamental entender que ambos perfiles responden a las amenazas que perciben. Sin embargo, en el primer caso la sensación de amenaza suele ser más evidente que en el segundo.

Un persuasor debe ser capaz de detectar el flujo de información y entender qué elementos están actuando. La percepción de amenaza y, por tanto, la respuesta de miedo, son universales, aunque no las conductas asociadas.

Mientras unos pueden quedarse quietos como un conejo delante de los focos de un vehículo, otros pueden huir como una gacela perseguida por un guepardo o luchar como una leona acosada por hienas. Las tres son reacciones muy humanas y se pueden explicar a través de respuestas básicas de nuestro sistema nervioso.

Retomando la idea de cómo conectamos con los demás y generamos ese espacio seguro donde se sientan cómodos para abrirse, algunas personas tienen una habilidad natural para conectar y generar confianza de inmediato. La panadera de mi pueblo, *Núria*, tiene una capacidad prodigiosa para recordar a la gente.

A pesar de que voy a comprar una vez cada seis meses, cada vez que entro en su tienda me dice con una sonrisa: *¡Xavi! ¿Cómo está tu negocio?* ¿Cómo puede acordarse de mi nombre? Sea como sea, cada vez que se acuerda de mí y utiliza mi nombre está invirtiendo en nuestra relación.

No me lo pregunta por obligación, sino porque realmente le importa. Ese pequeño gesto convierte un momento trivial en algo significativo.

La confianza, según la neurociencia, se construye a través de interacciones repetidas y consistentes que refuerzan la percepción de seguridad y reciprocidad. Como explica Paul J. Zak, la oxitocina juega un papel clave en este proceso, ya que su liberación fortalece los lazos sociales y aumenta la sensación de cercanía y conexión. De hecho, un estudio de Kosfeld en 2015 demostró que la oxitocina puede incrementar la confianza entre personas e influir en la toma de decisiones sociales.

Además, pequeños actos, como recordar un nombre o mostrar una curiosidad genuina, pueden activar los circuitos de recompensa del cerebro, desencadenando la liberación de dopamina. Según Lieberman, este neurotransmisor, asociado con el placer y la motivación, refuerza la sensación de valoración y pertenencia, haciendo que la persona se sienta reconocida e importante en la interacción.

Piensa en la confianza como una cuenta en un banco emocional. Cada vez que alguien se siente escuchado, cada vez que validas sus emociones o recuerdas un detalle significativo, estás haciendo un depósito en esa su cuenta emocional.

Como sucede con cualquier cuenta, es importante mantener un saldo positivo. Presta atención activa, valida lo que los otros sienten y recuerda detalles importantes. Verás cómo esas pequeñas cosas pueden marcar una gran diferencia.

La confianza también es como una danza. Requiere sincronización, sensibilidad y un respeto mutuo por el espacio del otro. Cuando alguien siente que estás danzando a su ritmo, que entiendes sus pasos y no intentas pisarlos, la relación fluye de forma más natural.

Para ser un buen persuasor debes poder crear el contexto de seguridad psicológica para que, como hacen los interrogadores, tus interlocutores quieran abrirse y hablar contigo.

La próxima vez que te encuentres frente a alguien, ya sea en una reunión importante o en una conversación casual, recuerda: no se trata de ganar, sino de conectar. Como diría Mandela: *«Haz que tus enemigos se conviertan en tus compañeros»*. Esa es la esencia de la confianza: construir puentes, no muros. Y en ese proceso, también tú te transformarás.

3. ¿Cómo generar más confianza?

Como ya te he comentado con anterioridad, de poco serviría hablar de lo que puedes hacer para ganarte la confianza de los demás si antes no tenemos en cuenta que si tú no te sientes seguro en el entorno de confianza no vas a emitir las señales adecuadas.

Voy a explicarte por qué sentirte amenazado no va a permitir que los demás confíen en ti.

Cuando percibimos peligro, nuestro cuerpo entra en modo amenaza, y todo esto lo dirige el sistema nervioso autónomo, en especial su rama simpática. Según la teoría polivagal de Stephen Porges, tenemos un sistema que prioriza la supervivencia en modo automático. En cuanto detectamos algo que no nos cuadra, el cuerpo pasa al estado de movilización, y aquí es donde empiezan los cambios.

El corazón se acelera para llevar más sangre a los músculos, y la respiración se vuelve más rápida y superficial para tener más oxígeno disponible. Empiezas a transpirar más, tus pupilas se dilatan para que no se te escape ni un detalle del entorno, mientras que tu tono de voz cambia y puede sonar más tenso o plano. Además, tu cara se vuelve menos expresiva, como si el cuerpo decidiera que no es momento de conectar con nadie, solo de reaccionar.

Estos cambios no solo afectan a cómo te sientes por dentro, sino también a cómo los demás te perciben. Cuando tu cuerpo entra en modo amenaza, tu lenguaje no verbal manda señales muy claras al entorno, aunque tú no lo hagas intencionadamente. Y aquí viene lo más importante: esas señales suelen disparar el sistema de amenaza en los demás, especialmente si están intentando comunicarse contigo.

Por ejemplo, tu tono de voz tenso o monótono puede interpretarse como irritación, desinterés o incluso agresividad. Esto puede hacer que la otra persona, en lugar de relajarse, se ponga a la defensiva o sienta que no tiene un espacio seguro para hablar contigo. Además, tu cara menos expresiva, con menos gestos sociales amigables, como una sonrisa o un movimiento relajado de los ojos, dificulta que el otro perciba apertura o empatía por tu parte.

Si añadimos que tus pupilas dilatadas y una postura más rígida reflejan tensión, el mensaje que llega a la otra persona es: *Aquí algo no va bien* o *esta persona es peligrosa*.

Incluso la incongruencia entre tus palabras, tu lenguaje corporal y tono de voz puede ser suficiente para activar el instinto de autoprotección del otro. Se genera un bucle: tu sistema de amenaza activa el suyo, y ahora los dos estáis más en modo defensa que en modo conexión.

Esto explica por qué, cuando estamos estresados o en alerta, las conversaciones pueden volverse más tensas o conflictivas sin que nadie lo planee. Básicamente, nuestro sistema nervioso está comunicando peligro, incluso si nosotros mismos no nos damos cuenta.

A estas alturas, la conclusión es clara: supervivencia y socialización no siempre van de la mano. Cuando estás estresado, tu cerebro prioriza la supervivencia por encima de la conexión con los demás. Si quieres que confíen en ti, primero debes sentirte seguro y ser capaz de transmitir esa seguridad.

Explicado esto, volvamos a qué es la confianza desde un punto de vista psicológico, para desgranar cada uno de los puntos que nos van a permitir generarla en los demás.

En este libro vamos a describir la confianza en los demás como *la percepción que tenemos de poder calcular cómo la otra persona va a actuar*. El primero de ellos es la transparencia.

Primer paso: sé transparente

La transparencia es la percepción del otro que puede leer lo que sucede dentro de ti. Recuerda, es solo una percepción que tiene. No la podemos controlar totalmente porque, en definitiva, sucede en su cerebro, pero sí que podemos influir, al menos, en fortalecer esta percepción.

La transparencia ocurre cuando aquello que estamos sintiendo, pensando y haciendo es congruente. Es decir, no se produce lo que en psicología se denomina una *disonancia cognitiva*. Un buen ejemplo es la típica escena de pareja donde uno está enfadado, pero cuando la otra persona le pregunta *¿estás bien?* él responde con un tono plano e inexpresivamente: *sí, todo bien,* cuando claramente no está todo bien.

Existen muchas razones por las que podemos decir algo que no es cierto. A veces es por falta de motivación, creyendo que ser sinceros no cambiará nada. Otras veces puede ser una forma de castigo hacia la otra persona, dejándola en la incertidumbre sobre lo que realmente sucede.

También puede deberse al miedo a exponernos al expresar nuestras emociones, especialmente en entornos donde, culturalmente, la vulnerabilidad no siempre es bien aceptada. En el fondo, muchas de estas conductas son reflejos de una falta de *seguridad psicológica*.

Ser transparentes requiere tener en cuenta el contexto, porque podemos pasar de la transparencia al *sincericidio* u *honesticidio* (no las busques en el diccionario porque no existen). Un exceso de transparencia, sin las herramientas adecuadas, tampoco es útil, ya que puede provocar en la otra persona una reacción de culpa o agravio. Recuerda que demasiada información puede ser tan perjudicial como la falta de ella.

En un ambiente laboral quizá tengas que ser más sutil que en uno más cercano. Por ejemplo, en un entorno laboral podemos decir: *Quiero compartir mi perspectiva sobre esta decisión. Aunque entiendo las razones detrás de ella, me siento un poco inseguro sobre cómo afectará al equipo* o *Me preocupa que algunos entregables no se hayan completado a tiempo porque está afectando al avance del equipo. ¿Hay algo en lo que pueda apoyarte para resolverlo?*

Sin embargo, en un entorno personal podemos decir: *Me siento dolido porque esperaba que recordaras esto, ya que es importante para mí. Sé que no fue intencionado, pero quería que lo supieras porque valoro mucho nuestra comunicación* o *Entiendo que a veces surgen cosas inesperadas, pero me sentí frustrado cuando cancelaste. Aprecio mucho nuestro tiempo juntos, y por eso me afecta cuando los planes cambian así.*

La persuasión consciente requiere un trabajo interior y asumir el rol de lo que yo llamo *héroe*, es decir, de un líder, tanto de uno mismo como de la situación, en lugar de adoptar el papel de *víctima*. Adoptar la mentalidad de víctima hace que sea tentador culpar a los demás y delegarles la responsabilidad de lo que nos sucede.

Sin embargo, en un entorno que percibimos como inseguro, podemos sentir que lo más seguro es callar lo que sentimos y fingir que nada ocurre. Pero, al hacerlo, solo reforzamos nuestra sensación de indefensión y perpetuamos la falta de control.

Y recuerda algo importante: es muy difícil engañar a la amígdala de los demás, que escanea constantemente el entorno en busca de señales de amenaza. ¿Sabías que no se activan los mismos músculos cuando sonreímos de manera genuina que cuando lo hacemos solo por cortesía? Nuestro cuerpo revela mucho más de lo que creemos.

El orbicular del ojo es un músculo circular que rodea completamente los ojos y que se contrae durante una sonrisa genuina, formando las características *patas de gallo* en las esquinas de los ojos y levantando ligeramente las mejillas.

Es difícil de controlar conscientemente, ya que está vinculado a emociones profundas y automáticas. Cuando los labios *sonríen*, pero el orbicular del ojo no se activa, nuestra amígdala detecta esta falta de congruencia, percibiendo la expresión como fingida o falsa. En su vertiente extrema yo le llamo *el efecto Joker de Batman* y da realmente miedo.

Y no solo es la sonrisa falsa. Es también la *cara de póker*. Algo que se da habitualmente en todos esos lugares tan importantes donde se toman decisiones muy importantes por parte de gente muy importante. Parece que expresar una emoción mientras se habla de *budgets, assets* y de *revenues* (en inglés, además, que queda aún más serio) sea motivo de pasar por el confesionario.

Pero querer esconder las emociones nos lleva a intentar bloquear las expresiones faciales, algo que, según el psicólogo Paul Ekman, máxima autoridad en lenguaje no verbal y emociones, no es completamente posible, porque nuestras emociones generan microexpresiones involuntarias que aparecen en fracciones de segundo.

Estas microexpresiones son detectadas por los demás, incluso de manera inconsciente, y pueden generar desconfianza o una sensación de incoherencia. Este esfuerzo por controlar lo que sentimos, especialmente bajo estrés, puede incrementar la tensión interna y activar una vez más la respuesta de alarma en nuestro cuerpo, intensificando el círculo vicioso emocional y proyectándolo hacia los demás, lo que acaba creando un ambiente de alta amenaza para los presentes.

Por este motivo, algo en lo que siempre insisto cuando una organización me solicita un curso de lenguaje no verbal para que su equipo *proyecte seguridad*, es que lo mejor es sentir realmente esa seguridad, y el lenguaje no verbal ya aparecerá sólo.

Segundo paso: sé consistente

La repetición de sucesos activa las *neuronas dopaminérgicas*, que fortalecen los patrones mentales de previsibilidad. Por ello, cuanto más consistente sea el comportamiento de una persona, más probable será que confiemos en ella debido a este mecanismo de aprendizaje dopaminérgico.

Cuando decides pedir ayuda a un compañero que siempre responde positivamente y cumple con tus expectativas, tu cerebro está activando un mecanismo de aprendizaje basado en la dopamina. Las neuronas dopaminérgicas refuerzan los patrones de comportamiento predecibles, al registrar cada interacción positiva con esta persona.

Es decir, cada vez que esta persona actúa como esperabas, tu cerebro genera una pequeña recompensa dopaminérgica, que fortalece la asociación entre la acción de pedir ayuda y la respuesta confiable de este compañero.

Algo tan simple como decir *Te llamo en un rato* y hacerlo, está reforzando esas sinapsis en su cerebro, creando la impresión de *sé cómo vas a actuar.* Piensa en cuántas pequeñas promesas haces al día y cuántas cumples.

Por el contrario, si otro compañero tiene respuestas inconsistentes (a veces ayuda, pero otras no cumple), las neuronas dopaminérgicas no generan un patrón estable de recompensa. Esto ocurre porque las predicciones sobre su comportamiento no se cumplen consistentemente.

La falta de una recompensa predecible hace que tu cerebro no refuerce la confianza en esta persona, aumentando la incertidumbre y disminuyendo la probabilidad de que vuelvas a pedirle ayuda en el futuro.

La confianza se construye cumpliendo pequeñas promesas que sabes con certeza que puedes mantener. No basta con decir *Confía en mí*; la confianza no se pide, se gana a través de experiencias consistentes.

Es cierto que la consistencia requiere mantener una conducta en el tiempo y no solo actuar de manera esporádica o errática. Pero, claro, somos seres humanos con estados emocionales variables, influenciados por nuestro entorno. Mantener la consistencia en nuestras reacciones para ser más transparentes exige conciencia y, sobre todo, motivación para establecer conexiones genuinas con los demás.

Cuantas más veces y en más contextos diferentes una persona perciba que puede leerte, más confianza desarrollará en ti. El cerebro no necesita solo palabras, sino experiencias.

En un nivel superior, la integridad genera una gran sensación de confianza. Si definimos la integridad como mantenerse fiel a los valores expresados, aquellas personas que, a pesar de las circunstancias o lo que puedan arriesgar, se mantienen firmes en esos valores, proyectan no solo más confianza, sino también mayor respeto y autoridad.

Esto sucede porque, en situaciones desafiantes o tentadoras, nuestro cerebro, particularmente la amígdala, puede activar respuestas instintivas de supervivencia que nos llevan a priorizar recompensas inmediatas sobre nuestros principios. Cuando esto ocurre, el córtex prefrontal, encargado de la autorregulación y el pensamiento racional, se ve superado temporalmente.

En la historia del hundimiento del Titanic se hizo popular la frase *«los niños y las mujeres primero»*, pero poca gente sabe que esta frase nació de uno de los naufragios que marcó un antes y después.

El naufragio del HMS Birkenhead ocurrió el 26 de febrero de 1852 frente a las costas de Sudáfrica cuando su capitán estaba intentando acortar el tiempo de viaje acercándose peligrosamente a la costa. A pesar de las precauciones tomadas, no pudieron evitar chocar contra una roca y el barco comenzó a hundirse rápidamente.

A bordo viajaban 643 personas, incluidos soldados británicos, sus familias y la tripulación. En un acto de extraordinaria integridad y disciplina, los soldados permanecieron en formación en cubierta, permitiendo que las mujeres y los niños abordaran primero los botes salvavidas mientras el barco literalmente se hundía.

Este sacrificio, conocido como el *Birkenhead drill*, salvó muchas vidas, pero costó la de la mayoría de los soldados (muy pocos sabían nadar), quienes mantuvieron el orden hasta el final. Su valentía se convirtió en un ejemplo histórico de honor y sacrificio en circunstancias extremas.

En una de esas ironías del destino, en el Titanic viajaba J. Bruce Ismay, director de la White Star Line (la compañía del Titanic), quien al parecer se montó en un bote con niños y mujeres porque ya no *quedaba nadie más a bordo*. Creo que sobran los comentarios, pero es lo que sucede cuando la amígdala se dispara y dice: *espabila, que de esta no salimos vivos*.

En cambio, otro pasajero de primera clase, Benjamin Guggenheim, ayudó a mujeres y niños. Se le recuerda porque, una vez terminada esa labor, se vistió con sus mejores galas y dijo: «*Nos vestimos con nuestras mejores ropas y estaremos preparados para morir como caballeros*».

Saltarnos nuestros valores en estos momentos puede ser percibido como una falta de coherencia, lo que afecta directamente a nuestra credibilidad. Una vez que la tormenta emocional pasa, aunque racionalmente intentemos justificar nuestras acciones, es difícil recuperar esa confianza perdida, ya que la percepción de integridad está profundamente arraigada en la congruencia entre nuestras acciones y nuestras palabras.

Todos tenemos en mente a líderes respetados por su irreductible integridad, como Mahatma Gandhi, que defendió la no violencia incluso frente a la opresión, o Nelson Mandela, quien tras 27 años en prisión eligió la reconciliación sobre la venganza, o la activista Malala Yousafzai, que con 15 años, y a pesar de las amenazas talibanes, siguió luchando por los derechos de las niñas de Pakistán.

Mantener esta integridad implica ejercer control sobre nuestro comportamiento desde la *corteza prefrontal*, que es especialmente vulnerable al estrés, al cansancio o al hambre. Esto significa resistir las llamadas de nuestra parte más instintiva, convirtiéndose en una de las mayores expresiones de lo que yo llamo *ser héroe* o autoliderarse para liderar.

Además, tiene una consecuencia inesperada: si mantenerse íntegro genera confianza en los demás, ¿qué genera en nosotros? Piénsalo así: ¿tú valoras a alguien que no predica con el ejemplo? Cada vez que, por el motivo que sea, nos saltamos nuestros valores, perdemos al mismo tiempo cierta consideración hacia nosotros mismos, por lo que mantener nuestra integridad, aunque sea solo para nosotros, es un modo de ganar en autoconfianza.

Para ser una persona íntegra para los demás, recuerda que deben saber cuáles son tus valores y, por tanto, es importante expresarlos para luego demostrarlos. Porque, aunque tus acciones hablan de tus valores, diferentes personas podrían ver diferentes valores en dichas acciones. No dejes ninguna duda al respecto, declara tus valores. Y, por supuesto, si no los tienes claros, es un buen momento para revisarlos.

Algunos ejemplos pueden ser:

- *Valoro profundamente la transparencia y la colaboración. Siempre estaré disponible para escucharte y trabajar juntos en soluciones que beneficien al equipo y a ti personalmente.*
- *Creo que el respeto mutuo y el apoyo son fundamentales en nuestra familia. Aunque podamos tener diferencias, siempre estaré dispuesto a escucharte y encontrar juntos la mejor solución.*
- *Creo en liderar con honestidad y sostenibilidad. Cada decisión que tomo está orientada a generar valor no solo para el negocio, sino también para quienes confían en nosotros.*

4. Sin reconocimiento no puede haber confianza

Cuando mi hijo mayor tenía 2 años tuvo un episodio de fiebre. Mi esposa y yo, siendo personas prudentes y conscientes de que los padres primerizos suelen saturar los servicios pediátricos, decidimos esperar unos días antes de llevarlo al pediatra de nuestro pueblo.

Para nuestra sorpresa, al entrar el médico estaba tecleando en su ordenador (espero que estuviera terminando un informe y no jugando al *solitario*) y, sin levantar la vista, nos indicó que sentáramos al niño en la camilla. Después de seguir sus instrucciones, nos preguntó qué le pasaba, aún con la mirada fija en la pantalla.

Se lo explicamos y, sin mirar, contestó con su diagnóstico: *Esto es una fase normal de gripe. Si en unos días no se le baja la fiebre, lo volvéis a traer.* No me lo podía creer. Seguramente, mi hijo era el número 25 de esa semana con exactamente los mismos síntomas. Seguramente, ese médico pediatra tenía décadas de experiencia. Pero ni siquiera miró a nuestro hijo.

Este caso extremo ilustra lo que para mí es una de las partes más importantes de la creación de confianza: si tú no sabes lo que a mí me sucede, no vas a poder ayudarme en lo que yo quiero.

En este punto, hagamos un paréntesis fundamental. Por naturaleza, las personas somos inherentemente egoístas. De algún modo, ya mencioné esto cuando expliqué que el comportamiento humano se rige por objetivos, pero vale la pena subrayar la importancia de este hecho.

Cuando yo quiero persuadir a alguien lo hago con un objetivo, algo que quiero alcanzar, pero ese *alguien* también tiene sus propios objetivos. Siempre. Que una persona sea consciente de ello o no es otra cuestión, pero lo cierto es que el comportamiento humano, en la mayoría de los casos, es funcional.

Incluso la persona *buena samaritana* que quiere ayudarte sacrificándose ella, está de hecho cubriendo una necesidad de hacer lo correcto, de sentirse necesario, de sentirse buena persona, de recibir reconocimiento por ello, entre muchas otras posibilidades. Todos hacemos todo por algún motivo.

Una parte de la persuasión será negociar cómo tus objetivos y sus objetivos pueden encontrarse. Pero si tú no sabes lo que a mí me pasa, si no tienes una buena composición de lo que me sucede, ¿cómo me vas a ayudar a alcanzar lo que yo quiero?

Habitualmente queremos ser entendidos, mostrar nuestra visión del mundo o simplemente dejar claro lo que pensamos. Nuestro egoísmo innato nos lleva a querer expresarlo con más o menos vehemencia, pero pocas veces decimos: *Oye, empieza tú con tu visión de lo que ha ocurrido y luego ya sigo yo.*

Dicha vehemencia se dispara cuando la intensidad emocional es elevada. Habitualmente, se habla de *secuestro de la amígdala* o *secuestro emocional* para hablar de estos momentos donde ya no escuchas lo que dice el otro y sueltas cualquier locura. Ciertamente este es un extremo, pero antes de llegar a este punto pasan cosas muy interesantes.

Cuando nos enfadamos o asustamos, no suele suceder por accidente: interpretamos la situación como una amenaza o un agravio, lo que nos hace vivirlo de esa manera. De ahí viene la respuesta emocional. No es solo que *la amígdala se vuelva loca*. En PNL hablamos de que hay una estrategia mental detrás, alimentada por unas creencias y valores.

Juan se enfada profundamente cuando percibe que sus compañeros no están abordando la finalización del proyecto con la misma seriedad que él. Este enfado actúa como un filtro que distorsiona su percepción de la realidad, generando lo que se conoce como un sesgo de confirmación. Es decir, su *Sistema Activador Reticular* (SAR) dirige su atención hacia aquello que ahora considera relevante: que sus compañeros están tomándose un café, charlando de manera distendida o no han respondido a un correo.

Lo que observa Juan no es la realidad objetiva, sino una interpretación de la realidad: su *mapa mental*. En ese *mapa*, sus compañeros parecen estar incumpliendo con sus responsabilidades, lo que refuerza su creencia de que él debe asumir toda la carga, como ha sentido en tantas ocasiones anteriores. Esto, a su vez, reactiva las representaciones mentales de experiencias similares del pasado, intensificando aún más su estado emocional.

No es necesario llegar a un secuestro emocional para que nuestro estado emocional limite nuestra capacidad de ver más allá. Lo que sentimos en un momento dado puede condicionar profundamente nuestra percepción y, con ello, nuestras respuestas.

Por eso, es fundamental generar reconocimiento y comprensión sobre lo que le sucede a la otra persona: cómo se siente y qué piensa. Si no percibe que la entiendes, será difícil que piense que la puedes ayudar, lo que activará su respuesta ante la amenaza y desencadenará una escalada emocional.

Para que confíe en ti, necesita percibir que comprendes su situación. Solo así podrá verte como una herramienta clave para alcanzar su objetivo. Ahora bien, otra cuestión será si, mientras la otra persona logra su propósito, tú también consigues el tuyo.

La mejor manera de generar este reconocimiento es expresar lo que crees que está ocurriendo (o lo que le está ocurriendo), formulándolo de manera suficientemente abierta para que la persona pueda corregirte si es necesario.

Si te excedes en la fuerza, pensará que no lo entiendes y que quieres imponer tu visión. Exprésalo de modo que la otra persona pueda corregirte de un modo que sienta que, de hecho, te está ayudando a entenderlo, lo cual le dará más relevancia.

Y cuidado con el *te entiendo*, muchas veces utilizado simplemente para hacer ver que sientes cierta empatía hacia el otro cuando en realidad es solo una muestra de simpatía superficial o lo que precede al «pero…»: *Te entiendo, pero deberías verlo como algo positivo.*

Tampoco es hacer solo un parafraseo (repetir lo que el otro ha dicho con otras o las mismas palabras, manteniendo el sentido original). Es realmente demostrar que estás entendiendo tanto la situación como la magnitud de ella. La persona dice: *Me siento frustrado porque siento que no se valoran mis esfuerzos.* Y tú respondes: *Entiendo que te sientes frustrado porque sientes que tu trabajo no se valora.*

El reconocimiento va más allá: *Entiendo que estás invirtiendo mucho esfuerzo en este proyecto porque para ti es importante hacer las cosas bien, y que estás decepcionado porque esperabas que tu actitud fuera más valorada por tus superiores.¿Estoy en lo correcto?*

O alguien que diga: *Siento que siempre estoy dando todo por los demás, pero cuando yo necesito algo parece que nadie está ahí para mí,* y tú respondas: *Claro, puede ser frustrante y doloroso sentir que siempre estás apoyando a los demás sin recibir el mismo apoyo de vuelta. Lo que haces por los demás tiene mucho valor, pero también es importante que te sientas cuidado. ¿No es así?*

Dar espacio para que el otro te pueda corregir en tu interpretación de los hechos también es una herramienta psicológica de persuasión. Aquellos que se han formado en *coaching* quizá les hayan explicado que un *coach* no debe poner información que el cliente no ha dicho.

Aunque en ese contexto esto pueda tener cierto sentido, en general, el hecho que alguien te pueda corregir cuando tú estás demostrando una voluntad de quererle entender seguramente te va a favorecer y va a ser más *humano* que repetir como un robot exactamente las palabras que ha utilizado la otra persona.

El reconocimiento se puede llevar a muchos niveles:

- **Contexto.** El espacio físico donde está ocurriendo la situación y su relación con la persona.
- **Situación.** Reconoces los hechos que están ocurriendo y los diferentes participantes.
- **Emoción.** Reconoces cómo se está sintiendo la persona.
- **Conducta.** Reconoces lo que la persona está haciendo, ya sea física o verbalmente.
- **Situaciones pasadas.** Hechos que han ocurrido que puedan estar relacionados con la situación presente o con sus reacciones actuales.
- **Creencias.** Reconoces las ideas y posiciones de la persona.
- **Valores.** Lo que es importante para la persona.
- **Identidad.** Con lo que se identifica como individuo.
- **Grupo.** En qué grupo se incluye la persona.

Vamos a poner algunos ejemplos para ilustrarlo:

- **Contexto:** *Entiendo que estamos en una sala cerrada y llevamos ya dos horas de reunión sin pausas, lo que puede hacer que te sientas incómodo o cansado. ¿Es así?*
- **Situación:** *Parece que en este proyecto sientes que tus contribuciones no han sido reconocidas como deberían, especialmente porque has trabajado duro para cumplir los plazos. ¿Lo he entendido bien?*
- **Emoción:** *Veo que estás frustrado porque parece que no tienes el apoyo que necesitas en este momento. Esa sensación de estar solo puede ser difícil de gestionar, ¿verdad?*
- **Conducta:** *Entiendo que hayas elevado la voz; eso muestra lo importante que es este tema para ti. Quisiera saber más sobre lo que piensas para poder ayudarte mejor.*
- **Situaciones pasadas:** *Recuerdo que mencionaste una situación similar el mes pasado, cuando no se tuvieron en cuenta tus ideas en otra reunión.*

> *Quizá eso influya en cómo te estás sintiendo ahora. ¿Tiene sentido para ti?*

- **Creencias:** *Parece que para ti es importante que sigamos los procedimientos establecidos, porque crees que hacerlo asegura un mejor resultado. ¿Es esa tu perspectiva?*
- **Valores:** *Entiendo que valoras mucho la transparencia y la honestidad en el equipo, y parece que sientes que esas cualidades no se han respetado en este caso. ¿Es así como lo ves?*
- **Identidad:** *Parece que para ti es importante ser percibido como alguien comprometido y responsable. Veo que estás esforzándote para mantener esa imagen en esta situación. ¿Me equivoco?*
- **Grupo:** *Entiendo que para ti es importante defender a tu equipo porque te identificas con ellos y te preocupa cómo afecta esta situación al grupo. ¿Es correcto?*

5. Deja claras tus intenciones

El cerebro humano es un detector de intenciones. En cada interacción, nuestra mente analiza constantemente señales para descifrar qué quiere la persona que tenemos enfrente. Este proceso está profundamente arraigado en nuestra biología y tiene raíces evolutivas: en tiempos ancestrales, interpretar de inmediato si alguien se acercaba con una actitud amistosa o una amenaza podía marcar la diferencia entre la supervivencia y el peligro.

Aunque ya no nos enfrentemos a depredadores, nuestro cerebro sigue operando bajo estas mismas reglas, evaluando conversaciones, gestos y tonos para decidir si confiar, cooperar o defenderse.

Este mecanismo está impulsado por sistemas cerebrales clave. La *amígdala*, encargada de detectar amenazas, se mantiene en constante vigilancia, mientras que la *corteza prefrontal* medial y la *unión temporoparietal* trabajan para simular y predecir las intenciones de los demás.

Si tus intenciones no están claras, el cerebro del otro generará posibles escenarios desfavorables, activando la *amígdala* y aumentando la percepción de amenaza, lo que reduce la confianza. Esto es especialmente crítico en ambientes como las ventas, donde la sospecha de que el interés del vendedor prevalece sobre el del cliente genera automáticamente una alerta defensiva.

Este fenómeno no se limita a las ventas, pudiendo ocurrir en cualquier tipo de relación. Los eventos del pasado quedan almacenados en la *memoria episódica*, asociados a las emociones que los acompañaron. Aquí, la *amígdala* actúa como un marcador emocional, etiquetando los recuerdos negativos como potencialmente peligrosos.

Si deseas establecer una relación con alguien que ha tenido experiencias negativas previas, su *amígdala* puede activarse de manera inconsciente al detectar señales similares, aunque inocuas, interpretándolas como una posible amenaza. Esto lleva al cerebro a asignar intenciones basadas en sus propios recuerdos, creando barreras para la confianza y la conexión.

Para contrarrestar este mecanismo, es crucial que tus intenciones sean claras y que el interlocutor perciba que están al mismo nivel o incluso por debajo de las suyas. Cuando el cerebro detecta que no hay una jerarquía de intereses que lo desfavorezca, relaja su sistema de alerta y fomenta la cooperación.

Las *neuronas espejo* desempeñan un papel clave aquí, interpretando tus gestos, tono de voz y postura. Si comunicas respeto y alineación con las necesidades del otro, estas neuronas activan sistemas de recompensa en su cerebro, liberando *oxitocina*, la hormona de la confianza. Por el contrario, si perciben que tu interés está por encima del suyo, la alerta se mantendrá activa, bloqueando cualquier posibilidad de conexión genuina.

En el ámbito de las ventas, esto implica no solo presentar tu producto o servicio, sino demostrar un interés genuino por comprender y priorizar las necesidades del cliente. Mostrar que tu intención es colaborar, en lugar de imponer, desactiva la desconfianza y abre la puerta a una interacción auténtica y efectiva. El mismo concepto es aplicable a cualquier otro contexto.

Fíjate en estos tres ejemplos:

Estoy aquí para ayudarte a comprar lo que te encaje más, y si tú no sales convencido, no solo voy a perder un cliente sino a un prescriptor.

Mi labor como tu manager es ayudarte a alcanzar tus objetivos dentro del equipo, y si no sientes que tus esfuerzos están siendo reconocidos o que tienes las herramientas necesarias, no solo pierdo a un colaborador motivado, sino también la oportunidad de crear un ambiente donde todos puedan crecer juntos.

Lo que quiero es apoyarte en lo que necesites, aunque parezca que te regañe, y si sientes que no te estoy entendiendo o no estoy respetando lo que es importante para ti, no solo arriesgo esta conversación, sino también la confianza que tenemos como familia.

Al final, dejar claras tus intenciones no es solo cuestión de ética, sino una estrategia profundamente neurobiológica para abrir la puerta a la confianza, especialmente en un entorno donde esta suele estar bajo constante amenaza.

6. Lo parecido nos gusta

Seguramente, una de las herramientas más efectivas que utilizó George Piro para conectar con Saddam Hussein fue el uso de la lengua árabe, el hecho de que sus raíces culturales eran parecidas a él (uno era iraquí y el otro había nacido en el Líbano) y su interés por la poesía.

Estas acciones no eran casuales; formaban parte de una estrategia basada en el *acompasamiento,* un concepto clave en PNL. El *acompasamiento* consiste en igualar el comportamiento de la otra persona, siguiéndola en aspectos como su lenguaje, ritmo o intereses, para crear una conexión más profunda. En inglés se le llama *pacing,* que significa literalmente *seguir el paso* del otro.

El Dr. Richard Bandler, cocreador de la PNL, descubrió el principio de acompasamiento al observar cómo diferentes terapeutas buscaban esta igualación en momentos de sus intervenciones para establecer confianza y facilitar el cambio. Por ejemplo, el psiquiatra experto en hipnoterapia, Milton Erickson, igualaba el ritmo de respiración de sus pacientes antes de introducir sugestiones, mientras que la psicóloga Virginia Satir reflejaba gestos y estilos de comunicación para generar empatía.

El Dr. Bandler y su equipo de colaboradores expandieron el uso del acompasamiento a todo tipo de interacción humana, al descubrir que los grandes persuasores lo utilizaban de manera intuitiva. Así sentaron las bases del llamado *rapport* (término de origen francés que significa relación de confianza o entendimiento mutuo) como un elemento esencial de la PNL.

Este fenómeno es fácilmente observable cuando estás en una cena con otros dos amigos y se nota que a uno le gusta el otro. El que tiene el interés empezará a reírse cuando el otro se ríe, o a llenarse la copa de vino cuando el otro lo hace. No lo hace conscientemente, pero su mente inconsciente está gritando: *¡Quiero salir de la friends zone!*

Pero no solo nos acompasamos cuando nos gusta alguien. Nos acompasamos cuando tenemos un interés específico en conseguir algo a través de esa persona, cuando admiramos a alguien o cuando sus ideas nos resultan interesantes.

Siempre digo que el acompasamiento no es solo una herramienta para crear esa conexión, sino también un indicador para poder ir leyendo si esa conexión se rompe o se debilita.

Cuando a alguien le empieza a aburrir lo que le dices, se acuerda que tiene los macarrones en el horno o le molesta o incomoda algo que acabas de decir, su igualación es muy posible que se rompa.

La realidad es que el *acompasamiento* y su derivada, el *rapport*, son dinámicos durante una conversación. En un momento dado, podemos perderlo y la otra persona se desacompasa; luego, al disculparnos o darle la razón, podemos recuperarlo. Es un fenómeno crucial que debemos monitorizar constantemente.

Esta estrategia activa mecanismos relacionados con las neuronas espejo, un tipo de célula de nuestro cerebro que juega un papel crucial en la empatía y la conexión social. Estas neuronas permiten que nuestro cerebro simule internamente las acciones, emociones y comportamientos de otros, ayudándonos a comprender su perspectiva.

Es un fenómeno que por lo general sorprende a la gente, porque parece que no pueda ser que nos vayamos copiando los gestos, los tonos o hasta las palabras entre nosotros, pero sucede constantemente. Cuando lo aprendes es como si te hubieras tomado *la pastilla roja de Matrix* y empiezas a ver acompasamientos por todas partes.

Cuando Piro utilizaba elementos culturales, lingüísticos y emocionales compartidos, estimulaba estas neuronas en el cerebro de Hussein, generando una sensación de familiaridad y confianza.

Además de la activación de las neuronas espejo, el cerebro libera oxitocina, la hormona del apego, durante interacciones que fomentan la confianza y la cercanía. Producida en el hipotálamo, la oxitocina desempeña un papel crucial en la formación de vínculos sociales.

En este contexto, la estrategia de Piro no solo impactó en la mente racional de Hussein, sino también sus respuestas emocionales más profundas, activando mecanismos biológicos que fomentaron la cooperación y la apertura.

El funcionamiento de las neuronas espejo y la liberación de oxitocina no es exclusivo de interacciones complejas como la de Piro y Hussein; de hecho, son fundamentales en el desarrollo humano desde que somos niños. Durante los primeros años de vida, el cerebro del niño utiliza las neuronas espejo para aprender a través del modelado, observando e imitando a quienes lo rodean.

Por ejemplo, cuando un bebé ve a su madre sonreír mientras lo alimenta, las neuronas espejo activan una representación interna de esa sonrisa, permitiéndole no solo imitarla más adelante, sino también conectar emocionalmente y asociar la sonrisa con una experiencia positiva.

Simultáneamente, este tipo de interacción genera la segregación de *oxitocina*, reforzando el vínculo entre el bebé y la madre, lo que le proporciona una sensación de seguridad y pertenencia.

A través de este proceso el niño aprende habilidades prácticas, como caminar o hablar, y habilidades sociales y emocionales, como la empatía y la capacidad de interpretar los estados emocionales de los demás.

La pregunta es: ¿las personas se dan cuenta de que los estás igualando? Y la respuesta es rotunda y definitivamente *no*. Si tienes miedo de que te descubran o de hacer el ridículo, ten en cuenta que este proceso es natural, habitual e inconsciente. Solo alguien que sepa de PNL quizá tenga la sospecha de si lo haces consciente o inconscientemente, pero justamente porque sabe que este proceso existe y está acostumbrado a verlo por todas partes.

Cuando se habla de acompasamiento, suele pasarse por alto un aspecto fundamental de la sincronización, lo que lleva a muchas personas a plantearse dos preguntas: *¿Debo convertirme en una especie de mimo callejero imitando a los demás?* o *¿Si alguien me grita, debo responderle de la misma manera?*

Estas dudas son razonables si se interpreta el *acompasamiento* como un simple reflejo del otro. Sin embargo, existe una manera alternativa de verlo, más efectiva y estratégica.

Cuando igualas a alguien en su lenguaje corporal, tono de voz o ritmo, generas en su cerebro la percepción de que está influyendo en ti, es decir, que te encuentras dentro de su zona de influencia. Esto activa una sensación de control clave para reducir su respuesta de amenaza, lo que calma su sistema nervioso, disminuye tensiones y fomenta la confianza. Para lograrlo, no es necesario ponerse exactamente al mismo nivel ni imitar a la otra persona de manera precisa; basta con demostrar, a través de pequeños ajustes en tu conducta, que su influencia te afecta.

Esto no solo relaja a la persona, sino que, además, facilita una mayor apertura emocional, creando un terreno más favorable para la conexión y la cooperación, al transformar la interacción en una experiencia predecible y equilibrada.

En la PNL, el concepto de *acompasamiento* ha sido desarrollado en diversos niveles de la conducta, que incluyen el *verbal* (lo que se dice), el *paraverbal* (cómo se dice) y el *no verbal* (gestos y expresiones).

Como dicen Bandler y LaValle en *Persuasion Engineering*: «*La esencia del rapport no es simplemente copiar lo que hace el otro, sino demostrar enten-*

dimiento de manera conductual, haciendo que la otra persona sienta que realmente estás en su mundo».

Vamos a ver diferentes modos de acompasar siguiendo estos tres aspectos de nuestra conducta.

1. **Acompasamiento no verbal**. Este tipo de acompasamiento se centra en igualar aspectos físicos y gestuales del interlocutor. Incluye:

   - **Postura corporal:** Ajustar tu postura para reflejar sutilmente la del interlocutor.
   - **Gestos y movimientos:** Reproducir gestos y movimientos frecuentes, como inclinaciones de cabeza o movimientos de manos.
   - **Expresiones faciales:** Reflejar sonrisas, ceños fruncidos u otras emociones visibles.
   - **Ritmo de respiración:** Sincronizarse con el ritmo respiratorio del otro, lo que puede generar una conexión más profunda al nivel inconsciente. Este enfoque es especialmente eficaz en situaciones de alta tensión o estrés.

2. **Acompasamiento paraverbal**. Este nivel se refiere a cómo se emite el mensaje, más allá del contenido verbal. Implica:

   - **Tono y volumen de voz:** Ajustar tu tono y volumen para coincidir con los del interlocutor.
   - **Velocidad del habla:** Igualar la rapidez o lentitud con la que habla la otra persona.
   - **Ritmo y entonación:** Adaptarse a los patrones rítmicos y melódicos del habla del otro, generando una sensación de sintonía emocional.

3. **Acompasamiento verbal**. Este tipo de acompasamiento se basa en el contenido del lenguaje utilizado. Incluye:

   - **Sistemas representacionales:** Adaptarse al estilo predominante del interlocutor (visual, auditivo o kinestésico). Por ejemplo, usar palabras como *veo* con un visual o *siento* con un kinestésico.
   - **Repetición de palabras clave:** Incorporar en tu discurso las palabras o frases específicas del interlocutor.

- **Estructura lingüística:** Reflejar la formalidad o el tipo de lenguaje técnico o coloquial que emplea la otra persona.

4. **Acompasamiento cruzado.** Este es un método avanzado donde se utiliza un aspecto del comportamiento para reflejar otro. Por ejemplo:

- Igualar el ritmo de respiración del interlocutor ajustando el *tempo* de tu voz.
- Reflejar la frecuencia del parpadeo moviendo sutilmente los dedos. Este enfoque permite generar conexión sin que el reflejo sea obvio o intrusivo.

El acompasamiento no se limita solo a la conducta, sino también al pensamiento. Existen capas mucho más profundas. Dado que vivimos en busca de reconocimiento, si estas se trabajan con habilidad pueden generar una conexión más sólida y auténtica.

1. **Emociones**

Igualar las emociones significa sintonizar con cómo se siente la otra persona en el momento presente. Si la persona te dice: *No sé si vamos a llegar a tiempo con la entrega del proyecto. Hay tantas cosas pendientes…, que siento que algo va a salir mal.* Tú puede responder: *Sí, entiendo totalmente por qué te preocupa. Es una situación complicada, y con tantas cosas pendientes es normal sentirte así. Yo también lo estaría en tu lugar.*

2. **Situaciones pasadas**

Las experiencias compartidas o los hechos relacionados con la situación actual son otra herramienta poderosa. Por ejemplo, si alguien está hablando de los desafíos de iniciar un nuevo proyecto, puedes compartir una experiencia similar: *Recuerdo cuando empecé en algo parecido. Al principio parecía abrumador, pero después, con pequeños pasos, todo empezó a encajar.*

3. Creencias

Igualar las creencias significa alinear tu mensaje con las ideas o posiciones que la persona sostiene. *Estoy de acuerdo en que los mejores resultados siempre vienen cuando colaboramos con otros.* Este enfoque no significa que tengas que estar de acuerdo con todo, pero sí que demuestras respeto y reconocimiento hacia su forma de ver el mundo.

4. Valores

Los valores son lo que las personas consideran más importante en la vida. Si puedes identificar qué valora la otra persona y conectar con ello, la igualación se profundiza de forma significativa. Por ejemplo, si un cliente menciona que valora la sostenibilidad, puedes integrar esto en tu propuesta: *Para mí también es importante trabajar con empresas que se preocupan por el medio ambiente, y hemos diseñado nuestro producto con ese enfoque en mente.*

5. Identidad

La identidad es cómo una persona se ve a sí misma. Igualar en este nivel implica conectar con lo que define al otro como individuo. Por ejemplo, si alguien se identifica como un líder apasionado por la innovación, puedes decir algo como: *Yo también soy una persona que siempre estoy buscando formas nuevas y creativas de hacer las cosas.*

6. Igualación de grupo

Finalmente, igualar el grupo al que alguien pertenece es una herramienta poderosa, ya que las personas tienden a sentir confianza hacia quienes perciben como *de su mismo grupo.* Por ejemplo, si compartes un contexto cultural, profesional o incluso un interés en común, puedes resaltarlo: *Es genial ver cómo nosotros, los que trabajamos en este campo, siempre estamos buscando formas de mejorar.* Esto genera una sensación de pertenencia y elimina barreras sociales o profesionales.

Estas herramientas permiten llevar la igualación mucho más allá de lo superficial, creando una conexión basada en elementos profundos que realmente resuenan con la otra persona. No se trata solo de imitar, sino de demostrar una comprensión genuina de quién es la otra persona y qué es importante para ellos.

7. ¿Siempre vamos a querer solo igualarnos?

El *acompasamiento* en PNL puede compararse con caminar al lado de alguien en un camino estrecho y sinuoso. Para establecer una conexión inicial es crucial caminar al mismo paso, igualando el ritmo y adaptándote a su dirección.

Pero si te limitas a seguir su ritmo indefinidamente, nunca llegarás a liderar el camino ni a dirigir la marcha hacia tu destino deseado. Este es el riesgo de acompasar en exceso: convertirte en un mero acompañante en lugar de ser quien define el rumbo.

En el contexto persuasivo, *liderar* es el paso siguiente al *acompasamiento*, como si, después de haber sincronizado tus pasos, comienzas gradualmente a modificar el ritmo o la dirección de la caminata para guiar al otro hacia un nuevo sendero. Si intentas liderar demasiado pronto, sin haber igualado primero el compás, corres el riesgo de que la otra persona sienta resistencia, como si tratara de seguirte en un terreno desconocido sin sentirse acompañada ni comprendida.

Como afirman Richard Bandler y John LaValle en *Persuasion Engineering*: «*El verdadero arte de la influencia radica en saber cuándo pasar de igualar el compás de la otra persona a liderar el ritmo, para dirigir la interacción hacia un resultado positivo*».

Este cambio debe realizarse con sensibilidad y gradualidad, asegurándote de que el interlocutor se sienta en confianza y dispuesto a seguirte. Observa señales de conexión, como la relajación del interlocutor, su disposición a seguir tus sugerencias o cambios sutiles en su lenguaje corporal y tono de voz. Esto indica que está receptivo a ser guiado. El pequeño truco que yo utilizo es generar un gesto que desacompase a la persona y observar si busca ella el acompasamiento. Si esto ocurre, puede ser que ya esté lista para ser guiada. Pero, como siempre, es un proceso dinámico.

Volviendo a la analogía del sendero, liderar significa mostrarle al otro un nuevo camino y hacerlo de forma que confíe en que lo llevará a un lugar mejor. Liderar no es imponer un rumbo, sino invitar al interlocutor a seguirte porque siente que comprendes su camino y puedes ofrecerle algo mejor. El éxito en la persuasión está en encontrar este equilibrio entre caminar juntos y, en el momento adecuado, tomar la delantera con confianza.

La confianza es un fenómeno de muchas variables, por lo que, si confías en la persona, te vas a dejar liderar más rápidamente. Fíjate en lo que sucede cuando hay una emergencia: los policías o los bomberos no tienen ninguna necesidad de acompasar, porque los reconocemos como la autoridad en ese momento.

Lo mismo sucede con los médicos o abogados. Solemos acudir a ellos cuando no estamos bien y, por tanto, los necesitamos. Esto les pone en una posición donde lideran, a menudo sin mucha dificultad.

Sin embargo, igual que acompasar tiene su momento, también lo tiene desacompasar. A veces, romper esa sintonía que has creado con la otra persona es necesario para sacar la interacción de un patrón improductivo o incluso perjudicial. Desacompasar no significa cortar la conexión, sino usarla estratégicamente para redirigir el rumbo de la comunicación hacia un resultado más constructivo.

Pensemos en situaciones cotidianas. ¿Te ha pasado alguna vez que alguien está tan enfadado que parece una olla a presión? En estos casos, si sigues su energía, igualándola en intensidad, solo alimentarás la tensión. Aquí entra el desacompasamiento: una pausa, bajar el volumen de tu voz o incluso cambiar tu postura puede actuar como un *freno* para romper el flujo del momento.

Por ejemplo, si tu hijo está gritando porque no quiere hacer los deberes, en lugar de responder con más gritos puedes sentarte, bajar la voz y decirle: *Entiendo que estés frustrado. Vamos a buscar juntos una forma de hacerlo más fácil.* Ese cambio de tono lo obliga a detenerse y recalibrar su emoción.

Richard Bandler explica este principio de forma clara: «*El verdadero arte de la influencia no es solo alinearse con alguien, sino también saber cuándo desalinearse para dirigir el flujo hacia un resultado más beneficioso*».

Se trata de tomar el control cuando la situación lo requiere. Por ejemplo, imagina que un colega en el trabajo está atrapado en un ciclo de quejas sobre un proyecto. Puedes desacompasar respondiendo algo como: *Parece que esto te preocupa mucho. ¿Qué tal si pensamos en dos o tres ideas para solucionarlo en lugar de seguir dándole vueltas?*

El desacompasamiento funciona como lo hace una ruptura inesperada en una pieza de música clásica. Piensa en Beethoven, especialmente en su *Sinfonía n.º 5*, con su icónico inicio: *ta-ta-ta-tan*. Este patrón rítmico inicial crea una expectativa que parece predecible, pero justo cuando el oyente se acomoda, Beethoven introduce una pausa o cambia súbitamente la tonalidad, obligando al cerebro a prestar atención de nuevo, a recalibrar.

Esa interrupción deliberada genera un impacto emocional más fuerte que si la música hubiera seguido un flujo constante. De la misma manera, al desacompasar en una conversación creas un momento de pausa o contraste que fuerza al interlocutor a salir de su bucle automático y responder de forma diferente. Este espacio que generas no solo calma el ambiente, sino que te da la oportunidad de liderar la interacción hacia donde realmente necesitas que vaya.

Ahora bien, la facilidad con la que puedes desacompasar depende en gran medida del contexto y de la relación que tengas con la otra persona. Si estás interactuando con alguien con quien ya tienes una conexión fuerte, como un amigo cercano o un familiar, desacompasar suele ser más fácil, porque la base de confianza ya está establecida.

Por ejemplo, si tu pareja está estresada y te habla de forma brusca, puedes desacompasar bajando la voz o utilizando un tono conciliador sin que esto ponga en riesgo la relación. Sin embargo, en una relación más formal, como con un cliente o un jefe, el desacompasamiento debe ser más cuidadoso y sutil para evitar que sea percibido como una falta de respeto o un rechazo.

El desacompasamiento es una herramienta crucial para negociadores, ya que interrumpe las típicas escaladas de tensión entre las diferentes partes. El famoso negociador del FBI Chris Voss lo aplica en negociaciones con su idea del *silencio estratégico*. Si un cliente insiste en un descuento que no puedes ofrecer, puedes guardar silencio después de su argumento. Ese pequeño vacío los obliga a reflexionar y, a menudo, a replantear su posición.

William Ury, uno de los mayores expertos en negociación y uno de los creadores de la *Escuela de negociación de Harvard*, habla de *subir al balcón*, que es un modo de utilizar el reconocimiento para romper la dinámica del momento y que resulta especialmente útil en discusiones familiares. Por ejemplo, si alguien en casa te acusa de no colaborar lo suficiente, en lugar de enfrascarte en la típica batalla de *y tú más*, es preferible romper la situación diciendo: *Parece que esto te afecta mucho. Cuéntame más para entender cómo puedo ayudarte*. Este enfoque desactiva la emoción inicial de ataque y facilita una conversación más constructiva.

Por eso, tanto en nuestras interacciones diarias como en contextos más complejos, saber cuándo y cómo desacompasar puede marcar la diferencia.

Se trata de encontrar ese equilibrio entre estar con el otro y guiarlo hacia un lugar mejor, mostrando que, aunque te desvías momentáneamente del compás, siempre sigues bailando al ritmo de una solución conjunta.

8. Conviértete en el medio

¿Cómo reaccionarías si, al quejarte por unas comisiones abusivas en tu banco, la persona que te atiende te responde: *Mire, lo siento mucho, pero yo no puedo hacer nada.*

Lo más probable es que lo primero que hagas sea pedir hablar con el director o el subdirector de la oficina. ¿Por qué? Porque esa persona acaba de declararse irrelevante para tus intereses, y en una situación de conflicto o necesidad buscamos a quien tenga el poder de resolver el problema.

Como te mencioné antes, las personas somos inherentemente egoístas y estamos constantemente buscando alcanzar nuestros objetivos y cubrir nuestras necesidades. Los demás seres humanos suelen ser el medio para lograr esos fines, y no solo necesitamos percibir que podemos influir en ellos, sino que, una vez influidos, serán capaces de ayudarnos a alcanzar lo que necesitamos.

Y, una vez más, todo se trata de percepciones. Por tanto, como persuasor, es importante que generes la percepción de que eres exactamente la herramienta que la otra persona necesita. Declarar tu intención de serlo es un buen comienzo, pero, además, debes responsabilizarte claramente de tus acciones. No es lo mismo decir: *Veremos lo que podemos hacer* (aunque sea cierto que haya más personas implicadas), que afirmar: *Voy a ponerme en marcha para indagar cómo podemos ayudarle.*

Aquí vuelve a surgir un concepto clave de este libro: la responsabilidad personal o el autoliderazgo. Refugiarte en la ignorancia o en el grupo solo desgasta tu imagen de ser el medio para alcanzar el fin del otro.

Podrías objetar que tú eres el persuasor y, por tanto, ¿por qué deberías convertirte en un medio para alguien más? Pero, estimado lector, recuerda que este libro no trata de apretar botones en las personas, sino de ponerlas en el centro para construir una solución común y una relación más fuerte.

A algunas personas les resulta incómoda esta posición, porque tienen una necesidad instintiva de controlar la situación desde el liderazgo directo. Es respetable. El poeta William Ross Wallace dijo: «*La mano que mece la cuna es la mano que controla el mundo*». Aunque se refería a las madres y su papel en la crianza de los hijos, nos deja una reflexión más profunda sobre cómo, muchas veces, el poder reside más en lo sutil que en lo estridente.

La cultura oriental nos enseña mucho sobre la sutileza y la paciencia. Como decía Sun Tzu en *El arte de la guerra*: «*La excelencia suprema consiste en romper la resistencia del enemigo sin luchar*». La verdadera influencia no se impone, sino que se construye con inteligencia, sensibilidad y propósito.

Ser un medio para el objetivo de otra persona nunca debería implicar renunciar al tuyo. Se trata, más bien, de encontrar una manera creativa en la que ambos podáis alcanzar vuestros objetivos.

De todos modos, este tipo de persuasión puede no encajar a personalidades más fuertes o a aquellos que se perciben inseguros en situaciones donde no mantienen el control de la situación. Por este motivo, la persuasión, como cualquier otra actividad humana, requiere de trabajo personal e identificar aquello que vivimos como una amenaza.

La otra parte importante en construir esta percepción es influir abiertamente en su percepción sobre tu autoridad y/o habilidad en el asunto. Es un error común pensar que la otra persona tiene la idea sobre ti que te conviene. La persuasión siempre tiene que ver con cambiar percepciones.

Aquí entra en juego un factor determinante: si no sientes seguridad o convicción en lo que dices, no esperes que el otro te haga el favor de creerte. La autoridad no se pide, se proyecta.

Y, como te mencioné antes, olvídate de intentar demostrarla con posturas forzadas, como poner los brazos en jarra o erguirte artificialmente. Estos son simples trucos de lenguaje no verbal que no ocultarán tus inseguridades; al contrario, solo añadirán una capa de incongruencia a tu mensaje.

Cree firmemente en ti, y tu tono de voz, tu expresión y tus gestos te seguirán. Por supuesto, esto es más fácil decirlo que hacerlo. Cambiar la confianza en uno mismo es un proceso complejo que va más allá del alcance de este libro, aunque aquí encontrarás algunas claves que pueden ayudarte en ese camino.

Resumen

- **Confianza como base de la persuasión:** La confianza facilita la apertura emocional, reduce la percepción de amenaza y permite una comunicación más efectiva. Sin confianza, las personas tienden a cerrar el flujo de información o protegerse.

- **La importancia de la percepción:**
  - Las personas perciben a los demás como medios para alcanzar sus objetivos.
  - Si no generas la percepción de ser útil y confiable, corres el riesgo de ser descartado como irrelevante.

- **Factores clave para generar confianza:**
  - **Transparencia:** Ser congruente entre lo que piensas, sientes y haces. Esto evita disonancias que puedan ser detectadas por la amígdala de los demás.
  - **Consistencia:** Cumplir promesas y mantener comportamientos predecibles refuerza la confianza a través de mecanismos dopaminérgicos en el cerebro.
  - **Reconocimiento:** Validar las emociones, creencias y valores del otro genera apertura y reduce la percepción de amenaza.

- **Acompasamiento:** Igualar el lenguaje corporal, tono, emociones y valores del interlocutor crea conexión. Sin embargo, es importante saber cuándo liderar y, si es necesario, desacompasar para redirigir la interacción.

- **Confianza y autoridad:**
  - La autoridad se proyecta a través de la seguridad personal, no de posturas artificiales o incongruentes.
  - Declarar intenciones claras y demostrar interés genuino fortalece la percepción de competencia.

- **Integridad:** Actuar de acuerdo con los valores declarados genera respeto, confianza y autoconfianza.

Tareas

1. **Practica el reconocimiento:**
   Identifica emociones, valores y creencias de las personas con las que interactúas. Valida lo que sienten y experimentan para abrir canales de comunicación.

2. **Trabaja la consistencia:**
   Establece pequeñas promesas diarias y cúmplelas. Mantén un comportamiento predecible para fortalecer las asociaciones positivas en los demás.

3. **Ejercita la transparencia:**
   Sé consciente de tus emociones y cómo las transmites. Asegúrate de que tu tono de voz, tu lenguaje corporal y tus palabras estén alineados para evitar incongruencias.

4. **Aplica el acompasamiento:**
   Iguala sutilmente el lenguaje corporal, el tono y el ritmo del interlocutor. Observa señales de conexión y experimenta cuándo es oportuno liderar la interacción.

5. **Declara tus valores:**
   Escribe y expresa tus valores fundamentales en conversaciones clave. Por ejemplo: *Valoro profundamente la colaboración y estoy aquí para encontrar la mejor solución juntos.*

6. **Evalúa tu integridad:**
   Identifica situaciones donde puedas reforzar tu coherencia entre palabras y acciones. Reflexiona sobre cómo esto impacta en la percepción que los demás tienen de ti.

7. **Experimenta con ejemplos de intenciones claras:**
   Usa frases como: *Estoy aquí para apoyarte en lo que necesites y juntos buscaremos una solución que funcione para ambos.*

6
CÓMO TOMAMOS DECISIONES

1. ¿Qué es una decisión?

El 26 de septiembre de 1983, en plena Guerra Fría, un hombre llamado Stanislav Petrov tuvo en sus manos la posibilidad de cambiar el destino del mundo. Era un teniente coronel del ejército soviético que trabajaba en un búnker cerca de Moscú, encargado de monitorear un sistema de alerta temprana de misiles nucleares.

Parecía que este 26 de septiembre iba a ser un día más, hasta que las alarmas comenzaron a sonar: el sistema indicaba que Estados Unidos había lanzado varios misiles balísticos intercontinentales hacia la Unión Soviética.

En ese momento, Petrov tenía que decidir si seguía el protocolo y avisaba o no a sus superiores, lo que conllevaría, casi con toda seguridad, una respuesta nuclear inmediata y, con ello, la Tercera Guerra Mundial. Petrov, sin saber exactamente por qué, decidió no hacerlo simplemente porque *algo no le encajaba*.

«No podía simplemente presionar un botón basándome en información de un sistema, ignorando el peso de las consecuencias», explicó Petrov años después. *«Desde el principio, algo no cuadraba. Si realmente estuvieran atacándonos, no sería con solo cinco misiles, habrían lanzado todo lo que tuvieran».*

Basándose en su experiencia y en una lógica sencilla, decidió que el sistema probablemente estaba fallando. ¿Por qué? Intuición, experiencia y lógica. Decidió que se trataba de un error del sistema y no informó el supuesto ataque.

Y acertó. No había ningún misil en camino. Lo que ocurrió fue un fallo en el sistema soviético, que confundió el reflejo del sol sobre las nubes con un lanzamiento de misiles. Petrov había salvado al mundo, literalmente.

Lo realmente sorprendente de esta historia es que no se le reconoció como héroe en su momento. Al contrario, las autoridades soviéticas mantuvieron el incidente en secreto para no admitir la fragilidad de sus sistemas. Años después, cuando el caso salió a la luz, Petrov comenzó a recibir homenajes por su valentía, convirtiéndose en el *hombre que salvó al mundo*.

¿Qué llevó a Petrov a salvar la vida de miles de millones de personas? Ese es el verdadero misterio sobre el funcionamiento de nuestro cerebro. Y, aunque siempre con el debido respeto a su enorme complejidad, voy a intentar explicártelo de manera que puedas comprenderlo y, a su vez, convertirte en un mejor persuasor.

Estoy seguro de que, al igual que me ha pasado a mí, en algún momento te has encontrado con un producto que no tienes del todo claro cómo terminaste comprando: esos zapatos que parecían llevar tu nombre en el escaparate (y que solo te has puesto una vez), ese libro que ahora forma parte de la decoración de tu estantería, ese curso en línea para despertar tus centros de energía con un *maestro Shaolin* del monte Song en China, o esa *TurboJuicer Black Edition* con hélices de titanio que prometía extraer intactos todos los nutrientes de frutas y verduras, pero que, en realidad, lo único que sí logró extraer fue el dinero de tu cuenta.

Aunque el proceso de toma de decisiones en los seres humanos sigue siendo más misterioso que las *caras de Bélmez* o el *monolito de Utah*, nos aventuraremos con prudencia en el reino de las hipótesis y teorías, solo con el propósito de proporcionar contexto.

Como decimos en PNL, no es necesario conocer el mecanismo exacto para poder utilizarlo, siempre que tengamos suficientes distinciones y habilidades para hacerlo. Sin embargo, la realidad es que solemos sentirnos más seguros cuando contamos con una explicación de lo que sucede a nuestro alrededor.

Déjame que en este punto haga una breve parada en boxes para aclarar este punto. Entiendo perfectamente la necesidad que tenemos los seres humanos de explicar cómo funciona el mundo (esta misma necesidad la aprovecharemos para persuadir mejor). Sin embargo, después de pasar más años de los que me apetecía en la universidad estudiando ingeniería, no sé si me convertí en un ingeniero, pero algo sí aprendí: la ingeniería funciona empíricamente. Es decir, a base de prueba y error, quedándonos con lo que funciona.

Thomas Newcomen creó la primera máquina de vapor en 1712, y James Watt la perfeccionó en 1765, aunque ninguno de los dos tenía ninguna noción científica de por qué funcionaban. De hecho, los principios de la termodinámica que explican su funcionamiento no se formularon hasta cien años después.

Todas las catedrales góticas del mundo se construyeron antes de que Newton estableciera las bases de la física moderna, del mismo modo que los granjeros de todo el mundo entrenaban a sus perros mucho antes de que Pavlov hablara del condicionamiento de la conducta.

En muchos casos, no hace falta saber por qué algo funciona para generar resultados. Y, otras veces, saber por qué algo sí funciona no te lleva necesariamente a obtenerlo. Como todos sabemos, saber mucho de fútbol no te convierte en un buen jugador, ni siquiera en un buen entrenador.

Aclarado este punto, ya podemos volver a salir al circuito.

El arte de persuadir no está en forzar, sino en guiar, en escuchar y en ayudar al otro a tomar decisiones que resuenen con su identidad más profunda; para ello, cuanto más entendamos de su proceso único de toma de decisiones, más precisión vamos a tener en esa facilitación de la decisión.

Tomar decisiones es un proceso fascinante y, aunque solemos creer que lo hacemos de manera lógica y calculada, la realidad es mucho más compleja. Y lo es porque nuestro cerebro combina emociones, recuerdos, intuiciones y no solo lógica para llegar a una conclusión, pero la mayoría de estas elecciones se producen de forma inconsciente.

Como explica el neurocientífico Jonah Lehrer, *«las emociones son indispensables para la razón, porque nos ayudan a priorizar nuestras opciones y decidir qué es realmente importante»*. Esta idea es respaldada por Antonio Damasio, otro destacado neurocientífico, quien sostiene que la toma de decisiones no es un proceso exclusivamente racional.

Para los que se crean muy racionales tomando sus decisiones, el mensaje de Lehrer es muy claro: *«Cada vez que tomas una decisión, tu cerebro se ve obligado a navegar a través de un denso entramado de poblaciones neuronales en competencia. Esto se debe a que cada elección es, en realidad, una competición entre las partes racionales y emocionales del cerebro, mientras debaten sobre qué hacer a continuación»*.

Este entrelazado entre emociones y lógica es lo que convierte a nuestras decisiones en algo único y profundamente humano.

Cuando eliges un plato en un restaurante, puede parecer que lo haces de manera muy racional: estudias el menú, comparas precios y evalúas opciones saludables, pero al final eliges porque algo *te llama* o *se siente bien*. Esa sensación no es casualidad; es el resultado de un sistema neuronal que trabaja en milisegundos, procesando información antes de que llegue a tu consciencia.

En los entornos técnico-científicos (exceptuando aquellas áreas dedicadas al estudio del cerebro) y empresariales, muchas personas se ven a sí mismas como una especie de *homo analiticus*, convencidas de que sus decisiones se basan exclusivamente en datos objetivos y razonamientos racionales. Sin embargo, esta visión cartesiana, que separa mente y cuerpo como si fueran entidades independientes, es una de las mayores imprecisiones cuando se trata de entender cómo funcionamos realmente los seres humanos.

Todos tomamos decisiones a través de las sensaciones que nos generan pensar en cómo nos impactará personalmente la decisión, además de cómo lo hará en la organización, por muy corporativa que sea la decisión a tomar. Puede parecer que se esté discutiendo qué sucederá con los 1.000 trabajadores que se van a despedir, pero en la cabeza de cada una de las personas sentadas en sala de reuniones alrededor de una mesa de nogal van apareciendo escenas donde ellos ganan o pierden puntos delante de sus equipos, o imaginan el impacto de la decisión en sus bonus personales o *stock options* o cómo se lo van a tomar sus familias.

Warren Buffet, que es uno de los inversores más conocidos del mundo, dice: «*Las decisiones más importantes de inversión no son las que se toman con la cabeza, sino con el corazón*».

Pero no son solo las emociones, como si estas aparecieran como setas en nuestra mente. Estas emociones vienen de experiencias pasadas y de cálculos de futuro, en forma de representaciones mentales, como siempre ha defendido el Dr. Richard Bandler.

Daniel Kahneman, psicólogo y premio Nobel, tiene su propio modo de hablar de cómo no somos tan analíticos y racionales como pensamos. Explica que nuestra mente opera en dos sistemas: uno rápido, automático y emocional; y otro más lento, deliberado y lógico.

Aunque nos gusta pensar que siempre usamos el sistema lógico para decidir, la mayoría de las veces es el sistema rápido el que manda. Este sistema se basa en una acumulación de experiencias previas que forman atajos mentales o heurísticos. Estos atajos nos permiten decidir rápido, como lo hizo Petrov, pero también generan sesgos que pueden limitar nuestra percepción de las opciones.

¿Por qué escogemos siempre la marca conocida? ¿Por qué evitamos tomar decisiones cuando el riesgo parece alto? Porque nuestro cerebro busca minimizar el esfuerzo y el riesgo mientras maximiza la recompensa. Esto no es accidental: la dopamina, actuando como una *brújula emo-*

cional, evalúa las opciones en términos de beneficios y nos orienta hacia aquello que promete un resultado positivo.

Como te decía, el Dr. Richard Bandler, padre de la PNL, explica que nuestras decisiones están profundamente influenciadas por cómo procesamos la información a través de nuestros sentidos: lo que vemos, escuchamos y sentimos. Esta idea cobra aún más sentido cuando entendemos que nuestras respuestas emocionales no provienen de la realidad en sí, sino de las representaciones mentales que construimos de ella.

Pensemos en algo tan simple como elegir entre dos camisas. Para decidir, necesitas representarte cómo te quedará la camisa azul y cómo lo hará la negra. Pero no solo eso: también puedes imaginar los comentarios que recibirás al llevar una u otra. Estas representaciones mentales son las que generan en nosotros respuestas emocionales que inclinan la balanza hacia una elección.

Las emociones no solo acompañan a las decisiones; las hacen posibles. Cuando sentimos confianza o entusiasmo, nuestro cerebro refuerza la idea de que estamos tomando la elección correcta.

Ese *clic* interno que a veces sentimos al decidir no es más que una conexión sináptica que relaciona la opción elegida con sensaciones positivas almacenadas en nuestros recuerdos. Este proceso implica una conexión entre la *corteza prefrontal* y la *amígdala*, facilitando que percibamos esa elección como la *correcta*.

De ahí la importancia de evitar tomar decisiones bajo los efectos hipnóticos del enamoramiento, una fuente inagotable de malas decisiones comparable solo al enfado o a la embriaguez. Cuando ciertos estados emocionales alcanzan intensidades extremas, nublan nuestra percepción y distorsionan los mecanismos que usamos para evaluar el impacto de nuestras opciones.

Decidir en esas condiciones es siempre un error estratégico, y esta intoxicación neuroquímica ha sido aprovechada a lo largo del tiempo por manipuladores de todo tipo, que, para cuando las emociones se disipan, ya habrán desaparecido sin dejar rastro alguno.

Muchas de las estrategias de persuasión descritas en la literatura buscan influir en la toma de decisiones. Sin embargo, rara vez se explica cómo lograrlo de manera efectiva. En el fondo, este proceso se basa en la capacidad de representar mentalmente escenarios futuros, una habilidad clave que se trabaja en PNL.

Un ejemplo de ello es Robert Cialdini, psicólogo social que propone principios como la reciprocidad y la escasez para afectar a las decisiones. Si creas una sensación de urgencia en una oferta limitada, estás guiando al cerebro hacia la percepción de que es una oportunidad que no puede dejar pasar.

Por ejemplo, si al elegir la camisa azul te dicen que es la última de tu talla, la decisión se acelera, porque ahora también incluye el temor a perder la oportunidad. Pero para ello se requiere que te generes la imagen de verte con la camisa o ver cómo una talla diferente de esa camisa no te cabe.

En PNL utilizamos activamente la creación de escenarios futuros para influir en las decisiones. Invitar a alguien a imaginarse disfrutando los beneficios de una decisión, activa áreas del cerebro relacionadas con la recompensa o con la amenaza, reforzando la elección. Si dices: *Imagina lo tranquilo que te sentirás cuando termines este proyecto sabiendo que usaste las herramientas más adecuadas*, no solo apelas a la lógica, sino que también conectas emocionalmente.

Si consigues que alguien experimente entusiasmo, confianza o curiosidad mientras evalúa una decisión, las probabilidades de que elija lo que propones aumentan significativamente. Esto se debe a que las emociones positivas activan circuitos en la *corteza prefrontal*, facilitando el procesamiento de la información y la toma de decisiones.

Por eso, es crucial comprender en qué estado emocional se encuentra tu interlocutor en cada momento. Observar sus reacciones, ajustar tu enfoque en tiempo real y conectar con sus valores no solo influye en su decisión, sino que también fortalece la confianza y la conexión entre ambos.

Las decisiones no son simples cálculos lógicos. Son una danza entre emociones, intuiciones y lógica. Como persuasores, nuestra tarea no es imponer, sino guiar a las personas hacia lo que ya quieren, aunque no sepan cómo articularlo. Ayudarlos a descubrir que nuestra opción es la que *se siente bien* es un arte respaldado por la ciencia y perfeccionado con técnicas como las de la PNL. Porque, al final, decidir no es solo pensar; es conectar, intuir y confiar en lo que hacemos.

2. Estrategias de toma de decisiones

He querido darte una base conceptual para que puedas entender algunos de los mecanismos que suceden en esta misteriosa máquina que es nuestro cerebro, pero, como siempre, te recuerdo que lo general solo puede describir en parte a lo particular.

En nuestro trabajo como persuasores de *haute cuisine* queremos conocer los gustos culinarios de nuestros clientes, a diferencia de aplicar la misma receta a todos, esperando que se queden los que encajen con ella. Si quieres *pollo frito al estilo sureño* ya sabes dónde ir, pero será eso: pollo frito.

Este tipo de aproximación supone poner todo el foco en la otra persona, y para ello necesitamos distinciones.

Para hacerlo útil y manejable, vamos a establecer las siguientes variables a la hora de tomar decisiones. Ten en cuenta que, como te decía antes, las decisiones se toman a partir de un sumatorio de sensaciones generadas por distintas variables que actúan de manera sutil pero determinante.

1. La recompensa

Cuando evaluamos una decisión, solemos preguntarnos qué obtendremos a cambio. Este beneficio puede ser tangible, como un ingreso adicional, o intangible, como el reconocimiento social. Sin embargo, las percepciones sobre la recompensa pueden variar y a veces ser malinterpretadas. Por ejemplo, una persona podría aceptar un nuevo puesto de liderazgo porque percibe que le permitirá avanzar en su carrera y obtener reconocimiento, comprar un teléfono móvil de gama alta porque desea disfrutar de sus prestaciones y mostrar estatus, o unirse a un club de lectura porque valora la oportunidad de aprender y socializar.

El papel del persuasor aquí es crucial: debemos influir en cómo se perciben esos beneficios, construyendo un escenario en el que los valores y prioridades del interlocutor se vean claramente satisfechos. En la medida en que la recompensa percibida sea congruente con sus valores, la decisión será más sencilla.

2. Los riesgos

Cada decisión conlleva riesgos, y estos son percibidos de manera única por cada persona. No solo se trata de lo que alguien podría perder, sino también de las inseguridades que enfrenta, como exponer su vulnerabilidad o fracasar. Estos riesgos están muy ligados a nuestras necesidades. Si una opción no cumple con las necesidades que tiene la persona, se percibirá como un riesgo.

Un directivo podría dudar en implementar una nueva tecnología por miedo a que no funcione y afecte a su equipo, un cliente podría evitar comprar un coche eléctrico porque teme no encontrar suficientes puntos de carga, o alguien podría decidir no viajar solo por miedo a no comunicarse bien en un idioma extranjero.

Si lo vemos desde el punto de vista de las necesidades no cubiertas, una persona podría rechazar un ascenso porque teme perder la afinidad con sus compañeros de trabajo, elegir una vivienda más pequeña porque satisface su necesidad de seguridad económica, o priorizar actividades que refuercen su sentido de pertenencia.

Es fundamental identificar estos riesgos y ayudar a la persona a manejarlos. Mostrar cómo nuestra propuesta minimiza o elimina estos temores puede inclinar la balanza. No se trata de manipular, sino de poner atención en aspectos que quizá no había considerado.

3. El esfuerzo

El esfuerzo percibido para llevar a cabo una acción puede frenar una decisión, incluso si la recompensa es alta. Por ejemplo, un empleado podría evitar aceptar un nuevo puesto porque requiere aprender nuevas habilidades y viajar más; un cliente podría no comprar un mueble porque implica montarlo; o alguien podría posponer iniciar un régimen de ejercicio porque lo percibe como muy demandante.

Nuestro trabajo consiste en mostrar cómo el esfuerzo es menor de lo que parece o en resaltar cómo los beneficios superan ese esfuerzo inicial. Reducir la percepción de esfuerzo aumenta significativamente las posibilidades de que una persona tome acción.

Y recuerda: todo son representaciones mentales. Cuando tú dices: *Qué pereza ir al gimnasio,* es porque te estás representando andando hasta ahí, aparcando el coche o haciendo una clase de algo que no te gusta para nada. Sin representaciones mentales es difícil que haya respuestas emocionales.

4. La probabilidad

Las personas tienden a evaluar si lo que se les promete es realmente alcanzable. Si perciben que las probabilidades de éxito son bajas, es poco probable que se arriesguen, aunque los beneficios sean atractivos. Por ejemplo, alguien podría evitar invertir en un proyecto porque no confía en sus habilidades, no comprar un curso porque cree que no aprenderá lo suficiente, o no intentar un cambio personal porque las experiencias previas no fueron exitosas.

Aquí entra la importancia de reforzar la percepción de viabilidad, mostrando ejemplos, historias o datos concretos que evidencien el éxito de otros en situaciones similares.

Algunos juegos de azar son un ejemplo fascinante de cómo se combinan estas variables de forma casi ridícula. Pongamos por ejemplo el sorteo de Euromillones. El juego consiste en seleccionar 5 números de un rango del 1 al 50, y 2 estrellas de un rango del 1 al 12. La probabilidad de ganar el primer premio es 1 entre 139.838.160, o aproximadamente un 0,00000072%.

Pongamos este número en perspectiva: la probabilidad de que te caiga un meteorito en la cabeza es de 1 entre 1.600.000, la de recibir el impacto de un rayo es de 1 entre 1.200.000, y la de que te atropelle mortalmente un coche es de solo 1 entre 100.000. Solo para que veas lo absurdamente improbable que es que te toque el primer premio en dicho sorteo, tener gemelos idénticos tres veces seguidas tendría una probabilidad de 1 entre 15.625.000.

A pesar de estos datos, millones de personas participan con la esperanza de ser los agraciados. Pero si pensamos en cómo tomamos decisiones, esa conducta tiene mucho más sentido. Míralo desde el punto de vista de lo que puedes ganar (supuestamente una vida nueva llena de abundancia), lo que pierdes (entre 1,5 a 3 euros) y el esfuerzo que supone (antes tenías que ir hasta un quiosco, pero hoy en día lo puedes hacer desde tu teléfono). Es lógico que suceda, ya que la ínfima probabilidad de que seas el ganador queda enterrada por mares de dopamina. Se trata de la famosa expresión: *Ya, ¿pero y si me toca?*, que traducido quiere decir: *Me da igual la probabilidad por lo poco que me cuesta intentarlo.*

5. La familiaridad

Lo desconocido genera incertidumbre y suele ser rechazado. Si algo no resulta familiar, las personas tienden a evitarlo. Por ejemplo, alguien podría aceptar un nuevo software solo si se lo presentan como una versión mejorada de algo que ya conoce, decidir probar un producto nuevo porque pudo experimentar una muestra gratuita, o estar más dispuesto a cambiar de trabajo si lo conectan con algo que le resulta conocido.

Reducir la percepción de desconocimiento y aumentar la familiaridad ayuda a que las personas se sientan más cómodas y seguras en su decisión. Conectar la novedad con lo familiar o proporcionar una experiencia previa puede marcar la diferencia.

Blade Runner, dirigida por Ridley Scott, es un claro ejemplo de este concepto. Aunque está ambientada en un futuro distópico, la ciudad en la que se desarrolla combina tecnología avanzada con características reconocibles de cualquier gran ciudad actual, como anuncios publicitarios masivos y arquitectura urbana similar a la que vemos hoy, así como coches que, aunque vuelan, siguen siendo coches con ruedas.

¿Y por qué hacen esto? Porque las personas necesitan puntos de referencia para conectar lo nuevo con lo conocido, y aquí entra en juego algo que también explicó Lev Vygotsky con su *teoría del desarrollo próximo*. Según él, aprendemos más fácilmente cuando algo nuevo está lo suficientemente cerca de lo que ya conocemos, es decir, dentro de esa *zona de desarrollo próximo* donde todavía podemos asimilarlo, con un poco de ayuda o contexto.

Blade Runner aplica esto perfectamente: no te lanza un mundo tan alienígena que no puedas entenderlo, sino que te presenta un futuro que aún tiene raíces en lo que ya sabes. Es esa conexión entre lo familiar y lo desconocido lo que hace que el espectador no solo acepte ese mundo, sino que lo sienta suyo, y lo explore con curiosidad en lugar de rechazo.

En otro capítulo ya he mencionado que trabajé para una gran empresa de viajes *online*. Cuando querían vender ese crucero por las islas griegas, el principal inconveniente que se encontraban era con las personas que nunca se habían montado en un crucero.

Utilizando los principios de la PNL sabemos que la única realidad que realmente cuenta es la de tu interlocutor (es decir, su *mapa*). Sabiendo esto, lo lógico sería preguntarle a la otra persona: *¿Has estado alguna vez en un hotel de esos de todo incluido?* Si te responde *sí*, se le podría preguntar por más detalles de lo que le gustó de ese hotel o vacaciones e identificar otros criterios que veremos en un momento más. Por el momento, quedémonos con la respuesta afirmativa.

Ahora, imagínate que este hotel que te gustó tanto estuviera en horizontal en vez de vertical (algo que ya ha vivido y que, por tanto, le resulta familiar), *puedes disfrutar de diferentes restaurantes, tiendas, cines* (beneficios), *mientras te llevan a otras islas sin acabar en algún hotel un poco raro (amenazas). Podrás ir de isla en isla sin moverte del barco y no tendrás que hacer y deshacer maletas* (esfuerzo), *todo ello a un precio ya cerrado, sin sorpresas* (amenaza), *con tripulación que siempre va a hablar tu idioma* (familiaridad) *y con vistas al mar garantizadas* (beneficios), y todo ello tan solo *haciendo clic aquí y garantizándote tu pasaje ahora mismo* (probabilidad).

Todo este proceso se hubiera podido hacer de manera mucho más progresiva, alternando preguntas con afirmaciones. Por ejemplo: *¿Qué es lo que más te gustó del hotel? La comodidad. Fíjate que precisamente un crucero se basa en dar la mayor comodidad posible.*

El uso de preguntas y afirmaciones requiere un capítulo aparte por la importancia que tiene. De momento, lo importante es entender que las personas toman decisiones desde lo que ya tienen en su mente, de modo que, cuanto más accedamos a lo que ya existe, más eficiente será el proceso.

Al final, estas variables (recompensa, riesgo, esfuerzo, probabilidad y familiaridad) se suman para generar sensaciones que inclinan la balanza hacia una decisión u otra. El papel del persuasor no es hablar más, sino escuchar mejor, identificar qué pesa más para la persona y ajustar su enfoque en consecuencia. Con cada interacción, tenemos la oportunidad de afinar esas variables y guiar la decisión de manera efectiva.

3. Todos tenemos necesidades

Te he estado hablando mucho de necesidades durante estos capítulos, pero no hemos entrado en detalle sobre a qué me refiero exactamente. Este enfoque del siglo pasado, donde la máxima era *crea necesidades en los demás*, es una muestra de una persuasión basada en los intereses propios por encima de los de la otra persona.

¿Para qué vamos a querer crear nuevas necesidades en un ser humano cuando todos tenemos muchas ya por defecto? La respuesta es muy obvia: porque requiere explorar y adaptarse, a diferencia de pasar como una apisonadora hablando tanto que, momentáneamente, generas una respuesta de amenaza o de recompensa en la otra persona, pero absolutamente artificial y pasajera.

Escasez, prueba social, urgencia…, todos ellos son disparadores a corto plazo de nuestra mente. Una vez pasada esa inyección de verborrea por parte del persuasor y la subida emocional, lo que queda es el arrepentimiento, el remordimiento o el rencor hacia el manipulador.

Para las relaciones a largo plazo, es mucho más eficiente identificar estas necesidades ya existentes y buscar el modo de ayudar a la persona a cubrirlas. Algo mucho más consciente, personalizado y sostenible.

Para ello, vamos a explorar tres modelos, que se pueden combinar entre sí para ofrecerte una visión más completa: las necesidades biológicas, las necesidades psicológicas básicas y las necesidades sociales. Cada uno de esos modelos nos permitirá entender mejor cómo funcionan las personas, qué las mueve y cómo podemos influir en sus decisiones.

1. Necesidades biológicas: la base de todo

Empecemos por lo esencial: las necesidades biológicas. Estas son los requerimientos básicos que todo ser humano necesita satisfacer para sobrevivir y funcionar. No importa quién seas, estas necesidades están ahí, y su influencia es tan poderosa que cualquier amenaza a ellas provoca una respuesta inmediata.

Estamos hablando de cosas tan básicas como respirar, beber agua o alimentarse, pero también de mantener un equilibrio interno (como la temperatura corporal) y de descansar adecuadamente. Además, hay otras más amplias, como sentirnos seguros frente a amenazas externas y mantener nuestra capacidad de reproducirnos como especie.

¿Y por qué esto es relevante en el contexto de persuasión? Porque si alguna de estas necesidades no se cumple, se activa un sistema de alarma que eclipsa cualquier otra consideración. Por ejemplo, alguien que esté muy hambriento se preocupará más de atender a esa necesidad que de valorar el diseño de un producto, o una persona que siente frío estará más interesada en una solución inmediata para calentarse que en cualquier otra cosa.

Si sabemos identificar cuál de estas necesidades está en juego, podemos posicionar nuestra propuesta como la solución más directa y efectiva para satisfacerla. Por ejemplo, vender un seguro de vida apelando al miedo de dejar desprotegida a la familia conecta directamente con la necesidad de seguridad, o convencer a alguien de hacer ejercicio puede ser más efectivo si le mostramos cómo eso impactará positivamente en su salud a largo plazo.

2. **Necesidades psicológicas básicas: lo que nos mueve desde dentro**

Ahora pasemos al siguiente nivel: las necesidades psicológicas básicas, según el modelo de Edward Deci y Richard Ryan, los creadores de la *teoría de la autodeterminación*. Según ellos, hay tres necesidades fundamentales que dirigen nuestro comportamiento y que todos tenemos en mayor o menor medida para diferentes contextos:

a) **Afinidad:** Esta necesidad tiene que ver con sentirnos conectados con los demás, reconocidos y aceptados. Es lo que hace que busquemos pertenecer a un grupo o sentirnos valorados. Por ejemplo, un empleado que siente que *solo es un número* en su empresa puede desconectarse y perder motivación. Pero un vendedor que sabe cómo generar afinidad con su cliente tiene una ventaja enorme, porque crea una conexión que facilita la persuasión. Las herramientas que ya vimos de reconocimiento y acompasamiento son muy útiles para crear afinidad, aunque otro modo de hacerlo es llevar a la persona a esa afinidad buscando asemejarse a los demás: *Da el paso tú también para unirte a tus compañeros que ya lo han hecho.*

b) **Competencia:** Sentirnos capaces, útiles y en control de nuestras habilidades es crucial. Cuando alguien siente que pierde esa sensación de competencia, lo percibe como una amenaza directa a su autoestima. Por ejemplo, corregir a alguien en público puede hacer que se sienta cuestionado y reaccione de forma defensiva. Pero si refuerzas su sensación de competencia (como decirle *tú, que eres el experto en este tema, ¿qué opinas?*), estarás creando un espacio en el que esa persona se sentirá valorada y abierta a colaborar. Pedir ayuda es otra herramienta clásica para activar la competencia.

c) **Autonomía:** Tener control sobre nuestras decisiones y sentir que somos dueños de nuestro destino es vital. Cuando una persona se siente acorralada o forzada, la reacción suele ser negativa. Por ejemplo, alguien que siente que no tiene opciones puede reaccionar con ansiedad o rechazo. En cambio, si le das la oportunidad de elegir (aunque sea entre dos opciones que tú planteas) estará más dispuesto a aceptar. Este principio es clave en persuasión. Ofrecer una opción, *¿Qué prefieres, A o B?*, no solo da autonomía, sino que facilita la toma de decisiones.

3. Necesidades sociales: lo que nos conecta con los demás

Finalmente tenemos las necesidades sociales, según el modelo de David McClelland. Cada uno de ellos influye de forma distinta en las personas y, dependiendo de cuál predomine, cambiará nuestra manera de interactuar y persuadir.

a) **Logro:** Las personas motivadas por el logro buscan superar desafíos y alcanzar metas. Son competitivas y suelen medir su éxito en función de lo que consiguen. Por ejemplo, un cliente con esta motivación responderá mejor si le hablas de cómo tu propuesta le permitirá alcanzar nuevos objetivos, destacarse en su campo o superar a sus competidores.

b) **Afiliación:** Estas personas priorizan las relaciones y la conexión con los demás. Necesitan sentir que forman parte de algo más grande y valoran el reconocimiento grupal. Para persuadir a alguien motivado por la afiliación, es clave mostrar cómo tu propuesta mejorará sus relaciones o beneficiará al equipo o la comunidad.

c) **Poder:** La motivación aquí no se limita a la autoridad jerárquica, sino al deseo de sentir control sobre su entorno. Estas personas buscan influir en otros y marcar la diferencia. Por ejemplo, al persuadir a alguien con esta necesidad puedes destacar cómo tu propuesta le dará más control o le permitirá tomar decisiones importantes que impacten en su entorno.

Fíjate que podríamos agrupar las necesidades psicológicas y sociales en tres grandes componentes:

- Búsqueda de conexión (afinidad y afiliación).
- Búsqueda de competencia (competencia y logro).
- Búsqueda de control (autonomía y poder).

Aunque pueda parecer una simplificación, esta misma simplicidad puede resultarnos muy útil en los primeros acercamientos a alguien, pues nos permite identificar cuál de estas tres necesidades predomina sobre las demás. Esa predominancia tiende a influir en cómo la persona orienta su toma de decisiones para satisfacer esa necesidad concreta (y, en consecuencia, en el temor de que no se cubra), al menos dentro de un contexto específico.

Piénsalo de este modo: una persona con más necesidad de conexión estará más pendiente de ser reconocida por sus compañeros (conexión) y de sentir que forma parte del grupo (afiliación). Probablemente, sus alarmas se disparen con mayor facilidad si se proyecta en el futuro siendo rechazada por haber tomado la decisión equivocada.

Estos tres modelos (biológico, psicológico y social) no funcionan de manera aislada. De hecho, están profundamente entrelazados. Una amenaza a las necesidades biológicas puede desencadenar inseguridades psicológicas, que a su vez impactan en cómo nos relacionamos socialmente.

Por ejemplo, imagina a alguien que enfrenta inseguridad laboral (necesidad biológica de seguridad). Esa falta de estabilidad puede hacer que dude de su competencia (necesidad psicológica) y que busque reforzar sus conexiones con colegas (necesidad social de afiliación). Si puedes identificar estas dinámicas, tendrás una hoja de ruta clara para influir en sus decisiones.

Recuerda que las decisiones que tomamos suelen estar dirigidas, de manera inconsciente, a satisfacer nuestras necesidades. Esta búsqueda, aunque no siempre la percibamos, se convierte en un objetivo y en un poderoso mecanismo de motivación.

Por otro lado, cuando percibimos que una necesidad importante podría no ser satisfecha, nuestro cerebro reacciona activando una respuesta de amenaza, lo que puede influir drásticamente en nuestro comportamiento y en nuestra capacidad de tomar decisiones racionales.

En definitiva, comprender estas necesidades nos da el mapa y las herramientas para navegar por la complejidad humana. Y, lo mejor de todo, nos ayuda a conectar con las personas de una manera que no solo es persuasiva, sino también profundamente humana.

4. Criterios de decisión

En PNL se utilizan diversas distinciones específicas que influyen en nuestra toma de decisiones y complementan tanto las variables analizadas hasta ahora como el modelo de necesidades. Estas distinciones, conocidas como metaprogramas, explican cómo los seres humanos filtramos la información y, en otras palabras, hacia dónde dirigimos nuestra atención.

Los metaprogramas actúan como filtros mentales que determinan cómo procesamos y evaluamos la información, influyendo directamente en nuestras decisiones. Es como si cada persona llevara puestas unas gafas de un color específico: estos filtros nos permiten percibir ciertos aspectos de la realidad mientras bloquean otros, condicionando no solo la información que tomamos en cuenta, sino también las elecciones que hacemos.

A continuación exploraremos los más importantes:

1. **Criterio de cantidad**. Este criterio aparece cuando la persona se enfoca en números o volúmenes. Puede tratarse de dinero, tiempo, recursos o incluso la cantidad de opciones disponibles. Un cliente que pregunta: *¿Cuánto me va a costar esto?* o *¿Cuántas horas implica este proyecto?*

   Estrategia: Proporciona cifras claras y precisas. Los números eliminan incertidumbre y generan confianza. *Esto reducirá tus costos en un 30% respecto a otras opciones.*

2. **Criterio de persona**. Aquí, la atención está en quién está involucrado en el proceso o decisión. Un colaborador que pregunta: *¿Quiénes estarán en el equipo?* o un cliente interesado en saber quién diseñó el producto.

   Estrategia: Resalta la credibilidad de las personas implicadas. Por ejemplo: *El proyecto estará dirigido por un experto con más de diez años de experiencia en este campo.*

3. **Criterio de proceso**. Este criterio surge cuando una persona necesita entender el *cómo* antes de comprometerse. Alguien que pregunta: *¿Cómo vamos a implementar esto?* o *¿Cuáles son los pasos a seguir?*

   Estrategia: Proporciona un plan detallado. Detallar un proceso genera tranquilidad y elimina resistencias: *Primero haremos un diagnóstico, luego trazaremos un plan de acción personalizado y finalmente implementaremos las soluciones.*

4. **Criterio temporal**. El tiempo es el enfoque principal de este criterio: duración, rapidez, plazos, etc. Un cliente que pregunta: *¿Cuánto tiempo tardará?* o *¿Está listo para la próxima semana?*

   Estrategia: Sé claro con los plazos y destaca cualquier ventaja relacionada con el tiempo: *Este servicio reduce los tiempos de espera en un 50%, permitiéndote obtener resultados más rápido.*

5. **Criterio del lugar.** Aquí la atención está en la ubicación o el contexto físico. Alguien que pregunta: *¿Es una buena zona para este proyecto?* o *¿Dónde podré usar este producto?*

   Estrategia: Resalta la conveniencia geográfica o la adaptabilidad a diferentes entornos: *Este sistema está diseñado para funcionar en cualquier espacio sin complicaciones.*

6. **Criterio de referencia.** Este criterio distingue entre quienes toman decisiones basándose en su propio juicio (referencia interna) y quienes buscan validación externa. Una persona con referencia externa dirá: *Necesito preguntar a alguien antes de decidir.*

   Estrategia: Si es interna, refuerza su confianza en su juicio: *Tú sabes lo que es mejor para ti.* Si es externa, proporciona testimonios o referencias: *Nuestros clientes más experimentados recomiendan esta solución.*

7. **Criterio del uso.** La atención aquí está en cómo se utilizará algo. Alguien que pregunta: *¿Para qué sirve esto?* o *¿Cómo puedo aplicarlo en mi vida diaria?*

   Estrategia: Enfócate en la utilidad práctica. Por ejemplo: *Este producto es ideal para mejorar tu eficiencia diaria y te ahorrará tiempo en tareas repetitivas.*

8. **Criterio de dirección.** Este criterio se centra en si la persona toma decisiones basándose en lo que puede ganar (se acerca) o en lo que quiere evitar (se aleja). Alguien que dice: *No quiero tener problemas con esto* (se aleja) frente a otra persona que dice: *Quiero aprovechar al máximo esta oportunidad* (se acerca).

   Estrategia: Ajusta tu enfoque según su orientación. Para alguien *que se acerca*, destaca los beneficios potenciales. Para alguien *que se aleja*, resalta cómo tu solución elimina riesgos o problemas.

9. **Criterio de enfoque.** El interés está en el alcance de la atención: si es amplio y general o si está dirigido a detalles específicos. Una persona de enfoque amplio puede preguntar: *¿Cómo encaja este proyecto en la estrategia general de la empresa?* Una persona de enfoque detallado podría decir: *¿Qué incluye específicamente esta etapa del proyecto?*

   Estrategia: Adapta tu comunicación al nivel de enfoque del interlocutor. Para quienes prefieren lo general: *Esto se alinea perfectamente con la visión a largo plazo de la compañía.* Para quienes buscan detalles: *En esta fase, comenzaremos con un análisis exhaustivo de los datos disponibles.*

10. **Criterio de necesidades propias vs. necesidades de los demás.** Este criterio se centra en si la persona está enfocada en sus propias necesidades o en las de otras personas. Una persona enfocada en sus propias necesidades puede decir: *¿Qué voy a ganar yo con esto?* En cambio, alguien centrado en las necesidades de los demás podría preguntar: *¿Cómo beneficiará esto al equipo o a los clientes?*

    Estrategia: Adapta tu enfoque según su orientación. Si está centrado en sí mismo, destaca los beneficios personales: *Esto te permitirá ahorrar tiempo y aumentar tu productividad.* Si está orientado a los demás, resalta cómo se beneficiará el entorno: *Con esta solución, el equipo trabajará de manera más eficiente, lo que reducirá el esfuerzo colectivo.*

Si te encuentras con un grupo en el que cada persona tiene diferentes criterios de decisión, tu tarea será abordarlos a todos de forma equilibrada. Habla de cantidad, tiempo, lugar, proceso, referencias, utilidad y consecuencias. De este modo, tendrás más posibilidades de conectar con todos los presentes y satisfacer sus criterios principales.

Recuerda siempre escuchar atentamente. Las personas te dirán, explícita o implícitamente, qué es importante para ellas. A partir de esa información, podrás ajustar tu mensaje y presentarles las opciones de manera que se alineen con sus criterios y valores. La clave está en la personalización y la conexión emocional con lo que realmente les importa.

5. Lo que importa de verdad

Además de los criterios, los valores son fundamentales para entender cómo las personas toman decisiones. Un valor es aquello a lo que alguien le otorga un significado especial y que influye profundamente en su comportamiento. Ejemplos de valores pueden ser la familia, la confianza, la seguridad, el profesionalismo o la libertad, entre otros. Estas son guías internas que actúan como brújulas emocionales en la vida de las personas.

¿Por qué son importantes los valores en la persuasión? Porque una persona tenderá a ser congruente con sus valores. Si logras identificar cuáles son los valores principales de alguien y alineas tu mensaje con ellos, aumentarás significativamente las posibilidades de que dicha persona tome la decisión que buscas. Esto no implica compartir sus valores, sino reconocerlos y respetarlos para conectar emocionalmente. Por ejemplo:

- Si alguien valora la **seguridad**, resalta cómo tu solución le ayudará a evitar riesgos o proteger lo que ya tiene.
- Si valora la **familia**, muestra cómo la decisión que propones beneficiará a sus seres queridos.
- Si valora el **logro**, enfatiza cómo tu propuesta le ayudará a alcanzar sus metas personales o profesionales.

Los valores actúan como un filtro adicional que refuerza los criterios de decisión. Detectarlos requiere atención activa: escucha las palabras que utiliza la persona y fíjate en lo que enfatiza.

Una vez identificados, adapta tu mensaje para que resuene profundamente con esos valores. De esta manera, no solo persuades, sino que creas una conexión genuina con lo que realmente importa a tu interlocutor.

Veamos algunos ejemplos:

Si alguien valora la seguridad, resalta cómo tu solución le ayudará a evitar riesgos o proteger lo que ya tiene. Imagina que estás vendiendo un sistema de seguridad para el hogar. Podrías decir: *Este sistema no solo protege tu casa, sino que te da tranquilidad al saber que tu familia estará segura en todo momento, incluso cuando no estés. Es una inversión en tu paz mental.*

Si tu amigo valora la aventura y la novedad, muéstrale cómo tu propuesta le brindará una experiencia única. Así, si quieres convencer a un amigo de hacer un viaje improvisado de fin de semana, podrías decirle:

Piensa en esto: una escapada sin planes, descubriendo lugares increíbles y creando recuerdos épicos. Siempre decimos que queremos salir de la rutina, ¡esta es la oportunidad perfecta para hacerlo!

Si alguien valora el tiempo en familia, destaca cómo la decisión beneficiará sus relaciones con sus seres queridos. Por ejemplo, *quieres que tu pareja reduzca su carga de trabajo para pasar más tiempo con la familia.* Podrías decirle: *Imagínate poder disfrutar más momentos con los niños sin estar siempre pendiente del correo del trabajo. Al final, el tiempo que pasamos juntos es lo que realmente recordaremos. Tal vez reducir un poco la carga laboral te ayude a aprovechar más esos momentos.*

Uno de mis personajes favoritos de la historia es Groucho Marx. El autor de frases tan célebres como «*Nunca pertenecería a un club que admitiera como miembro a alguien como yo*» también tiene otra cita célebre que reza: «*Estos son mis principios; si no le gustan, tengo otros*».

Los seres humanos podemos parecer incongruentes en nuestras decisiones, pero esto suele ocurrir porque las amenazas o los beneficios percibidos generan respuestas emocionales más intensas que la sensación de incongruencia al no respetar un valor. Es como si el ruido de una banda de *batucada* pasara en el momento en que nuestra alarma de incongruencia se dispara.

Este mecanismo es crucial de entender. Aunque una persuasión agresiva puede provocar una reacción emocional intensa e inmediata, una vez que la emoción se disipa la persona puede sentirse fuera de lugar, alejada de sus valores, como alguien que ha tomado un atajo solo para descubrir que está perdido. Quizá termine culpándose por la decisión o, peor aún, te culpe a ti por haberla llevado a un terreno donde no se siente alineada. Este es un camino seguro hacia la ruptura de confianza, y por eso lo desaconsejo totalmente.

Muchas veces, el error del persuasor está en no tomarse el tiempo necesario para explorar los valores de la otra persona. Al actuar de manera intrusiva, genera emociones intensas que el interlocutor no expresa en el momento, ya sea por evitar conflictos o por dejarse llevar por la ola emocional. Sin embargo, esa incongruencia interior queda latente, como una grieta que puede ampliarse con el tiempo.

Por otro lado, también podemos utilizar los valores de manera constructiva. Todos deseamos sentirnos congruentes con nuestras creencias, ya que la coherencia interna nos aporta estabilidad emocional y refuerza nuestra identidad. Este deseo de consistencia actúa como un ancla psicológica: nuestras decisiones reflejan quién creemos ser, y cualquier desalineación genera un malestar interno conocido como *disonancia cognitiva.*

La *disonancia cognitiva* es ese leve pero persistente malestar que aparece cuando nuestras decisiones contradicen nuestros valores. Es como una piedra en el zapato: incómoda, difícil de ignorar, y que nos obliga a apoyar el pie de manera diferente hasta que nos vemos obligados a hacer lo más lógico: quitarnos el zapato y solucionar la molestia. Este mecanismo de corrección nos lleva a restablecer la congruencia adaptando nuestras acciones, justificándolas o incluso cambiando nuestras creencias.

Aquí reside el poder de esta herramienta en la persuasión: si invitas a alguien a visualizar cómo una decisión contraria a lo que propones podría generar un conflicto con sus valores fundamentales, activas un motor interno que lo impulsa hacia la opción que más refuerza su coherencia interna. Por ejemplo, podrías plantear: *¿No crees que esta decisión refleja mejor tu compromiso con la seguridad de tu equipo?* Con este enfoque no impones una idea, sino que ayudas a la persona a alinear su decisión con lo que más valora.

Como te decía al principio del capítulo, el arte de persuadir no está en forzar, sino en guiar, en escuchar y en ayudar al otro a tomar decisiones que resuenen con su identidad más profunda.

Imagina que estás tratando de convencer a un amigo ecologista de que reduzca el uso de plástico en su hogar. Podrías decirle algo como: *Siempre has sido alguien comprometido con el medio ambiente. ¿No crees que seguir usando botellas de plástico podría estar en contra de tus valores? Adoptar alternativas más sostenibles parece encajar más con lo que defiendes.* Este planteamiento no impone una acción, sino que invita a reflexionar sobre cómo su decisión puede afectar a su autopercepción como alguien que cuida del planeta.

Otro ejemplo podría ser en el contexto laboral. Supongamos que tienes un compañero de trabajo que se considera muy profesional y responsable, pero últimamente llega tarde a reuniones importantes. Si necesitas que cambie ese comportamiento, podrías decir: *Eres una persona muy valorada por tu compromiso y puntualidad, algo que todos apreciamos. ¿Crees que llegar tarde refleja eso? Creo que esa imagen de ti no se alinea con lo que tú mismo representas.* Nuevamente, el enfoque no es crítico, sino reflexivo, y utiliza sus propios valores para motivar un cambio.

Incluso en la vida cotidiana con los niños esta técnica puede ser efectiva. Por ejemplo, si un niño suele decir que *es un buen amigo,* pero evita compartir juguetes, podrías recordarle: *Tú siempre has sido un gran amigo con tus compañeros. Compartir es una forma de demostrarlo. ¿No crees que eso muestra mejor quién eres?* Aquí, el niño puede sentirse motivado a compartir, no por obligación, sino por alinear su comportamiento con su identidad.

En esencia, esta herramienta de persuasión no busca presionar ni manipular, sino generar un momento de autorreflexión. Todos queremos sentir que nuestras decisiones reflejan lo que realmente somos y lo que defendemos.

Al destacar la posible incongruencia entre valores y una acción, añadimos un factor motivacional poderoso: proteger la identidad propia. Porque, al final, actuar de manera congruente no solo reduce el malestar interno, sino que refuerza nuestra autoestima y nos hace sentir auténticos. ¿Y qué mejor motivación que esa?

Como persuasor consciente que vas a ser, es importante que tomes consciencia que cada vez que vas a interactuar con alguien estás tomando decisiones mayoritariamente inconscientes de si lo vas a hacer o no, de cómo y cuándo hacerlo.

Esto también quiere decir que tienes tus propias amenazas percibidas que afectan a tus decisiones. En el próximo capítulo hablaremos con más detalle del papel de las emociones, tanto las tuyas como las de tus interlocutores, y cómo nuestra percepción de la situación nos hace actuar de un modo específico, pero también conocernos mejor.

6. La gota que colma el vaso

Hasta aquí hemos hablado sobre las variables, los criterios y los valores que entran en juego al tomar decisiones. Ahora es el momento de profundizar en un aspecto esencial para entender cómo funciona este proceso: las condiciones para decidir.

Cuando alguien toma una decisión, hay condiciones específicas que deben cumplirse para que esa elección se sienta correcta. A menudo estas condiciones no son explícitas, pero están ahí, operando como un filtro interno que determina si algo es aceptable o no.

Por ejemplo, lo que muchas veces llamamos *objeciones* no son más que señales de que ciertas condiciones no se están cumpliendo. Piensa en alguien que dice: *Este producto es muy nuevo en el mercado.*

Esto no es una objeción en sí misma, sino una manera de expresar que necesita más confianza o seguridad. La condición que no se está cumpliendo aquí es la familiaridad.

Otro ejemplo típico es el precio. Si alguien dice: *Es demasiado caro,* esto podría indicar que el beneficio percibido del producto o servicio no compensa la inversión. En este caso, la condición insatisfecha es la percepción de valor.

En lugar de intentar rebatir estas objeciones, un enfoque más efectivo es explorar las condiciones subyacentes y cómo puedes satisfacerlas. Por ejemplo, si la condición es la falta de familiaridad con un producto, podrías ofrecer testimonios de clientes satisfechos o demostrar cómo funciona. Si el precio parece un problema, muestra cómo el valor o los beneficios a largo plazo justifican la inversión.

Es importante entender que las condiciones en una negociación no siempre funcionan de manera aislada; muchas veces son interdependientes. Una demanda insatisfecha puede estar vinculada a otra, y abordar un aspecto puede facilitar la resolución de los demás.

Por ejemplo, en una negociación de condiciones laborales, si un empleado solicita un aumento de salario su preocupación puede no estar basada únicamente en el dinero, sino también en el reconocimiento de su esfuerzo o en un mejor equilibrio entre su vida personal y profesional. Si logras abordar esa necesidad de manera estratégica, el salario podría dejar de ser el único punto de conflicto:

Entiendo que buscas un aumento salarial y eso es completamente válido. Consideremos también otras formas en las que podemos mejorar tu experiencia en la empresa, como mayor flexibilidad horaria o acceso a programas de desarrollo profesional. Nuestro objetivo es que te sientas valorado y que tu crecimiento aquí sea sostenible en el tiempo.

Al mostrar cómo diferentes factores están conectados, es posible encontrar soluciones más completas y satisfactorias para ambas partes, fortaleciendo la negociación y generando mayor compromiso.

Del mismo modo, algunas condiciones dependen del contexto general de la persona. Imagina a alguien gestionando varios proyectos al mismo tiempo: *Ahora mismo estoy evaluando en qué proyecto invertir mis recursos.*

Aquí, la condición de decidir sobre tu propuesta está ligada a cómo encaja con otros compromisos. Esto significa que no solo necesitas demostrar el valor de tu solución, sino también cómo puede complementar las otras prioridades de esa persona.

Comprender esta interdependencia no solo te ayuda a abordar las llamadas objeciones, sino que también te permite estructurar tus argumentos de manera que atiendan a todas las variables implicadas.

7. Umbrales de decisión

Además de las condiciones, otro concepto crucial para entender la toma de decisiones es el de los *umbrales de decisión*. Un *umbral* es el punto en el que la sensación de certeza alcanza la intensidad suficiente para que la persona decida. Por ejemplo, cuando alguien dice: *Déjame pensarlo*, lo que realmente está diciendo es que, en ese momento, la sensación no ha alcanzado el nivel necesario para *cruzar el umbral* y tomar la decisión. Esto puede deberse a que las condiciones no están completamente claras o porque no ha experimentado una emoción suficientemente fuerte que lo impulse a actuar.

Aquí tienes algunas estrategias para ayudar a alguien a cruzar ese umbral:

1. **Por repetición:** Algunas personas necesitan escuchar varias veces los beneficios o pasar mentalmente por el proceso varias veces. Si un cliente duda, un seguimiento cuidadoso puede ser la clave: *Quería recordarte que esta oferta sigue disponible y que incluye el servicio adicional que mencionamos.*

2. **Por tiempo:** Otras personas necesitan espacio para procesar. Si alguien te dice que quiere pensarlo, respétalo. Puedes ofrecerle un marco concreto: *Entiendo, ¿qué te parece si lo revisamos juntos dentro de un par de días?*

3. **Por intensidad emocional:** En algunos casos, necesitas aumentar la intensidad de la sensación asociada con la decisión. Una manera efectiva de hacerlo es ayudando a la persona a imaginarse en el futuro: *Visualízate dentro de un año disfrutando de este nuevo trabajo y habiendo alcanzado los resultados que buscabas. ¿No te parece que vale la pena?*

8. Tomamos nuestras propias decisiones

Cada persona tiene su propio ritmo y su manera particular de procesar decisiones. Tu tarea no es forzarla, sino comprender cómo funcionan sus umbrales y qué condiciones necesitan para sentirse seguras.

Lo que parece una *objeción* a menudo es solo una señal de que falta algo en el proceso. Escucha con atención, adapta tu enfoque para cubrir las necesidades, valores y condiciones que la otra persona no percibe que se están cumpliendo, y construye esa sensación de seguridad que permita a la persona cruzar su umbral de decisión.

Por supuesto, lo más fácil siempre, en todo caso, es preguntar: *¿Qué condiciones no se están cumpliendo que no te hacen sentir segura? ¿Qué tendría que suceder que no está sucediendo todavía para que te sintieras plenamente satisfecha con esta solución?* En vez de estar hablando como una ametralladora intentando dar al blanco con los ojos vendados, simplemente dale la oportunidad a la otra persona para que te lo diga. Si la persona está motivada, lo hará.

Porque al final, la toma de decisiones no es solo lógica, sino también profundamente emocional. Y quien domina este equilibrio, domina el arte de influir de manera genuina.

Resumen

- Decisiones humanas. Combinan lógica, emociones, intuición y experiencia, con gran parte del proceso ocurriendo de forma inconsciente.
- Factores en las decisiones. Variables: recompensa, riesgo, esfuerzo, probabilidad y familiaridad influyen en nuestras elecciones.
- Valores. Guían nuestras decisiones y generan coherencia; la disonancia cognitiva surge cuando no los respetamos.
- Necesidades biológicas: seguridad, alimentación, descanso.
- Necesidades psicológicas: afinidad, competencia, autonomía (según la teoría de la autodeterminación).
- Necesidades sociales: logro, afiliación, poder (modelo de McClelland).
- Metaprogramas. Filtran la información al decidir (cantidad, tiempo, proceso, uso, etc.). Detectar el criterio dominante facilita adaptar el mensaje.
- Las objeciones indican condiciones no cumplidas (p. ej., confianza, valor percibido).
- El umbral de decisión es el punto en que la certeza suficiente lleva a actuar.
- Alinear propuestas con valores y necesidades fortalece la confianza.
- Ayudar a visualizar escenarios futuros positivos facilita la toma de decisiones.

Tareas

1. **Identificar valores y necesidades:**
   - Practica cómo detectar los valores principales de las personas en tus conversaciones.
   - Utiliza preguntas abiertas como: *¿Qué es lo más importante para ti en esta situación?* o *¿Qué esperas lograr con esta decisión?*

2. **Adaptar el mensaje a los criterios de decisión:**
   - Observa qué criterios predominan en las decisiones de las personas (cantidad, proceso, temporalidad, etc.).
   - Personaliza tu enfoque según los metaprogramas del interlocutor.

3. **Gestionar objeciones como condiciones no cumplidas:**
   - En lugar de *superar* objeciones, haz preguntas como: *¿Qué necesitarías para sentirte más seguro con esta decisión?*
   - Trabaja en descubrir y abordar las condiciones subyacentes que bloquean el umbral de decisión.

4. **Practicar la creación de escenarios futuros:**
   - Ayuda a las personas a visualizar los beneficios de una decisión; por ejemplo: *Imagina cómo te sentirás después de implementar esta solución y ver los resultados positivos.*

5. **Explorar necesidades en diferentes contextos:**
   - Reflexiona sobre cómo las necesidades biológicas, psicológicas y sociales se manifiestan en situaciones cotidianas y en procesos de toma de decisiones.
   - Relaciona estas necesidades con ejemplos específicos en tu entorno profesional o personal.

6. **Observar la conexión entre emociones y decisiones:**
   - Analiza cómo las emociones influyen en tus propias decisiones y en las de las personas con las que interactúas.
   - Experimenta con formas de activar emociones positivas (confianza, entusiasmo, curiosidad) en tus conversaciones.

7
NO HAY PERSUASIÓN SIN EMOCIÓN

1. No hay persuasión sin emoción

Immaculée Ilibagiza, una mujer ruandesa, poco podía imaginar el 7 de abril de 1994 que un día sería una gran conferenciante capaz de conmover los corazones de miles de personas en todo el mundo con su historia de horror, esperanza y perdón.

Desde abril hasta julio de 1994, Immaculée, con tan solo 22 años, permaneció escondida junto a otras siete mujeres en un estrecho baño de apenas 1,5 por 1,2 metros de un pastor cristiano local, mientras el mundo fuera de esas paredes era consumido por la violencia más atroz y salvaje. La etnia *hutu* se hizo con el poder y, con ello, comenzó la persecución de la etnia *tutsi* y de algunos *hutus* moderados que se oponían al gobierno.

Las condiciones eran inhumanas: el espacio apenas permitía moverse, y el miedo a ser descubiertas era constante. Las milicias irrumpían repetidamente en la parroquia buscando a *tutsis* para exterminarlos. Insistían con una agresividad creciente en registrar cada rincón de la casa, y el pastor *Murinzi* tuvo que tomar la desesperada decisión de colocar un armario pesado frente a la puerta de dicho baño para ocultar su existencia. Ese simple mueble se convirtió en una frágil barrera entre la vida y la muerte.

Dentro de ese baño, las mujeres pasaban del terror más profundo a la ira que las consumía mientras escuchaban los gritos de las milicias afuera, los pasos retumbantes que se acercaban y las amenazas vociferadas durante los registros. Cada golpe o crujido era un recordatorio de cuán cerca estaban del peligro. Sin embargo, fue en ese pequeño cuarto donde Immaculée encontró una fortaleza interior inimaginable. A través de la oración y la meditación logró no solo sobrevivir físicamente, sino también preservar su humanidad.

Al salir, las milicias hutus habían asesinado a golpe de machete a un millón de personas en uno de los mayores genocidios de la historia. Immaculée se encontró con un escenario desolador, donde miles de cuerpos descuartizados yacían por las calles. Amigos, familiares, niños, mujeres...; nadie había quedado con vida. Pero ella respondió desde el amor. Comprendió que el odio la convertiría en una víctima más, y gracias al trabajo interior que había realizado en esos tres meses consiguió perdonar y liberarse de cualquier resentimiento.

Cuando Immaculée comparte su historia con el mundo, su objetivo no es revivir el dolor, sino despertar algo profundo en quienes la escuchan. Cada palabra que pronuncia toca las emociones de su audiencia de una manera única, casi visceral. La angustia, el asombro y la inspiración se refleja en los rostros de quienes están presentes.

El impacto emocional de su relato es tan potente que transforma corazones y mentes. La audiencia no solo escucha: siente. Y es precisamente ese sentir lo que tiene el poder de generar un cambio real.

Immaculée no solo habla del sufrimiento, sino también del perdón hacia aquellos que intentaron destruir su vida. Este mensaje, transmitido desde un lugar de auténtica vulnerabilidad y, al mismo tiempo, de un poder único, resuena profundamente y se convierte en un catalizador para la reflexión y la acción.

Despertar emociones en los demás es una herramienta poderosa de cambio, pero también de conexión, incluso de comunión. Las emociones se comparten a través de lo que decimos y cómo lo decimos. Nuestros cerebros se sintonizan y nuestros corazones empiezan a latir sincrónicamente cuando estamos sintiendo emociones parecidas.

Cuando logramos que alguien sienta y reflexione sobre cómo se está sintiendo, también conseguimos que conecte consigo misma. Y cuando hay conexión e inspiración, hay posibilidad de cambio. Las emociones son el puente entre el mensaje y la acción; son el motor que impulsa a las personas a cuestionarse, a replantear sus prejuicios y, en última instancia, a transformar su manera de ver el mundo.

Creo que nadie ha resumido esta idea mejor que la activista y escritora Maya Angelou: «*La gente olvidará lo que dijiste, la gente olvidará lo que hiciste, pero la gente nunca olvidará cómo la hiciste sentir*».

En este capítulo exploraremos cómo despertar emociones en los demás no solo transforma la manera en que perciben el mensaje, sino también cómo los motiva a actuar. Porque, al final, las emociones son las verdaderas impulsoras del cambio.

2. ¿Qué son las emociones? La ciencia detrás de lo que sentimos

Aunque este libro no pretende ser de divulgación científica, el tema de las emociones está tan mal comprendido por la mayoría de las personas que considero fundamental dedicar un espacio para aclarar a qué nos referimos cuando hablamos de emociones, sentimientos y estados emocionales. Comprender estas diferencias nos permitirá utilizarlos de manera más efectiva en el proceso de persuasión. Para ello, y aunque no hay pleno consenso, voy a intentar hablar de las teorías más extendidas sobre este complejo mundo de la mente y el cuerpo.

Las emociones son como los directores invisibles de una orquesta interna, esenciales para que todo en nuestro cuerpo y mente funcione en armonía. Según Antonio Damasio, uno de los mayores expertos en neurociencia, las emociones son patrones de respuesta biológica que evolucionaron para mejorar nuestra supervivencia y capacidad de adaptación al entorno. En otras palabras, son nuestro sistema de alarma y ajuste interno, diseñado para mantenernos con vida y funcionando.

Cuando sientes miedo, una pequeña estructura en tu cerebro con forma de almendra, llamada *amígdala*, entra en acción y evalúa la relevancia de lo que estás experimentando. En conjunto con el *hipotálamo* y el *sistema nervioso autónomo*, activan redes que liberan neurotransmisores como el *glutamato* y la *norepinefrina*, mensajeros químicos que no solo moldean tus emociones, sino que también generan respuestas físicas inmediatas.

La producción de *cortisol* aumenta, tu corazón se acelera, tus músculos se tensan y tu atención se enfoca por completo en la posible amenaza. Es como si todo tu cuerpo gritara: ¡*Alerta máxima! ¡Activa el modo defensa!*

Paralelamente, los intercambios químicos y eléctricos en el cerebro regulan la producción de otros neurotransmisores, como la dopamina y la serotonina, que influyen en los estados de ánimo. Estos pueden estimular la liberación de hormonas como el cortisol, para activar al organismo, o la oxitocina, que fomenta el vínculo y la calma. Todo esto ocurre en cuestión de segundos, como si el cerebro y el cuerpo interpretaran juntos una coreografía perfectamente sincronizada. Así, lo que llamamos emociones no son solo reacciones, sino un diálogo profundo entre tu mente y tu fisiología, recordándote que ambas están entrelazadas de forma inseparable.

Ahora bien, esas emociones que brotan inconscientemente, sin que las podamos controlar, no se quedan ahí. Cuando alcanzan nuestra consciencia (es decir, cuando nos damos cuenta de cómo nos sentimos) las llamamos *sentimientos*, según Damasio. Y es en este punto donde entra en juego nuestra capacidad de interpretación.

El sentimiento asociado al miedo surge después, cuando tu cerebro procesa esa emoción y le da un significado personal basado en el contexto y en tus experiencias previas. Es decir, mientras la *emoción* es la respuesta automática y fisiológica, el *sentimiento* es la interpretación consciente de esa respuesta. Por tanto, podríamos decir que *emociones* y *sentimientos* trabajan juntos para ayudarnos a reaccionar y entender lo que ocurre a nuestro alrededor. Y cuando esa reacción visceral alcanza tu consciencia, además tu mente le da un significado: *Claro, estoy asustado porque esa serpiente podría ser peligrosa.*

En PNL asumimos que cada persona vive y expresa las emociones y los sentimientos de manera única. Esto significa que, mientras tú ves una serpiente y puedes experimentar terror, otra persona podría sentir curiosidad o hasta fascinación. La percepción de la oscuridad es tan subjetiva como la de luz. El arte es un buen ejemplo de ello; no solo en percepción, sino también en apreciación. Y ahí radica el desafío: es casi imposible saber con certeza cómo está reaccionando nuestro interlocutor a lo que decimos o hacemos.

Entender esta singularidad es clave, especialmente cuando hablamos de persuasión, porque conecta directamente con nuestra capacidad para leer, interpretar y ajustar nuestras acciones según las señales, a menudo sutiles, que nos da la otra persona. Dicho de otro modo, no vamos a asumir nunca que sabemos lo que le sucede al otro. Es muy arriesgado y, sinceramente, ni siquiera es necesario.

De hecho, no hay ni consenso absoluto sobre cómo surgen las emociones en los seres humanos: Lisa Feldman Barrett, investigadora en psicología, sostiene que las emociones no están preprogramadas, sino que son construcciones del cerebro basadas en nuestras experiencias, el contexto y la cultura. Por otro lado, Paul Ekman argumenta que las emociones básicas, como el miedo, la tristeza y la alegría, son universales y biológicamente preprogramadas.

Aunque estas perspectivas pueden parecer opuestas, ambas tienen un fundamento. Las emociones tienen una base biológica que permite respuestas automáticas y adaptativas, pero también están moldeadas por el contexto y la experiencia individual. El propio Ekman admite que, aunque todos expresamos de un modo u otro nuestras emociones, existe algo que él llama *reglas de exhibición,* que son normas sociales y culturales que regulan cómo y cuándo mostramos nuestras emociones.

Por ejemplo, culturas como la japonesa o la británica tienden a mostrar las emociones de forma más contenida, mientras que culturas como la española o la italiana suelen expresarlas de manera más abierta.

No solo la misma situación que provoca rabia en una persona puede generar frustración en otra, sino que la misma emoción pueda ser transmitida de un modo diferente.

Lo que sí sabemos con certeza es que sentir es algo profundamente personal y subjetivo, influido tanto por nuestra biología como por las experiencias que vivimos.

Si suena todo complejo es porque lo es. Lamentablemente, no lo podemos reducir al mundo de los muñequitos de Disney que operan botones en nuestro cerebro. Es tentador, pero no nos ayudaría a persuadir mejor. Aunque útil y entretenido para niños, la realidad es mucho más compleja.

El mundo de las emociones humanas rara vez sigue una lógica matemática exacta. En lugar de una ecuación rígida donde 2 + 2 siempre es 4, se asemeja más a un cálculo flexible en el que el resultado podría ser 4, 4,2, 4,5 o incluso algo completamente distinto, dependiendo de cómo lo interpretemos o lo percibamos en un momento determinado.

Esta complejidad de matices nos permite trabajar como un pintor con una gran paleta de colores capaz de crear infinitas combinaciones que enriquecen los lienzos que creamos al hablar con los demás.

3. ¿Hay personas racionales y otras emocionales?

La sociedad es maravillosamente diversa. En el mismo mundo tenemos a personas ejecutivas voraces y sin escrúpulos, abnegados miembros de ONG o maravillosos pintores. Podría pensarse que las personas emocionales son aquellas que lo expresan o que tienen trabajos más conectados con el cuidado de los demás.

Después de trabajar personalmente con miles de personas, puedo afirmar que, aunque algunas de ellas piensen que no son emocionales, tienen los mismos frasquitos de neuroquímicos en su cerebro. Lo sé. Pensarás: *Juana o Pepe es una persona de hielo y debería acompañar a Dorothy para que el mago de Oz le ponga un corazón.* Lo puede parecer, pero es improbable.

No todo el mundo se relaciona igual con sus emociones por contextos culturales, por desarrollar estrategias adaptativas (como minimizar o evitar el contacto con sus emociones para encajar en entornos exigentes o competitivos) o por estructuras de personalidad concretas.

Expresen o no sus emociones, y las experimenten con mayor o menor intensidad, todas las personas que hemos conocido hasta ahora parecen tener emociones, salvo en casos excepcionales asociados a trastornos psicológicos graves, enfermedades neurodegenerativas avanzadas o traumas significativos que puedan alterar la capacidad de reconocer, procesar o expresar emociones. Si nuestro objetivo es persuadir, estas emociones constituyen una de las variables más relevantes a tener en cuenta.

En este momento del libro quiero aclarar algunas de las bases fundamentales para mí con las que yo estructuro mis cursos de persuasión:

1. Las personas somos inherentemente egoístas. Es decir, siempre buscamos cubrir nuestras necesidades, aunque estas sean ayudar a los demás.
2. El comportamiento humano es funcional y no sucede nada accidentalmente.
3. Cuando alguien siente que sus necesidades no se van a cubrir o no se están cubriendo, se suele producir un cambio de esos neuroquímicos que le lleva a ponerse en acción; cuando, por el contrario, siente que sus necesidades sí se van a cubrir se recupera el equilibrio.
4. Para persuadir vas a requerir siempre tener en cuenta qué mueve a las personas.
5. Las personas se alejan evitando alguna amenaza a sus necesidades o se acercan a algo que les va a cubrir dichas necesidades.

Dicho de otro modo: puedes tener todos los argumentos científicos del mundo sobre por qué debes comer tortilla de patatas, una arepa o un burrito, pero si no existe un motor emocional la persona no invertirá energía en ello, como vimos en el capítulo anterior.

Activar las emociones que impulsarán a esa persona hacia esa comida dependerá de si ya la ha probado antes (lo cual sería mucho más rápido, ya que existe un anclaje emocional) o de si al comerla se cubrirá alguna necesidad (como estrechar la amistad contigo) o se evitará que una necesidad quede insatisfecha (por ejemplo, no sentirse fuera del grupo al no comer lo mismo que los demás).

La otra gran variable que debemos tener siempre presente es que el estado emocional de una persona influye irremediablemente en su modo de pensar. Desde el punto de vista neurocientífico, las regiones cerebrales que regulan las emociones, como la *amígdala* y el sistema *límbico*, interactúan constantemente con la *corteza prefrontal*, responsable del razonamiento y la toma de decisiones.

Para bajar el nivel de tecnicismo, esto viene a ser el fenómeno tan humano de *levantarse con el pie izquierdo*.

Supongamos que es viernes y que no has dormido bien porque cenaste cochinillo asado a las once de la noche. Te levantas cansada y con dolor de cabeza (porque, además, regaste el cochinillo con jugo de uvas fermentado). El primer mensaje que ves en tu teléfono es de tu cuñada, quien espera ansiosa verte el domingo en casa de tus suegros para hablar sobre ella misma durante toda la comida, y contarte cómo ha conseguido crear el negocio de la década y cómo, ahora sí, se hará multimillonaria.

Súmale que tu sistema digestivo clama por un poco más de respeto, la jaqueca galopante y el fin de semana por delante con el domingo que te espera. Todo esto hace que tu sistema nervioso y endocrino empiecen a filtrar la realidad de un modo diferente.

Ese *tenemos que hablar* que te dijo tu jefa ayer, hoy se transforma en tu mente en*: ha descubierto que metí la pata con el cliente X y me quiere despedir.* Así que entras a la reunión con mala cara, tu jefa se da cuenta, le saltan las alarmas y empieza a preguntarte qué te pasa, lo que no hace más que confirmar lo que ya sospechabas.

¿Sigo?

Antonio Damasio lo explica con su teoría del *marcador somático*: las emociones funcionan como atajos que nos ayudan a decidir rápidamente qué es relevante para nuestra supervivencia.

Le dedico tiempo a hablar de los entresijos de la mente y, en especial, de las emociones, debido al papel secundario que tradicionalmente se les ha asignado en favor de la razón. Ponerlas en primer plano y aprender a atenderlas no solo les devuelve la importancia que merecen, sino que también te convertirá en un mejor persuasor.

Para persuadir mejor va a ser importante utilizar una distinción más que utilizamos en PNL, en este caso entre las *respuestas emocionales* inmediatas y los *estados emocionales* prolongados. Ambas cosas son útiles, pero tienen utilidades y consecuencias diferentes.

Una respuesta emocional es inmediata y automática, como el sobresalto que sentimos al escuchar un ruido fuerte. En cambio, un estado emocional es más prolongado y surge del procesamiento continuo de esa emoción inicial. Por ejemplo, estar preocupado es un estado emocional, ya que lo alimentamos con pensamientos recurrentes, como imaginar que podríamos perder el trabajo, que un bultito en el cuerpo podría ser algo serio, o que la falta de una llamada significa que nuestra pareja está con otra persona.

Una nueva conclusión ante este fenómeno es: pon atención al estado emocional en el que está la persona y evalúa si es el más adecuado para empezar tu interacción con ella, o, en caso contrario, en qué estado emocional debería estar para que estuviera más receptiva.

Este estado emocional es como el campo preparado para que siembres tus semillas, sabiendo que no te puedes permitir sembrar en medio del verano o del invierno. Lo bueno es que, a diferencia de los agricultores, tú puedes cambiar *las estaciones* de la gente.

En otras palabras, una *emoción* es una reacción breve y desencadenada por un estímulo específico, mientras que un *estado emocional* persiste porque nuestra mente sigue trabajando en ese estímulo, como un *hámster* corriendo en una rueda. La emoción puede desaparecer en pocos minutos si no es reforzada, pero el estado emocional se sostiene gracias a la atención continua que le dedicamos y la interpretación que constantemente hacemos de lo que sucede y nos sucede.

Si te has enamorado alguna vez, conocerás esa intoxicación emocional que te hace ver a la otra persona como *una diosa del Olimpo griego* donde es absolutamente e irremediablemente perfecta para ti. Le ríes todas las gracias, todo lo que hace te parece perfecto…, hasta que caes en el desamor. La misma persona puede pasar del *Olimpo* al *infierno de Dante,* aunque lo que más ha cambiado es tu química emocional.

Si alguien no consigue un objetivo importante, su respuesta emocional inicial podría ser la frustración. Esta emoción es una reacción inmediata y automática ante la percepción de un obstáculo entre la persona y sus metas. Sin embargo, si esta frustración no se gestiona adecuadamente (voy pensando que no soy lo suficientemente bueno, que alguien me ha saboteado o que me ha caído un mal de ojo gitano), puede evolucionar hacia un estado emocional más complejo, como el resentimiento, la apatía o la resignación.

Piensa en nuestro conocido Jordan Belfort, *El lobo de Wall Street.* En su versión todavía no arrepentida, era un mago de persuadir a las personas apelando a su respuesta emocional inmediata, como la excitación o la ambición. Sin embargo, una vez colgaban el teléfono las mentes de sus víctimas seguían procesando la decisión hasta que llegaba su *media na-*

ranja a casa y le empezaba a poner un poco de claridad en las consecuencias de invertir su dinero de la jubilación en unas acciones misteriosas.

En ese momento, el proceso mental y emocional podía cambiar drásticamente. Lo que inicialmente era una emoción de excitación, se transformaba en estados emocionales más complejos, como el remordimiento o la culpa.

Intentar llamar nuevamente a esa persona y querer convencerla de que compre más acciones cuando ya está en un estado de culpa sería prácticamente inútil: ese campo que se había encontrado fértil, ahora está seco y resquebrajado. Sentimientos y pensamientos están constantemente afectándose, como ya vimos en ese triángulo de los primeros capítulos, y acaban afectando a nuestras acciones.

Ahora que hemos hablado de las emociones, los sentimientos y los estados emocionales, es el momento de que empecemos a utilizarlas para una persuasión consciente.

4. ¿Cómo podemos generar emociones?

Siguiendo lo visto hasta ahora, sabemos que los seres humanos respondemos a estímulos, tomamos conciencia de ellos, los interpretamos y, gracias a nuestra mente, seguimos reflexionando sobre ciertas situaciones, lo que contribuye a mantener un estado emocional prolongado.

En este contexto, la primera pregunta que debemos hacernos es: ¿En qué estado emocional queremos que esté la otra persona? ¿Cuál sería más beneficioso para el proceso que estamos llevando a cabo?

A veces, la respuesta es evidente: si tienes delante a alguien muy preocupado o que muestra poca confianza en ti, en el proceso o en algún elemento esencial, transmitirle seguridad o tranquilidad parece el mejor enfoque. En otras ocasiones, tu conocimiento de esa persona y las experiencias previas serán suficientes para intuir por dónde proceder.

Sin embargo, hay situaciones en las que es prácticamente imposible saber con certeza qué emoción sería la más beneficiosa para ambas partes. En esos casos, no queda otra opción que adentrarnos en el terreno de la prueba y el error.

Este punto es crucial, ya que faltaría a la promesa hecha al inicio si ahora te diera la fórmula universal para que, utilizando la emoción adecuada, consigas siempre lo que deseas (o lo mejor para ambas partes o para quienes estén involucrados). La realidad es que trabajar con emociones requiere flexibilidad, observación y, en ocasiones, aceptar la incertidumbre.

Antes de explorar cómo el lenguaje nos permite generar emociones en los demás, es fundamental comprender cuál es su principal fuente: tú. No hay duda de ello, porque los seres humanos estamos diseñados para socializar y, en ese proceso, identificar tanto aliados como posibles amenazas.

Constantemente estamos leyendo nuestro entorno en busca de señales que indiquen quién puede amenazar nuestras necesidades (fisiológicas, psicológicas o sociales) y quién puede ayudarnos a satisfacerlas. Es un tema apasionante, porque no solemos pensar en el mundo dividido entre aquellos que nos hacen sentir seguros psicológicamente y aquellos que no.

Como ya te he contado, según Ekman y Porges, nuestro sistema nervioso analiza automáticamente las expresiones faciales, el tono de voz y cualquier gesto corporal para identificar sutiles indicadores de *enemigo* o *aliado*. Y como ya hemos visto antes, este proceso ocurre de manera inconsciente: cuando nos damos cuenta de lo que hemos percibido, la evaluación ya ha tenido lugar. Aunque en el ámbito del desarrollo personal se dice frecuentemente que podemos cambiar nuestras emociones, en realidad lo que podemos modificar es el sentimiento o el estado emocional asociado.

Por este motivo, y ahora que hemos aclarado estas diferencias, a partir de este punto me referiré a cada término por su nombre técnico y no según el uso común o coloquial.

Cuando expresas una emoción, puedes generar una respuesta emocional en la otra persona, pero si tu objetivo es influir con precisión en lo que ocurre, necesitas algo más que una simple reacción. Lo que realmente importa es gestionar y dirigir los estados emocionales, ya que estos tienen un impacto más profundo y sostenido en la toma de decisiones y en la interacción. Por eso, nos centraremos en comprender y trabajar los estados emocionales de manera estratégica.

Algunas personas poseen una capacidad casi magnética para irradiar buenas sensaciones. Sus expresiones, gestos y palabras no solo comunican, sino que generan un impacto que trasciende la mera interacción, logrando que quienes los rodean se sientan bien casi por ósmosis.

Ahora imagina que pudieras tener un control absoluto sobre tus estados emocionales, como si fueras un *gurú* de la India capaz de dormir sobre una cama de clavos o un *maestro Jedi* imperturbable frente a sus enemigos. ¿Es eso posible? Quizá, si vivieras aislado en un monasterio en las montañas. Pero en la vida cotidiana, con la vecina de arriba volviendo de fiesta a las tres de la mañana sin quitarse los tacones, los atascos de las siete o el chat interminable de los padres de la clase de tus hijos, mantener ese equilibrio emocional se convierte en un verdadero desafío.

Me gusta imaginarlo como si estuvieras bajando por un río. En las zonas de aguas tranquilas, probablemente, lograrás que tu canoa vaya más o menos hacia donde quieres con relativa facilidad. Sin embargo, en las zonas de aguas bravas lo más probable es que termines descendiendo como puedas, tragando agua y luchando por mantener el equilibrio.

Nuestra vida tiende a oscilar entre momentos de aguas bravas (como una queja de alguien o un conflicto inesperado) y momentos de aguas tranquilas (como una conversación relajada con un amigo), junto con toda la gama de situaciones intermedias. La clave está en aprender a navegar ambos tipos de aguas con la mayor habilidad posible.

5. Las emociones y tus niveles de estrés

¿Y cómo gestiono mejor mis estados emocionales? Para responder a esta pregunta debemos retroceder un poco y hablar de tus niveles de estrés. Este tema requiere una aclaración, ya que los conceptos relacionados con el estrés suelen confundirse. He dedicado muchas de mis conferencias a explicar esta distinción.

Las personas no *van estresadas*; lo que ocurre es que *se activan*, ya que su sistema nervioso las pone en un estado de alerta que aumenta las *revoluciones* del cuerpo, como si fuera un motor. Este proceso, completamente necesario para la supervivencia, está diseñado para situaciones puntuales. Por ejemplo, si se acerca un grupo de leonas necesitas que la sangre fluya hacia tus piernas y brazos para correr o trepar.

El problema surge cuando esta activación, pensada para momentos concretos, se mantiene durante períodos prolongados, generando un estrés en el cuerpo similar al desgaste que sufre un motor cuando se acelera continuamente. Este desgaste en el tiempo recibe el nombre de *carga alostática*, que se refiere al cansancio que acumula nuestro sistema debido a la activación constante.

Cuando nos activamos, la potencia que puede ofrecer nuestro cuerpo varía en función del nivel de activación, del mismo modo que sucede en un motor. En un estado relajado, nuestro rendimiento es bajo, pero también estamos en un nivel óptimo para recuperarnos. A medida que la activación aumenta, nuestra capacidad física y mental mejora, hasta llegar a un punto en el que, si seguimos aumentando la activación, el rendimiento comienza a disminuir. Es como apretar demasiado el acelerador: en lugar de obtener más potencia, el motor pierde eficiencia.

Si mantenemos una activación elevada de manera constante, el desgaste se acelera. Aunque reducir la intensidad de la activación pueda disminuir el ritmo de desgaste, este continuará acumulándose si no se permite una recuperación adecuada. Esta carga alostática afecta directamente a nuestra capacidad de regulación emocional, ya que, al persistir en el tiempo, debilita el *córtex prefrontal*, una región clave para la autorregulación.

Como resultado, nos volvemos menos conscientes de nuestros sentimientos, pensamientos y estados emocionales, y perdemos la capacidad de gestionarlos eficazmente.

En cualquier proceso de persuasión o negociación, esta parte fisiológica es fundamental. Si te *sobreactivas*, no solo pierdes la capacidad de regular tus emociones, sino que también envías señales no verbales que los demás perciben como una advertencia. Es como llevar un cartel luminoso en tu frente que dice: *¡Alerta! Ser humano altamente activado o agotado*. Esto dispara los sistemas de alerta de quienes te rodean.

Aunque profundizar en cómo el estrés afecta a nuestras relaciones está fuera del alcance de este libro, ten en cuenta que *ir acelerado por la vida* no solo perjudica tu capacidad de regular tus estados emocionales, sino que también actúa como una señal de peligro para los demás.

¿Qué puedes hacer? El primer paso es tomar consciencia de tus niveles de activación. Presta atención a tu respiración, la frecuencia de tus latidos y las tensiones en tu cuerpo, así como a los pensamientos que alimentan ese estado. En PNL hay herramientas que te permiten cambiar la manera en que piensas; más adelante hablaremos de cómo usarlas para influir emocionalmente en los demás. Te recordaré entonces que esas mismas técnicas puedes aplicarlas a ti mismo.

Una manera eficaz de reducir tu nivel de activación es a través de la respiración. Cambiar tu patrón respiratorio es una técnica ampliamente utilizada por personas que gestionan altos niveles de activación, como deportistas de élite, fuerzas del orden y militares, ya que afecta directamente al sistema nervioso autónomo.

Un ejercicio sencillo y eficaz es la respiración cuadrada, que consta de cuatro fases:

1. Inhala durante 3 a 5 segundos (o el tiempo que te resulte cómodo).
2. Retén el aire durante el mismo tiempo.
3. Exhala de forma lenta y controlada durante 3 a 5 segundos.
4. Mantén los pulmones vacíos durante ese mismo período.

Si además te concentras en llenar tu abdomen al respirar, conseguirás relajar el diafragma, lo que tiene un efecto calmante en tu cuerpo. Solo necesitas unos pocos minutos para notar cómo disminuye tu frecuencia cardíaca.

Es algo que me encanta demostrar en mis cursos con máquinas de *biofeedback,* que miden en tiempo real las variaciones del latido del corazón. Es fascinante ver lo fácil que podemos influir en nuestra fisiología y cómo esta está intrínsecamente ligada a nuestras emociones y a los estímulos externos.

Con un nivel de activación más bajo, estarás en mejores condiciones para centrarte en el estado emocional desde el cual quieres interactuar con la otra persona. Al hacerlo, sus *neuronas espejo* se activarán, y poco a poco su estado emocional comenzará a impregnarse del tuyo.

Proyectar tu estado emocional implica estar en paz contigo mismo, permitiéndote sentir y expresar lo que llevas dentro. Como te mencioné anteriormente, hay muchas razones que pueden facilitar o dificultar esta expresión emocional. Sin embargo, quiero adelantarte que no siempre es imprescindible poder hacerlo. Según diversas teorías psicológicas, expresar cómo te sientes es un signo de *inteligencia emocional* y, especialmente, de *seguridad psicológica.*

Lamentablemente, muchos de nosotros aprendimos, ya sea en la infancia o en la adultez, que mostrar nuestras emociones no era algo adecuado o aceptable.

Se puede persuadir sin esta variable, aunque ser capaz de sentir la emoción, dejar que aflore y encima comunicarla te hará más carismático, creíble y, además, las neuronas espejo del otro resonarán más con las tuyas, generando la respuesta emocional antes.

La persuasión es, en esencia, un juego de estados emocionales. Si permites que el estado de la otra persona te afecte ligeramente, estarás empatizando. Sin embargo, si te dejas influir demasiado podrías terminar contaminado por su estado y perder el tuyo. La clave está en gestionar este equilibrio.

Quiero hacerte tres recordatorios:

1. Resiste la idea extendida de que puedes fingir un estado emocional de manera consciente cuando realmente no lo estás sintiendo. No puedes controlar los micromovimientos de tus músculos, ni siquiera gestionar voluntariamente ciertos músculos de tu rostro.
2. Podría parecer que cuando nosotros queremos persuadir, la otra persona esté esperando ser persuadida, cuando lo más probable

es que sea justamente lo opuesto, es decir, que la otra persona también esté queriendo persuadirte de algo a ti.

3. Es fundamental que te conviertas en un observador de cómo las interacciones con otras personas afectan a tus estados emocionales y que evites caer en pensamientos como: *Me hace enfadar*, reemplazándolos por: *Me estoy enfadando por la manera en que interpreto lo que me está diciendo*. No se trata solo de ser más preciso o correcto en tu forma de expresarlo, sino de alinearte con la actitud de autoconocimiento y crecimiento personal que te estoy proponiendo. Cuanto más te observes en tus interacciones con los demás, más aprenderás sobre ti mismo y más te acercarás a convertirte en un persuasor más efectivo.

6. Gestión emocional

Como ya se expuso en el capítulo anterior, pasamos gran parte del tiempo tomando decisiones que involucran beneficios o recompensas, y peligros o amenazas. Nuestro mundo de emociones está irremediablemente influido por lo que sentimos al tomarlas. Y no solo tiene que ver con peligros o amenazas; nuestro mundo emocional es mucho más rico. Los estados emocionales también influyen en cómo nos convencemos de lo que creemos y, por tanto, en la certidumbre de que algo acabe sucediendo, lo cual es otra variable a la hora de decidir.

¿De qué estás totalmente convencido? Piensa por un momento en algo sobre lo que tengas un 100% de convicción. ¿Cómo sabes que lo estás? ¿Dónde lo sientes? No para todo el mundo es fácil tomar consciencia de esa sensación de certeza, pero típicamente se experimenta en la tripa.

Y no es casualidad: el *sistema nervioso entérico*, conocido como el *segundo cerebro*, desempeña un papel crucial en esa percepción. Este sistema, con más de 500 millones de neuronas a lo largo del tracto digestivo, procesa señales del entorno y las comunica al cerebro a través del *eje intestino-cerebro*. Esto explica por qué decisiones intuitivas o de certeza suelen ir acompañadas de sensaciones físicas en el abdomen, reforzando nuestra confianza desde un nivel neurobiológico. No es casualidad que digamos: *tener un presentimiento, sentir un nudo en el estómago, tener el estómago revuelto, notar un vuelco en el estómago, algo me dice que...* o *sentir mariposas en el estómago*.

Para generar una respuesta emocional en alguien, necesitamos un estímulo. Me encanta una frase de Richard Bandler que dice: «*Si quieres convencer a alguien, dale una experiencia».* Yo he evolucionado esta idea, adaptándola a una expresión en castellano: *Una imagen vale más que mil palabras.* Y yo digo: *Una imagen vale más que mil palabras, y una experiencia más que mil imágenes.*

En un supermercado pueden hablarte de un fantástico queso de cabra, curado durante meses en cuevas de los *Picos de Europa* por un maestro quesero de 70 años, quien ha dedicado toda su vida al arte de los hongos hasta alcanzar la perfección sublime en esta pieza de la más pura tradición cántabra.

También pueden ponerte un documental donde ves montañas majestuosas, prados verdes, cabras pastando, señores mayores con boina y, por supuesto, gente joven y atractiva sonriendo mientras disfrutan de un queso verde azulado junto a una hogaza de pan aún humeante.

O simplemente pueden dejarte probar un pedazo de ese queso.

¿Cuál crees que va a impactarte más?

Durante un tiempo me dediqué a dar clases de comunicación persuasiva en un máster para futuros prevencionistas. En el mundo de la prevención laboral son muy famosas las presentaciones llenas de fotos y vídeos de gente haciendo temeridades mientras trabaja.

Realmente, muchas de esas imágenes ponen los pelos de punta, pero, como sucede con los mensajes de *Fumar mata* y las imágenes de pulmones completamente destruidos, suelen tener poco efecto, pues nada es más potente que una experiencia directa.

Siempre les decía que, si quieres que alguien entienda el peligro de levantar mal una caja pesada, haz que lo pruebe de tres maneras diferentes, una de ellas realmente incómoda. De la misma forma, en lugar de decirle a alguien que fumar mata, haz que respire por una pajita mientras sube unas escaleras. Así podrá experimentar lo que significa una insuficiencia respiratoria.

Es complicado generar en alguien una respuesta emocional hacia algo que aún no ha experimentado. El queso puede probarlo, pero el dolor de espalda o la insuficiencia respiratoria crónica todavía no están presentes. Aunque puede haber una reacción emocional inicial, esto no implica necesariamente un estado emocional sostenido. Si no hay *hámster en la rueda*, al siguiente estímulo que surja *nuestra ardilla de la atención* pronto mirará hacia otro lado. Y allá donde va la atención, va la respuesta emocional. Por tanto, la emoción que lograste evocar se pierde fácilmente en el océano de distracciones.

Esto es fácilmente observable en los niños: si no les das el caramelo, lloran como si les hubieras arrebatado a su madre para siempre. Pero en cuanto se lo das, las sonrisas aparecen de inmediato, incluso mientras las lágrimas de cocodrilo aún resbalan por sus mejillas.

¿Magia? No, simplemente una corteza prefrontal todavía en desarrollo. Es decir, hay *ardilla*, pero todavía no hay *hámster esforzado* y, por tanto, ahí adentro no hay nadie diciendo: *esto ha sido un acto de maldad hacia un pobre niño indefenso, pero no te preocupes, que esta me la apunto, y el día que necesites algo de mí te voy a tratar con el mismo desprecio que he sentido por alguien en el que había depositado mi confianza absoluta.*

Por tanto, en esta *ingeniería persuasiva* necesitaremos dos elementos clave: intensidad y repetición. Una emoción más intensa facilita la toma de decisiones y la retención de la información. Pero, ¿qué sucede cuando quiero dejar una idea en medio de un mar de distracciones? Necesito al famoso *hámster*. Es decir, un mecanismo (en PNL se le llama *estrategia mental*) que, aunque yo no esté presente, siga generando el estado emocional deseado. Y para ello necesito volver al comportamiento humano: cubrir una necesidad, alcanzar un objetivo, representaciones mentales evocadoras, tener unas creencias alineadas y, como resultado, generar el estado que estoy buscando.

Como ya te mencioné, lo más óptimo es construir con la persona, no a pesar de ella. Si entiendes qué necesidades debe cubrir y le proporcionas el mecanismo para satisfacerlas, no tendrás que repetirle una y otra vez el estímulo. En otras palabras, en lugar de ofrecerle un *alivio sintomático para un proceso gripal*, le enseñas a su sistema inmunológico qué debe atacar y lo fortaleces.

Pero, ¿cómo lograr que alguien siga motivado, esperanzado o satisfecho incluso cuando tú no estés presente?

- **Motivación:**

Piensa en todas las personas que ya te admiran. No es casualidad que tantas veces te hayan dicho lo valioso que eres en lo que haces. Ahora imagina lo que pasará cuando logres tu objetivo: esa admiración no solo seguirá ahí, sino que crecerá. Serás una referencia para otros y un ejemplo de lo que significa superar retos y lograr lo que uno se propone.

- **Seguridad:**

Recuerda cómo al principio de cada nuevo desafío siempre hubo un momento de duda, pero poco a poco fuiste sintiéndote más seguro. En tu nuevo puesto pasará lo mismo. Al principio habrá incertidumbre, pero con el tiempo y tu experiencia la confianza llegará. Y lo más importante: no estás solo. Cuando necesites apoyo, aquí estaré para ayudarte a salir adelante.

Cuando las personas ven que sus necesidades serán satisfechas de forma consistente y autónoma, su compromiso y confianza aumentan, y la persuasión deja de ser un esfuerzo constante para convertirse en una guía natural.

La PNL es la herramienta más poderosa que conozco para construir estos mecanismos donde cubrimos necesidades, vamos al pasado a buscar recursos y los enfocamos al futuro. Vayamos paso a paso.

7. La botica de la abuela (de las emociones)

Todos nosotros poseemos un vasto repositorio de experiencias vividas que actúan como un banco de respuestas emocionales almacenadas. Este sistema puede entenderse como una especie de *botica de la abuela*, con frasquitos de diferentes colores y sabores que contienen emociones y sensaciones asociadas a situaciones pasadas y a la que llamamos *memoria experiencial*, constituida por la *memoria episódica*, encargada de almacenar eventos específicos, y la *memoria emocional*, que guarda las emociones asociadas a esos eventos.

¿Te acuerdas de tu primer beso? ¿Del día en que acabaste la escuela? ¿De las comidas de la abuela?

Cada sonrisa de esa persona amada, cada atardecer con la mirada perdida en el horizonte, cada cena entre risas de amigos, se ha quedado almacenada como un precioso elixir esperando ser abierto.

Si llevamos a la persona a que pueda volver a abrir esos frasquitos, volverá instantáneamente a ese pasado lleno de aromas, sabores, palabras y, especialmente, emociones. Y eso podemos conseguirlo utilizando preguntas o directamente con órdenes sutiles.

Las preguntas son poderosas porque dirigen la atención de la persona hacia experiencias pasadas, conectándonos con nuestra *memoria experiencial*. Es algo inevitable: si alguien te pregunta qué estabas haciendo ayer, inevitablemente tu memoria se pondrá en marcha y acabarás generando una respuesta emocional.

Aquí tienes cuatro ejemplos que puedes usar para activar esos frasquitos emocionales:

1. **Para generar calma:**

    ¿Cuándo fue la última vez que te sentiste segura y tranquila mientras trabajabas? ¿Dónde estabas y qué estabas haciendo?

2. **Para despertar orgullo:**

    ¿Puedes pensar en una ocasión en la que lograste algo importante y te sentiste increíblemente satisfecho contigo mismo? ¿Qué pasó exactamente?

3. **Para evocar felicidad:**

    ¿Hay algún recuerdo de una risa contagiosa que compartiste con alguien especial? ¿Qué fue lo que la desencadenó?

4. **Para generar confianza:**

    ¿Qué has comprado en tu vida sin dudar ni un momento, sabiendo que tomabas la decisión correcta?

En ocasiones, en lugar de preguntar, una instrucción clara puede ser más eficaz. Aquí tienes cuatro ejemplos de cómo dar órdenes que guíen a la persona hacia un recuerdo emocional:

1. **Para generar motivación:**

    Cierra los ojos ahora y piensa en alguna vez en la que lograste superar algo que parecía imposible. Deja que esa sensación te invada.

2. **Para despertar gratitud:**

    Si te apetece, piensa en un momento en el que alguien hizo algo por ti que te marcó profundamente.

3. **Para activar alegría:**

    Recuerda la última vez que te sentiste realmente feliz, como si nada pudiera ir mal. Déjate llevar por esa sensación.

4. **Para evocar seguridad:**

    Busca en tu memoria un instante en el que te sentiste completamente protegido y tranquilo. Permite que esa emoción fluya por todo tu cuerpo.

También lo puedes hacer conversacionalmente:

1. **En management:**

   Recuerdo que el año pasado tuvimos un desafío similar y consegui-mos un resultado excelente. ¿Alguien recuerda los puntos clave de ese proceso que podamos replicar ahora?

2. **Preparando a alguien para una presentación:**

   Quiero que pienses en un momento en el que presentaste tus ideas y recibiste un feedback muy positivo. Trae a tu mente esa seguridad y deja que se refleje mientras avanzamos con esto.

3. **Haciendo *coaching*:**

   Sé que ahora puedes sentir presión, pero piensa en un momento en el que lideraste con éxito una situación compleja. ¿Qué herramientas usaste entonces que podrían servirte ahora?

4. **En ventas o negociaciones:**

   Recuerda una ocasión en la que conectaste rápidamente con un cliente y construiste una relación de confianza. ¿Qué hiciste diferente esa vez? Tráelo a esta conversación.

5. **En pareja:**

   Sé que últimamente hemos tenido días complicados y que no siem-pre nos entendemos como quisiéramos. Pero, ¿recuerdas aquella vez que nos fuimos de viaje sin planearlo demasiado, solo con ganas de estar juntos? ¿Cómo nos reímos con cada cosa que salía mal y acabábamos solucionándolo? ¿Qué es lo que más te viene a la mente de ese momen-to?

Como ya se ha adelantado, recuerda que tú también tienes los mis-mos frasquitos atesorados y que puedes utilizarlos para cambiar tu pro-pio estado emocional siguiendo el mismo método. Es decir, buscando recuerdos de momentos que te hagan sentir como quieres sentirte y haciéndolos más vívidos. De poco sirve hablar sin sentir. Los mensajes llegan a las mentes y corazones de los demás cuando sentimos y trans-mitimos esa emoción.

8. Regreso al futuro

Si ya tienes cierta edad o simplemente eres un amante de los clásicos del cine, seguramente habrás visto *Regreso al futuro* (*Back to the Future*). En esta icónica película, Marty McFly (Michael J. Fox) viaja accidentalmente al pasado a bordo de una máquina del tiempo muy peculiar: el legendario DeLorean, con su distintiva carrocería de acero inoxidable y sus puertas de ala de gaviota. Un automóvil que no solo desafía las leyes del tiempo, sino que, al alcanzar las 88 millas por hora, deja tras de sí huellas de fuego, marcando su estela en el continuo espacio-tiempo.

Durante su aventura, Marty altera sin querer eventos clave del pasado, poniendo en peligro su propia existencia. A lo largo de la película se ve obligado a corregir esos errores, y al regresar al futuro (el punto de partida de su viaje) descubre que su realidad ha cambiado positivamente respecto a como la dejó.

Dejemos de lado, por un momento, la ironía que encierra este ejemplo, ya que, después de todo, John DeLorean utilizó la persuasión para convencer al gobierno británico de que subvencionara su fábrica de coches en Irlanda del Norte con 120 millones de libras esterlinas (el equivalente a unos 488 millones de euros actuales), un proyecto que terminó en un absoluto desastre.

Más allá de su desenlace, lo que nos interesa aquí es la importancia de poder proyectarnos en el futuro. La capacidad de imaginar escenarios por venir influye directamente en nuestras decisiones y en la forma en que nos dejamos persuadir.

No tenemos un DeLorean para movernos por el tiempo, pero sí contamos con la capacidad de proyectarnos al futuro a voluntad. Por supuesto, vivir en el presente tiene su valor, ya que nos ayuda a estar más atentos a lo que sucede a nuestro alrededor, algo imprescindible para persuadir (o conducir un vehículo de forma segura).

Sin embargo, Gustave Eiffel tuvo que imaginar la torre Eiffel frente a los Champs-Élysées y el Trocadero, y emocionarse con la idea de construirla. Del mismo modo, Michelangelo tuvo que visualizar al *David* dentro de un bloque de mármol de Carrara para dedicar tres años a esculpirlo, según él, solo *eliminando la piedra sobrante*.

Cuando ayudas a las personas a imaginar futuros en sus mentes, los proyectas hacia un lugar en el que todavía no están, pero quizá quieran llegar o evitar. De este modo, activas una red de áreas cerebrales que incluyen la *corteza prefrontal* (planificación y simulación mental), el *hipocampo* (memoria y contexto) y el *precúneo*, entre otras.

Estas áreas colaboran con el *córtex visual* para recrear imágenes internas, de un modo muy parecido a cuando procesan estímulos externos. Y justamente por este motivo, el *sistema límbico*, encargado del procesamiento emocional, genera respuestas emocionales similares a las que experimentamos ante situaciones reales.

El cerebro no distingue completamente entre la representación mental de una pizza napolitana, con su mozzarella derretida, y la experiencia real de verla delante, porque las mismas redes neuronales involucradas en la percepción y la imaginación trabajan, en ambos casos, generando estados emocionales que podemos aprovechar para motivar acciones o influir en el comportamiento.

Proyectar a alguien con la relación que sueña tener, haciendo aquello que siempre ha deseado o en las vacaciones perfectas, inspira y genera esperanza e ilusión. Es un motor de cambio y movilización de las masas. Winston Churchill, el gran político del siglo XX, mantuvo a la población británica esperanzada y unida en medio del caos de la Segunda Guerra Mundial. Sus palabras fueron la energía que hizo que, en 1940, no sucumbieran al aplastante avance del ejército alemán.

El 4 de junio de 1940, tras la evacuación de Dunkerque, donde se lograron salvar a 338.000 soldados atrapados en sus playas en solo una semana utilizando todos los barcos, barquitos y botes disponibles, el primer ministro británico pronunció ante la Cámara de los Comunes un discurso que ha pasado a la historia por su determinación y llamamiento a la resistencia.

Este discurso es comúnmente conocido como *Lucharemos en las playas*. En uno de sus pasajes más emblemáticos, Churchill declaró: «*Llegaremos hasta el final, lucharemos en Francia, lucharemos en los mares y océanos, lucharemos con creciente confianza y creciente fuerza en el aire, defenderemos nuestra isla, cualquiera que sea el costo, lucharemos en las playas, lucharemos en las pistas de aterrizaje, lucharemos en los campos y en las calles, lucharemos en las colinas; ¡nunca nos rendiremos!*».

Dicho de otro modo, los grandes persuasores saben que una de las claves para generar estados emocionales es ayudar a que las personas imaginen vívidamente aquello que sucederá y que les genere el estado emocional que buscamos. Eso sí, debe estar conectado con alcanzar sus objetivos o cubrir sus necesidades. Para lograrlo, podemos usar herramientas provenientes de la PNL.

1. Involucrar todos los sistemas representacionales

Los sistemas representacionales (VAKOG: visual, auditivo, kinestésico, olfativo y gustativo) son las formas en que percibimos e interpretamos el mundo que nos rodea. Cuantos más sentidos intervengan en una experiencia, más rica, vívida y convincente se vuelve.

Cuando activamos varios sistemas al mismo tiempo, estimulamos más áreas del cerebro, lo que intensifica la respuesta emocional. Esto significa que, cuanto más multisensorial sea un recuerdo o una visualización, más realista parecerá y más fácil será conectar con el estado emocional deseado.

- **Visual:** Describe colores, formas, movimientos o escenarios.

  - *Imagina el cielo despejado, con un azul brillante y el sol reflejándose en el agua.*

- **Auditivo:** Introduce sonidos, tonos y ritmos.

  - *Escucha el murmullo de las hojas movidas por el viento y el canto lejano de los pájaros.*

- **Kinestésico:** Incorpora sensaciones físicas o emocionales.

  - *Sientes cómo la brisa fresca acaricia tu rostro y una sensación de calma invade tu cuerpo.*

- **Olfativo:** Añade aromas que evocan emociones.

  - *El aire lleva el aroma dulce de las flores recién abiertas.*

- **Gustativo:** Incluye sabores que refuercen la experiencia.

  - *Piensa en el sabor de un café recién hecho, con ese toque perfecto de amargor y suavidad.*

2. Utilizar el presente en lugar del futuro

Hablar en presente hace que la visualización sea más inmediata y tangible, ayudando a que la mente experimente el escenario como si estuviera ocurriendo ahora.

Como el cerebro tiene esta dificultad en diferenciar entre una experiencia imaginada en tiempo presente y una vivida realmente, usar el presente activa más intensamente las áreas del cerebro relacionadas con la emoción y la acción, generando mayor impacto.

- **Evita frases como:** *Cuando lo logres, te sentirás feliz.*
- **Usa frases como:** *Ahora estás logrando tu objetivo y te sientes increíblemente feliz por ello.*

Ejemplos:

- *Tienes el contrato en tus manos, lo lees y te invade una sensación de orgullo.*
- *Estás en el escenario, escuchas los aplausos y sientes esa energía recorrer todo tu cuerpo.*
- *Mientras caminas hacia tu objetivo, notas cómo cada paso te hace más fuerte y confiado.*

3. Hablar en segunda persona (tú)

Dirigirte directamente a la persona utilizando *tú* genera una conexión personal más fuerte y hace que la experiencia se sienta dirigida específicamente a ella.

El uso de *tú* enfoca la atención del oyente en sí mismo, convirtiéndolo en el protagonista de la experiencia. Esto refuerza el impacto emocional y fomenta la identificación con lo que estás describiendo.

- **Evita frases como:** *Cuando una persona logra sus metas...*
- **Usa frases como:** *Tú estás logrando tus metas...*

Ejemplos:

- *Tú estás ahí, sintiendo el calor del momento mientras todo el mundo reconoce tu éxito.*
- *Escuchas las palabras de agradecimiento de tus colegas y sientes esa conexión auténtica con ellos.*
- *Sabes que este es el camino correcto, porque lo estás viviendo ahora mismo.*

4. Crear un lenguaje tridimensional y rico en sensaciones

El lenguaje tridimensional es aquel que recrea una escena tan vívida que parece sacada de una película, ayudando a que la persona se sumerja por completo en la experiencia.

El cerebro responde mejor a descripciones concretas y detalladas que a conceptos abstractos. Este tipo de lenguaje activa las áreas visuales, auditivas y kinestésicas, reforzando la conexión emocional y haciéndola más memorable.

- **Incluye detalles específicos:** Describe colores, texturas, sonidos, temperaturas y movimientos.
- **Hazlo dinámico:** Usa verbos activos y evita expresiones planas.

Ejemplos:

- *Ves cómo las luces iluminan suavemente la sala, escuchas el eco de los aplausos mientras tu nombre resuena en los altavoces y sientes el tacto frío del premio en tus manos.*
- *Caminas por la playa, el agua salpica tus pies, la arena tibia se amolda bajo tus pasos, y el olor a salitre te llena de energía.*
- *Sientes el sabor fresco de la primera taza de café del día mientras observas cómo los primeros rayos de sol iluminan la ciudad.*

Del mismo modo que en el anterior apartado, tú también puedes generarte estados emocionales más motivadores, de seguridad o de cualquier otro estado emocional que necesites, a través de generarte estos escenarios futuros.

9. Las necesidades no cubiertas y el miedo que generan

El miedo, ese viejo compañero que a veces sentimos en los rincones oscuros y otras en las reuniones de los lunes por la mañana, es una respuesta natural cuando percibimos una amenaza.

En la mayoría de los casos, esa amenaza no viene en forma de un león persiguiéndonos (afortunadamente), sino de algo más abstracto: la anticipación de que nuestras necesidades no serán cubiertas.

Y aquí, en el mágico mundo de la persuasión, tanto el persuasor como el persuadido llegan a la mesa cargando sus propias mochilas de miedos, expectativas y sueños rotos.

Por un lado, el persuasor teme no lograr su objetivo, quedarse con *cara de póker* o incluso estropear la relación en el proceso. Por otro lado, el persuadido está lidiando con sus propios demonios: *¿Me quieren engañar?*, *¿Voy a perder el control?* o, peor aún, *¿Qué pensarán los demás?* Así que ambos lados están atrapados en un tango emocional, con pasos que pueden acercarlos o, si no se gestionan bien, hacer que se pisen los pies mutuamente.

Antes de seguir, recuerda esto: las personas no llegan a una conversación como pizarras en blanco. Llegan con lienzos emocionales tan grandes como la *Rendición de Breda* de Velázquez, repleto de experiencias pasadas, creencias y unas cuantas cicatrices. Como dice Lisa Feldman Barrett: «*Nuestro cerebro no es un reportero imparcial; es más como un director de cine con un guion propio, editando la película de lo que sentimos y pensamos a medida que ocurre*».

Pongámoslo en un ejemplo. Estás en una reunión presentando una idea brillante. Mientras hablas, alguien te mira como si hubieras dicho que la Tierra es plana. ¿Por qué? Quizá en su *mapa* esa idea le recuerda a un cambio fallido que casi lo deja sin empleo. Otro, en cambio, sonríe con entusiasmo porque, en su agenda, tu propuesta es una oportunidad de oro.

Cada persona reacciona desde su propia narrativa, desde la interpretación que está haciendo de lo que sucede, sucederá y sucedió. Como persuasor, parte de tu función es adaptarte y gestionar estas emociones de manera que sea favorable para los dos. Si detectas miedo en el persuadido, adapta tu enfoque. Calma sus temores, valida sus preocupaciones y ajusta tu mensaje para que pase de *amenaza* a *oportunidad*.

Cuando tú persuades lideras la interacción, y con ello llega una bonita colección de miedos que pueden afectarte. Pero no te preocupes, porque conocerlos es el primer paso para desactivarlos.

Para gestionar los miedos, reconoce que tanto tú como ellos estáis sintiendo miedo, y utilízalos para conectar. Valida, tranquiliza y adapta tu mensaje. Por ejemplo:

1. **Miedo al rechazo (necesidad de afinidad):**

   Ese pensamiento de *¿y si dicen que no?* puede convertirte en un susurrador inseguro en lugar de un comunicador confiado. Te guardas ideas geniales por temor a que no gusten, como esconder un regalo porque piensas que no será suficiente. ¿El resultado? Tu mensaje se vuelve dubitativo, lleno de aclaraciones y pierde fuerza.

2. **Miedo a perder el control (necesidad de autonomía):**

   A veces sientes que necesitas dominar cada segundo de la conversación, como si fueras el director de una orquesta que no puede confiar en sus músicos. Esta necesidad de control crea rigidez, y tu audiencia percibe un diálogo rotundo, inflexible y sin espacio a la opinión de los demás.

3. **Miedo a no estar a la altura (necesidad de competencia)**:

Seguro que alguna vez has sentido terror a que te hagan la *pregunta imposible* y quedes con cara de *¿cómo era eso?* Dudas de ti mismo, intentas volcar millones de datos, ejemplos, aclaraciones, excepciones…, y todas esas dudas se contagian más rápido que un bostezo.

4. **Miedo a dañar la relación (necesidad de afinidad)**:

Quieres evitar el conflicto o la erosión de la relación. Quieres que te siga queriendo o respetando. Pasas de puntillas por los temas importantes, eres indirecto, te dejas puntos importantes por hablar, y lo que debería ser una conexión real se queda en un intercambio superficial.

5. **Miedo a ser juzgado (necesidad de ser aceptado o validado)**:

¿Te preocupa que te vean como manipulador? Bien, eso demuestra que tienes ética. El problema es que, si exageras esta cautela, puedes parecer demasiado tibio. Tu mensaje pierde claridad y contundencia, y tu audiencia puede pensar que ni tú mismo crees en lo que estás diciendo.

6. **Miedo al fracaso (necesidad de competencia)**:

Aquí está el clásico: temes no alcanzar tus metas, a no conseguir el sí, y eso te lleva a presionar demasiado, como si estuvieras vendiendo una enciclopedia puerta a puerta en pleno siglo XXI. Bombardeas con una verborrea inacabable llena de datos y argumentos, saturando a tu audiencia hasta el punto de que solo quieren salir corriendo.

Ahora, cambiemos de lado. El persuadido, tu público, también viene con su *equipaje emocional*. Su miedo puede ser tu mayor obstáculo si no lo gestionas bien. Vamos a desmenuzar esto:

1. **Miedo a ser manipulado (necesidad de autonomía)**:

Nadie quiere sentirse como un cliente de *El lobo de Wall Street*. Si perciben que tienes intenciones ocultas, su muro defensivo sube más rápido que la inflación y la conversación se convierte en un duelo de desconfianza y sospechas.

2. Miedo a perder autonomía (necesidad de control):

A la gente no le gusta que le digan qué hacer; quiere sentir que tiene el control. Si percibe que aceptar tu propuesta significa ceder su independencia, dirá *no* aunque lo que ofreces sea increíble. El rechazo será automático, incluso si tu idea le beneficia.

3. Miedo al cambio (necesidad de familiaridad):

Cambiar es incómodo, pues te sitúa en un lugar poco familiar y lleno de incertidumbre. Las personas nos aferramos al *mejor malo conocido que bueno por conocer*.

4. Miedo al error (necesidad de competencia):

Nadie quiere equivocarse porque afecta a nuestra necesidad de competencia. Se quedan atrapados en la indecisión en un estado de amenaza constante.

5. Miedo al compromiso (necesidad de autonomía):

¿Aceptar tu propuesta significa un *hasta que la muerte nos separe*? Si sienten que no hay marcha atrás, te dirán que no antes siquiera de considerar tus argumentos.

6. Miedo al juicio social (necesidad de afinidad y afiliación):

A todos nos preocupa, aunque sea un poco, el *¿qué dirán los demás?* Priorizan la opinión externa sobre lo que realmente necesitan o quieren.

En ocasiones te toparás con personas que sienten varios de estos miedos a la vez. Imagina que alguien tiene miedo al cambio, al error y al juicio social. Dale todo el control, tranquiliza y ofrece apoyo constante.

Sé que esta idea puede parecer un gran cambio, pero quiero que sepas que no tienes que decidir ahora. Tómate el tiempo que necesites, y si en algún momento tienes preguntas estoy aquí para resolverlas.

Al final, recuerda que la persuasión no es imponer; es invitar a ver el mundo desde una perspectiva diferente. Y para eso, a veces basta con un poco de empatía, un toque de humor y, por qué no, una pizca de magia.

10. Creando un espacio seguro para ambos

La clave para una persuasión efectiva no está en la lucha por el control, sino en construir un espacio de confianza donde ambas partes se sientan vistas y respetadas. Ese espacio va a ser la base para una relación sólida, donde menos palabras serán suficientes para alcanzar el objetivo.

Para ello, y como persuasor consciente, tener claros tus propios miedos, y trabajarlos, te dará la oportunidad de crecer, del mismo modo que el entender los de la otra persona y gestionarlos te convertirá no solo en un mejor persuasor sino en un auténtico agente del cambio transformador que impacta positivamente a través de sus interacciones con los demás.

Esto es lo que puedo ofrecer con la información que tengo ahora. Si hay algo que no encaja, trabajemos juntos para encontrar una solución que funcione para ambos.

Esta es solo una opción para que consideres. Tú decides si encaja contigo, y de lo contrario seguiremos explorando alternativas.

Cuando reconoces y validas los miedos y necesidades de ambos lados, la conversación se convierte en una experiencia colaborativa.

Quiero que esto sea un espacio donde ambos podamos sentirnos cómodos explorando ideas. Si algo no encaja, siéntete libre de decírmelo. Estoy aquí para escuchar y encontrar juntos lo que funcione mejor.

A veces estas conversaciones pueden sentirse un poco tensas, pero no tiene por qué ser así. Lo importante es que esto sea un diálogo donde podamos hablar con total honestidad.

Crear un espacio seguro no solo elimina barreras, sino que transforma la persuasión en una experiencia de conexión genuina. Así, en lugar de ser un enfrentamiento, se convierte en un momento de colaboración donde ambos se sienten valorados.

11. Anclajes emocionales

¿Alguna vez has escuchado una canción y de repente te has transportado a un recuerdo del pasado? ¿O has sentido una emoción específica al oler un perfume que te recuerda a alguien especial? Esto ocurre porque nuestro cerebro crea asociaciones automáticas entre un estímulo (una canción, un olor, una imagen) y una emoción. A esto se le llama *anclaje emocional*, y es una de las herramientas más poderosas de la persuasión.

Cuando entiendes cómo funcionan los anclajes emocionales, puedes utilizarlos para conectar mejor con las personas, influir en sus decisiones y ayudarles a asociar tu mensaje con emociones positivas.

Una familia de gente perfecta, sonriendo en un picnic idílico bajo el sol, amigos abrazándose en una playa al atardecer..., todo al ritmo de una melodía que te resulta imposible sacar de la cabeza. ¿Quién no ha escuchado *La chispa de la vida* o *Siente el sabor* y, de repente, se ha encontrado sonriendo? Esos segundos no solo te venden una bebida; te venden momentos, emociones, historias en las que quieres estar.

Coca-Cola no solo te muestra gente feliz; te lo hace sentir. Cada nota de la canción está diseñada para anclarte emocionalmente a esa idea de que abrir una botella de *Coca-Cola* es como abrir la puerta a un momento especial. Desde los suaves sonidos de un descorche, pasando por el burbujeo, hasta el sonido de un brindis, todos son estímulos diseñados para tocar algo profundo en ti. De repente, ya no es solo una bebida: es felicidad embotellada.

Coca-Cola ancla una emoción positiva (felicidad, unión, disfrute) y la asocia directamente con su marca. Cada vez que escuchas su música o ves una imagen similar, tu mente, casi sin darte cuenta, revive esa sensación.

Tú también puedes anclar emociones específicas en quienes interactúan contigo para persuadir de manera más efectiva, y la PNL tiene su propia tecnología para poderlo hacer. En este libro te voy a ofrecer cierta información sobre el tema; si quieres profundizar más, te invito a que te formes en PNL.

Los anclajes emocionales son herramientas poderosas que permiten asociar una emoción específica a un estímulo concreto, ya sea un objeto, una palabra, un gesto o una experiencia. Utilizados estratégicamente, transforman cualquier interacción persuasiva en una conexión más profunda y memorable.

La clave para persuadir comienza con generar primero una respuesta emocional fuerte en tu interlocutor. No se trata solo de transmitir datos o argumentos, sino de conectar emocionalmente con la persona que tienes delante. Por ejemplo, cuando presentas un producto no estás ofreciendo solo algo tangible, sino la emoción que este evoca.

Si estás vendiendo un seguro de vida, podrías decir: *Imagina la tranquilidad de saber que tu familia estará protegida pase lo que pase. Es como tener un escudo invisible que siempre los cuida.* Este tipo de imágenes ancla el mensaje en una emoción que el interlocutor valora profundamente.

Además, los anclajes funcionan mejor cuando conectan un estímulo concreto con una emoción específica, utilizando principios de condicionamiento clásico. Es decir, asocias tu propuesta con emociones positivas como seguridad, éxito o pertenencia.

Por ejemplo, si estás mostrando una casa, podrías decir: *Imagina abrir esta puerta cada tarde después del trabajo, sentir la paz de este espacio y escuchar el sonido de los árboles. Este es el lugar donde puedes construir recuerdos que duren toda la vida.* En este caso, cada elemento de la descripción se convierte en un estímulo que refuerza la conexión emocional con la propuesta.

Las historias y metáforas son también herramientas excepcionales para anclar emociones y ayudar a tu interlocutor a visualizar los beneficios de tu propuesta. Por ejemplo: *Imagina que estás organizando la fiesta de cumpleaños perfecta para tu hijo. Este servicio no es solo un catering; es la tranquilidad de saber que cada detalle estará cuidado para que tú también puedas disfrutar del momento. ¿Te imaginas la alegría en sus ojos al soplar las velas sin que tengas que preocuparte por nada?* Las historias activan la imaginación y crean una conexión emocional más intensa que los argumentos lógicos.

Repetir el estímulo emocional en diferentes momentos de la interacción refuerza su poder. Cada vez que lo haces, profundizas la asociación entre la emoción y el mensaje. Por ejemplo, en una sesión de *coaching* puedes repetir frases como: *¿Te das cuenta de lo empoderado que te sentirás cuando logres convertir este desafío en una oportunidad?* Al hacerlo, la emoción de confianza se vincula de forma consistente con el proceso que estás guiando, creando un anclaje más sólido.

Finalmente, recuerda que los mejores anclajes emocionales no solo conectan con una emoción, sino que permanecen en la memoria del persuadido. Usa gestos, palabras o incluso objetos para hacer que esa emoción resurja cuando sea necesario.

Por ejemplo, un pequeño regalo relacionado con tu propuesta puede convertirse en un anclaje físico que refuerce la experiencia emocional de la interacción. Cuando dominas los anclajes emocionales, no solo persuades; creas conexiones que transforman la percepción de tus ideas.

Una advertencia final. Si cuando alguien utiliza un tono autoritario contigo, sin saber por qué, sientes una mezcla de rabia y resistencia, es probable que ese tono te esté recordando, a nivel inconsciente, alguna experiencia pasada donde te sentiste controlado o subestimado.

Ese anclaje está dirigiendo tu respuesta sin que tú lo elijas conscientemente. Y no es solo un problema para ti. Tu interlocutor también puede estar cargando con sus propios anclajes negativos, lo que hace que la interacción sea como un campo minado emocional.

Estos anclajes negativos suelen ser tan sutiles que pasan desapercibidos. A menudo se generan en momentos de alta carga emocional, como conflictos, fracasos o situaciones de vergüenza.

Por ejemplo, imagina que de niño un profesor te gritaba cada vez que cometías un error. Ahora, cada vez que alguien usa un tono autoritario contigo, sin saber por qué, sientes rabia o te pones a la defensiva. No es la persona actual quien te molesta, sino el anclaje emocional que quedó grabado en tu memoria.

Aunque esas experiencias pueden estar enterradas en tu memoria, los anclajes siguen vivos, activándose cuando algo en el presente recuerda a ese momento. El problema es que estas respuestas automáticas pueden bloquear la comunicación, haciendo que te cierres, te pongas a la defensiva o incluso rechaces buenas ideas sin analizarlas realmente.

No te tomes las reacciones de la otra persona como algo personal, porque quizá esa mirada que interpretaste como juicio era solo su anclaje a una situación en la que se sintió criticada. O tal vez esa negativa rotunda no tiene nada que ver contigo, sino con una experiencia previa en la que alguien abusó de su confianza.

Ser consciente de que tanto tú como tu interlocutor podéis estar operando desde anclajes inconscientes es el primer paso para manejarlos. ¿Cómo? Observando tus reacciones y preguntándote: *¿Esto tiene sentido ahora, o estoy respondiendo desde algo del pasado?* Y, con tu interlocutor, usando la empatía. A veces, validar su emoción o preocupación es suficiente para desactivar un anclaje negativo y crear un espacio donde la comunicación fluya.

Recuerda: la persuasión no versa solo sobre qué dices, sino sobre cómo desactivas las barreras emocionales que pueden estar interfiriendo. Los anclajes negativos no tienen por qué ser una trampa eterna. Una vez que los reconoces, puedes empezar a cambiarlos y, de paso, ayudar a los demás a hacer lo mismo. Porque, al final, la clave está en construir conexiones, no en quedarse atrapado en viejas cadenas invisibles.

12. Persuadir desde la congruencia

Como ya se explicó en el capítulo anterior, los valores son aquello que para nosotros tiene un valor emocionalmente relevante. Cada uno puede tener los suyos, pero lo que sucede en todos los casos es que, por definición, si tienes un valor es porque algo te importa.

Las creencias nos hablan de cómo le otorgamos significado a lo que nos sucede, cómo generamos reglas sobre el funcionamiento del mundo. Por el contrario, los valores nos hablan de aquello que nos mueve.

Si para mí es importante la sinceridad, mi comportamiento me llevará a decir la verdad y a buscar que me la digan, y me sentiré mal si tengo que decir una mentira o descubro que me la han dicho.

Podríamos decir, sin mucho temor a equivocarnos, que los valores conforman nuestro sistema personal de navegación por la vida. Los valores nos mueven porque buscamos la congruencia, haciendo que se cumplan, y evitamos la incongruencia cuando no se cumplen, de un modo similar como sucede con las necesidades.

Tus valores (o principios) pueden haberse desarrollado a través de estar con tus familiares, de leer libros, ver películas, formar parte de una comunidad o por el conjunto de experiencias vividas en tu vida.

Las creencias y los valores están interconectados, y escuchando lo que expresa tu interlocutor puedes descubrir sus valores. Lo más evidente es que la persona dijera: *Para mí lo más importante es la salud*. Pero lo que las personas hacemos a veces es expresar nuestros valores a través de lo que creemos: *Yo creo que todos deberíamos cuidarnos más. No me gusta ver cómo comes comida basura, deberías ponerte en forma para prevenir enfermedades*. En ninguna de estas expresiones aparece el valor directamente, pero si escuchas tres o cuatro de estas creencias puedes empezar a calcular el valor detrás.

Apelar a los valores de las personas es un atajo a sus emociones. ¿Cómo sabes que valoras la amistad? Seguramente porque te sientes mejor cuando alguien te ayuda cuando lo necesitas, te guarda un secreto, te escucha en tus malos momentos o te invita a comer. Fíjate que los valores se acaban transformando siempre en conductas (hablar, ayudar, escuchar, invitar).

A través de sus acciones y expresiones puedes calcular los valores de alguien (sin estar del todo seguro a no ser que los exprese literalmente). Si conectas con dichos valores, esa química aparecerá en forma de oxitocina y la persona se sentirá más en conexión contigo y tú con ella.

Si, además de conectar con los valores de tu interlocutor, logras vincularlos con aquello de lo que quieres convencerlo, el impacto emocional será aún mayor. Por otro lado, si le haces ver que ignorar tu propuesta lo alejaría de sus propios valores, generará una sensación de incongruencia interna que puede impulsarlo a reconsiderar su postura.

La mayoría de las personas buscan coherencia entre lo que creen y lo que hacen, por lo que resaltar esa disonancia puede ser una poderosa herramienta persuasiva.

Para llevarlo a cabo, una vez más, necesitamos recurrir a generar experiencias a la persona (demostrar el valor de lo que hablamos a la otra persona) o a generar representaciones mentales donde aparezcan en forma de conducta estos valores. Es decir, en crear en su mente las conductas que se relacionan con el valor.

Este punto es siempre algo que intento recalcar en cursos y charlas: si quieres demostrar que para ti es importante la puntualidad, no hables mucho de ello y llega a la hora. Recuerda: una imagen vale más que mil palabras, pero una experiencia vale más que mil imágenes.

Si lo hacemos a través de las palabras, luego se trata de plasmar el valor en aquello que decimos en forma de creencias o conductas. Por ejemplo, si apelamos a la sinceridad podríamos decir algo así como: *Es importante que sepas que lo que estoy expresando es totalmente cierto, por el respeto y consideración que tengo. No creo que podamos sentar unas bases de trabajo si no podemos expresarnos libremente.*

Si apelamos al esfuerzo, podríamos generar un discurso diferente: *No sé si vamos a ganar o no, pero lo que sí te puedo garantizar es que cada uno de nosotros, empezando por mí, lo vamos a dejar todo en el campo, porque no hay nada más importante que saber que, pase lo que pase, hemos dejado hasta la última gota de sudor.*

Igual se podría hacer al revés: *Si no nos podemos hablar con sinceridad, no sé qué tipo de relación profesional vamos a poder tener. No quiero que estemos en un ambiente donde no estemos seguros de lo que piensa el otro cada vez que tengamos delante un problema.*

Si perdemos y tenemos algún tipo de duda de que no lo hemos dado todo, no nos lo vamos a perdonar nunca, porque peor que perder es no haberlo intentado con todo el corazón y quedarse para siempre con la duda de lo que hubiera pasado.

En definitiva, los valores son una puerta al corazón de los demás, pero jugar con ellos es una bomba de relojería. Si no actúas desde la sinceridad y no utilizas los valores para ayudar al otro, tarde o temprano se destapará la farsa.

Igual que con las necesidades, no hace falta inventarse o crear valores. Solo se requiere descubrirlos y entenderlos como agentes movilizadores y utilizarlos con la suficiente delicadeza.

Piensa en cualquier discurso que haya perdurado a lo largo de la historia. Todos están impregnados de valores, ya sean compartidos por una sociedad o por un grupo específico de personas. Algunos de estos valores son universales, mientras que otros son más personales. Ambos pueden ser herramientas poderosas en la *persuasión consciente*.

Resumen

1. **La importancia de las emociones en la persuasión:**
   - Las emociones son respuestas biológicas esenciales que, al procesarse conscientemente, se convierten en sentimientos, influenciando cómo interpretamos y reaccionamos.
   - En la persuasión, son el motor que conecta el mensaje con la acción, generando cambios más efectivos que los argumentos racionales.

2. **Anclajes emocionales:**
   - Asociaciones entre estímulos concretos y emociones específicas que facilitan la conexión emocional y refuerzan la retención del mensaje.
   - Son herramientas clave para evocar respuestas emocionales y generar una experiencia memorable que influya en el comportamiento.

3. **Miedos y necesidades humanas en la persuasión:**
   - Tanto el persuasor como el persuadido enfrentan miedos y necesidades que afectan la interacción.
   - Identificar y gestionar estos miedos es esencial para construir confianza y superar resistencias.

4. **Creando un espacio seguro:**
   - Una persuasión efectiva requiere un entorno de confianza y respeto mutuo, donde las emociones y necesidades de ambas partes sean atendidas.

5. **Gestión de estados emocionales:**
   - Los estados emocionales afectan a la manera en que las personas procesan la información y toman decisiones.
   - El persuasor debe gestionar tanto sus propios estados emocionales como los de su interlocutor para garantizar una interacción más fluida.

6. **Cultura y subjetividad emocional:**
   - Las emociones están moldeadas por experiencias, cultura y normas sociales, lo que requiere adaptarse a cada contexto para optimizar la persuasión.

7. **Proyectar estados emocionales futuros:**
   - Ayudar al persuadido a imaginar escenarios futuros positivos refuerza la conexión emocional y aumenta la motivación para actuar.

8. **Conecta con los valores:**
   - Los valores son una puerta a las emociones apelando a lo que es relevante para la otra persona. Puedes activar su congruencia o incongruencia.

Tareas

1. **Identificar anclajes emocionales:**
   - Observa cómo ciertos estímulos están vinculados a emociones específicas en las personas con las que interactúas.

2. **Gestionar miedos en la persuasión:**
   - Reflexiona sobre tus propios miedos como persuasor y trabaja en estrategias para validarlos y manejarlos durante tus interacciones.

3. **Crear un espacio seguro:**
   - Diseña tus interacciones para que ambas partes se sientan respetadas y sus necesidades sean atendidas.

4. **Practicar el uso de anclajes emocionales:**
   - Trabaja en asociar emociones positivas a tu mensaje a través de estímulos específicos que refuercen su impacto.

5. **Experimentar con estados emocionales futuros:**
   - Practica guiar a las personas hacia la visualización de escenarios futuros que generen emociones positivas y alineadas con tus objetivos persuasivos.

6. **Observar y gestionar tus estados emocionales:**
   - Antes de cualquier interacción persuasiva, toma consciencia de tu estado emocional y utiliza técnicas para equilibrarte.

7. **Adaptar tu comunicación al contexto cultural y emocional:**
   - Ajusta tu estilo persuasivo considerando las normas culturales y las experiencias emocionales de tu interlocutor.

8
APRENDE A CAMBIAR CREENCIAS

1. ¿Dios juega a los dados con el Universo?

Isaac Newton nació en 1643, en un pequeño rincón rural de Inglaterra llamado Woolsthorpe. Hijo de un granjero, cualquiera habría pensado que su vida estaría destinada al trabajo en el campo. Pero no. Newton era introvertido y poco sociable, pero tenía algo especial: una mente brillante y una curiosidad que parecía no tener límites y que lo llevó a Cambridge, donde empezó a desafiar ideas que llevaban siglos grabadas en piedra.

En aquella época, el universo seguía siendo un gran misterio envuelto en las teorías de Aristóteles y Ptolomeo, donde la Tierra se consideraba el centro de todo. Copérnico ya había planteado que quizá el Sol era el verdadero protagonista, pero su idea no había calado del todo. René Descartes y sus teorías mecanicistas ofrecían una descripción del Universo que para muchos ya era satisfactoria.

Newton era un revolucionario del pensamiento y empezó a cuestionarse aquello que estaba establecido. Sus preguntas favoritas eran *¿por qué?* y *¿cómo?*

Fue durante la peste de 1665, mientras estaba confinado en su casa, cuando, según cuenta la leyenda, vio caer la manzana que desencadenó la pregunta: *¿Es posible que la misma fuerza que hace caer esta manzana también mantenga a la Luna en su órbita?* Esa idea fue el germen de su ley de la gravitación universal, una teoría que transformaría nuestra forma de ver el cosmos.

Cuando Newton publicó sus descubrimientos en *Philosophiæ Naturalis Principia Mathematica* en 1687, el mundo científico se quedó estupefacto. En un mundo donde toda acción visible tenía una reacción visible, sus ideas sobre la gravedad como *una acción a distancia* crearon mucha resistencia. Aquello sonaba a magia y a una regresión a los tiempos de los dioses griegos.

Los seguidores del pensamiento de René Descartes, *los cartesianos*, creían en un universo mecanicista, similar a un reloj, donde una rueda dentada movía a otra, y consideraban impensable que una acción pudiera producir un efecto sin contacto directo. Pero los números se impusieron y Newton, con su precisión matemática y sus aplicaciones prácticas, terminó por imponerse.

Después de más de dos siglos en los que parecía que el Universo estaba completamente explicado, en 1905 un joven físico introvertido y de pocas palabras, Albert Einstein, publicó su *teoría de la relatividad especial*, una auténtica bomba que sacudió los cimientos del concepto de espacio y tiempo. Solo diez años después, en 1915, presentó su *teoría general de la relatividad*, que desafió la concepción newtoniana de la gravedad, redefiniéndola no como una fuerza, sino como la curvatura del espacio-tiempo.

Esta teoría no fue ampliamente reconocida ni aceptada por los científicos hasta que, en 1919, un experimento de Arthur Eddington durante un eclipse solar confirmó sus predicciones sobre la curvatura de la luz. De la noche a la mañana, Einstein se convirtió en una celebridad. Sin embargo, ni siquiera este reconocimiento logró ganarse a los científicos más conservadores, que veían sus ideas como una amenaza a su estatus en el mundo académico. En Alemania incluso fue blanco de ataques antisemitas, y su trabajo fue descalificado como *ciencia judía*.

La mayor ironía es que Einstein, el hombre que destronó la *física newtoniana*, fue a su vez uno de los mayores opositores a las nuevas ideas de su tiempo, la *física cuántica*, a pesar de ser uno de sus pioneros y ganar un premio Nobel por su trabajo sobre el *efecto fotoeléctrico*. Nunca pudo aceptar el aparente caos que mostraba esta nueva mecánica. El *principio de incertidumbre* de Heisenberg y las interpretaciones probabilísticas de *Bohr* lo sacaban de quicio. Para Einstein, el universo tenía que ser preciso y ordenado, como un reloj suizo. Su famosa frase «*Dios no juega a los dados con el universo*» resume perfectamente su postura.

Einstein mantuvo durante nada menos que 35 años su oposición hacia la mecánica cuántica y nunca aceptó la idea de un cosmos gobernado por el azar.

Quizá hayas oído la historia de que Cristóbal Colón luchó contra la ignorancia de su época, donde supuestamente predominaba la idea de que la Tierra era plana. Esta visión de Colón proviene de escritores como Washington Irving, quienes en el siglo XIX lo convirtieron en un héroe intelectual. La realidad es que durante milenios ya se había hablado de que la Tierra era esférica, y ese conocimiento nunca se perdió entre los intelectuales y estudiosos.

Lo que sí es cierto es que nadie conocía con precisión el tamaño exacto de la Tierra, aunque Eratóstenes de Cirene, hace 2.200 años, logró una estimación sorprendentemente precisa, con un margen de error de solo 700 kilómetros. Es probable que Colón desconociera el trabajo de este astrónomo griego (o que prefiriera no creerlo), ya que convenció a los Reyes Católicos de que la circunferencia terrestre no superaba los 29.000 kilómetros, en lugar de los 40.075 reales. Este error lo llevó a pensar que, navegando hacia el oeste, podría llegar a las Indias.

Los asesores científicos de los Reyes Católicos no tenían claro el plan de Colón, especialmente considerando que no era ni un navegante renombrado ni mucho menos un estudioso. Sin embargo, la posibilidad de acceder a las especias de la India sin depender de la ruta terrestre (la *ruta de la Seda*) ni de circunnavegar África (controlada por los portugueses) acabó fascinando a la reina Isabel (seguro que te acuerdas del capítulo sobre las decisiones y la importancia de las recompensas).

La idea de Colón era errónea, pero por fortuna para él y los Reyes Católicos se topó con Centroamérica, porque de otro modo habría tenido que navegar unos 19.000 kilómetros más hasta llegar a su destino real. Teniendo en cuenta que apenas lograron llegar de una pieza tras recorrer solo los 7.000 kilómetros hasta las Bahamas, la historia pudo haber sido muy diferente.

Después de este despliegue de persuasión de nuestro navegante, y a pesar de las evidencias abrumadoras de que no había llegado a las Indias, durante los 14 años que vivió después Colón nunca aceptó que estaba equivocado. Si hubiera sido menos inflexible, quizá hoy todo el continente se llamaría Columbia. Sin embargo, el nombre América honra al cartógrafo Américo Vespucio, quien sí defendió que habían descubierto un nuevo continente.

Como veremos en este capítulo, los seres humanos tenemos una necesidad innata de explicar tanto lo que nos sucede como lo que ocurre a nuestro alrededor. Desde la infancia, entender las emociones y reacciones de nuestros padres es fundamental para nosotros. Queremos saber cuándo están felices y qué los hace enfadarse, qué influye en el amor que nos brindan y, en última instancia, cómo garantizar nuestra seguridad emocional.

Estos mapas que nos creamos de la realidad son nuestras guías, pero al mismo tiempo se pueden convertir en nuestras limitaciones. La misma idea que impulsó a Newton limitó la nueva que propuso Einstein, y la de este acabó limitando a las de Heisenberg.

Necesitamos creernos esos mapas para poder tomar decisiones, pero, al mismo tiempo, un exceso de certidumbre nos rigidiza y dificulta las interacciones con los demás.

Para persuadir de manera efectiva, necesitamos herramientas que nos permitan cuestionarnos a nosotros mismos y desafiar lo que damos por cierto. Solo así podremos negociar nuevas visiones más consensuadas y, sobre todo, más útiles.

2. No rompas tu mapa, mejóralo

Todas las historias que te he contado antes nos hablan de un mapa que sustituye a otro y de las resistencias que esto genera. Cuando queremos persuadir a alguien, es probable que esa persona tenga una forma diferente de ver el mundo y que, por tanto, los dos mapas no coincidan.

Los seres humanos necesitamos que nuestros mapas mentales contengan suficientes calles, carreteras, estaciones de tren o de autobús, para sentirnos seguros navegando por el mundo. Por eso, no nos suele hacer ninguna gracia que alguien cuestione las herramientas que nos permiten sobrevivir.

En el mundo de la persuasión, muchas veces se ofrecen herramientas para imponer tu mapa sobre el del otro, como si fuera una carrera por demostrar quién es más astuto. Sin embargo, en la *persuasión consciente* buscamos algo diferente: conocer nuestro mapa y sus limitaciones, entender el mapa del otro, respetarlo y construir juntos uno más consensuado que nos lleve a los objetivos comunes.

Alguien podría pensar que, si nuestras *cartografías* de la realidad interfieren tanto, lo mejor sería no tener mapas o al menos no utilizarlos. Algo así como *llegar en blanco* a comunicarnos con alguien, llegar sin expectativas, no emitir juicios y absorber como si fuéramos una esponja.

Aunque esa idea pueda parecer tentadora, es simplemente imposible. No podemos estar frente a alguien y no interpretar lo que sucede. Es un acto reflejo, como respirar. Daniel Kahneman lo explica hablando del sistema de *pensamiento rápido*, esa parte de nuestra mente que opera de manera automática e intuitiva, evaluando constantemente nuestro entorno para tomar decisiones inmediatas.

Juzgamos e interpretamos todo el tiempo, muchas veces de manera inconsciente. Es parte de nuestra naturaleza, de cómo nuestra mente organiza el caos del mundo. Joseph LeDoux habla de cómo la *amígdala* es capaz de evaluar de forma casi instantánea si algo es seguro o peligroso, antes de que nuestra mente consciente llegue a procesarlo. Este mecanismo evolutivo, heredado de nuestros antepasados, nos permitió reaccionar rápidamente ante amenazas, aumentando nuestras posibilidades de supervivencia.

Además, nuestro cerebro no descansa ni siquiera en estado de reposo. La *red por defecto*, como explica Marcus Raichle, se activa cuando no estamos concentrados en una tarea específica, procesando información interna, reflexionando sobre el pasado o planificando el futuro.

En definitiva, no podemos apagar estos sistemas, pero sí podemos aprender a usarlos de manera más consciente gracias a nuestra *neuroplasticidad*. Esta *neuroplasticidad* del cerebro, como han descrito Pascual-Leone y sus colaboradores, nos brinda la capacidad de modificar nuestras conexiones neuronales a través de la experiencia y el aprendizaje, lo que nos permite cuestionar y reconfigurar nuestros mapas. Así, aunque no podamos evitar interpretar, sí podemos elegir cómo hacerlo y, sobre todo, decidir si mantener un mapa o ajustarlo para que sea más útil.

En mis cursos de persuasión, y de PNL en general, utilizo una frase muy conocida del experto en lenguaje Alfred Korzybski: «*El mapa no es el territorio*». Korzybski nos recuerda que lo que percibimos del mundo no es el mundo en sí, sino nuestra versión de él: ese *mapa mental* que creamos a partir de nuestras experiencias, creencias y vivencias. Y, como cualquier mapa, puede estar incompleto o distorsionado.

Aunque Korzybski acuñó la expresión y Bandler y Grinder la adoptaron en PNL, la idea es mucho más antigua. El *jainismo* hace 2.500 años, con su doctrina de la *no-absolutidad* o *anekantavada* afirmaba lo mismo: que ninguna perspectiva es completa. Es como si nos dijeran que cada persona tiene un pedazo del rompecabezas, pero nadie posee la imagen completa. Comprender esto no solo mejora nuestros juicios, sino que también fortalece nuestras relaciones y nos ayuda, de paso, a evitar unos cuantos conflictos.

Si te comunicas creyendo que tienes *la verdad* (*el territorio*), en lugar de pensar que solo tienes una interpretación de ella (*el mapa*), es probable que, en lugar de escuchar al otro, solo estés esperando tu turno para *iluminarlo* con tu verdad. En cambio, si partes de la idea de que tienes un mapa, querrás escuchar con interés para entender qué hay en el mapa del otro y buscar formas de construir juntos.

El budismo nos ofrece un ejemplo de esta idea con el concepto de *vacío* o *shunyata*, algo así como que todo lo que interpretamos carece de existencia real y que nuestras percepciones no son más que eso: percepciones. Fíjate que ninguna de estas filosofías te dice que dejes de juzgar; simplemente te invitan a reconocer que lo estás haciendo.

Piénsalo de este modo: imagina que conoces a alguien en una reunión y, sin saber de dónde exactamente, aparece una voz dentro de ti diciendo: *Esta persona es muy arrogante* o *Tiene pinta de ser un genio.* Ese juicio no es la persona real, es tu mapa mental en acción. Pero, si eres consciente de ese pensamiento, puedes detenerte un segundo y reflexionar: *¿Cómo lo sé? ¿Y si estoy equivocado? ¿Y si su aparente arrogancia es solo timidez?* Ese momento de cuestionamiento interno marca toda la diferencia y va a ser un factor clave para desarrollar una persuasión más consciente.

Para este fin, la PNL ofrece herramientas muy poderosas que no solo te permiten cuestionarte a ti mismo, sino también cuestionar a los demás.

Lo que propongo en mis cursos y charlas es muy pragmático: acepta que vas a juzgar, en lugar de pretender que puedes evitarlo. Quienes proclaman que no se debería juzgar, no se dan cuenta de que están emitiendo un juicio negativo sobre el propio acto de juzgar. Paradojas de la comunicación y el lenguaje.

Dejemos lo de *no juzgar* para los *maestros ascendidos* y enfoquémonos en algo más útil: en lugar de preguntarte si juzgas o no, obsérvate y analiza cómo lo haces. Cada juicio que emites crea percepciones y define tu experiencia del mundo. Evalúa si esas percepciones te resultan útiles o te limitan. Pensar en términos de *verdadero* o *falso* tiene poco sentido.

Este ejercicio es especialmente valioso en la *persuasión consciente*, porque te permite superar tus propias limitaciones mentales inconscientes, ampliar tu perspectiva y ser más creativo. La creatividad no es solo un acto artístico expansivo; también implica cuestionar lo establecido para abrir espacio a nuevas ideas.

Pablo Picasso, Frida Kahlo, Marcel Duchamp… Todos ellos se preguntaron por qué el arte debía ser como era en su tiempo y lo reinventaron.

Sin pensamiento crítico resulta difícil ser flexible, estar abierto al cambio y ser verdaderamente creativo. Al fin y al cabo, si ya tienes la razón, ¿por qué considerar otras ideas?

La próxima vez que te descubras juzgando a alguien o algo, recuerda: no pasa nada, es natural. Pero aprovéchalo como una oportunidad para cuestionarte. Porque cuando aprendes a ver más allá de tu mapa, es cuando realmente empiezas a navegar mejor por el territorio.

3. Cómo construimos mapas

Para poder navegar por la mente de otras personas utilizaremos un modelo derivado de las ideas de un gran lingüista y pensador, Noam Chomsky. Los creadores de la PNL (Richard Bandler y John Grinder) utilizaron este modelo como base inicial para desarrollar su trabajo.

En este modelo, las personas interactuamos con la realidad de manera experiencial. Por ejemplo, probamos una manzana roja y nos gusta. A medida que repetimos experiencias similares (comemos más manzanas rojas), creamos una generalización: *Las manzanas rojas son buenas*. Este pensamiento se refiere a todas las manzanas rojas, aunque solo hayamos comido cinco en nuestra vida. Obviamente, es imposible saber si te gustan todas las manzanas rojas del mundo.

Pero, ¿eran todas del mismo árbol? ¿Eran idénticas? Por muy parecidas que sean, cada una tendrá motas, tonos o detalles únicos. Sin embargo, nuestro cerebro elimina información que no considera relevante y se centra en las similitudes.

Ahora imagina que encuentras un manzano cargado de manzanas verdes. Para atreverte a probar esa fruta, que es diferente en color a lo que conoces, debes hacer un ejercicio de flexibilidad mental, descartando el color como criterio importante para considerarla comestible (siempre y cuando mantenga la forma de una manzana, claro).

Si no tienes mucha hambre, tal vez decidas no arriesgarte. Al fin y al cabo, no encaja con lo que tú sabes de frutas buenas o al menos comestibles. Hago un breve inciso para apuntar que, por este motivo, es impreciso hablar de *cambio de creencias* sin mencionar la toma de decisiones.

Fíjate que, delante de la incertidumbre, es esperable que valoremos los riesgos y beneficios de la acción. Si no tienes una gran necesidad de comer, la incertidumbre que te genera esa fruta diferente y los riesgos que conlleva comérsela quizá no te compensen el probar si es lo mismo.

Al fin y al cabo, si Isabel la Católica se dejó convencer por Colón, fue porque la posibilidad de descubrir una ruta que le proporcionara las *especias de Oriente* sin tener que lidiar con los portugueses era tan tentadora que, aunque las ideas de este señor fueran poco creíbles, le resultaron convenientes.

Y es precisamente por esta razón que primero te he hablado de toma de decisiones y ahora de mapas mentales.

Sin embargo, si tienes hambre o curiosidad probablemente te arriesgues, quitando el criterio del color de en medio y adaptando tu mapa mental para incluir esta nueva experiencia, creando un nuevo mapa más general llamado *me gustan las manzanas*.

En PNL, hablar de creencias como algo estático, almacenado en un rincón del cerebro como una grapadora o una caja de clips, no tiene sentido. Nosotros no concebimos las creencias como *objetos guardados en un cajón*, esperando a ser usadas, sino como parte de una mente en constante interacción con el entorno, ajustando y validando sus mapas mentales de forma dinámica.

Por ejemplo, imagina que estás convencido de que tu jefe es una mala persona. Esta idea no es estática. Cada vez que interactúas con él, obtienes nueva información (la famosa *manzana roja*) que confirma o desafía tu mapa sobre tu jefe. Cada vez que te sientes tratada injustamente por él *(más manzanas rojas)* se refuerza tu idea de lo mal jefe que es *(las manzanas rojas son buenas)*.

La mente funciona como una creadora de mapas para navegar y sobrevivir en el entorno. Algo que va a ser determinante es la necesidad de certidumbre en nuestros mapas para poder predecir qué sucederá, algo así como *si un león ruge, corre* o *si ves un babuino en un árbol, dispara una flecha*. De aquí que la función principal de nuestra mente es mantener los mapas que nos son útiles y que los podamos sentir como ciertos.

Sin embargo, no siempre es fácil determinar si es más útil reforzar el mapa o ajustarlo, especialmente porque nuestros mapas mentales nos brindan una sensación de seguridad. Nos hacen sentir que entendemos lo que sucede a nuestro alrededor, y cuestionarlos implica adentrarnos en una zona de mayor incertidumbre, algo que no siempre resulta cómodo.

Esto nos lleva, en ocasiones, a intentar viajar en metro con un mapa de líneas de autobús, convencidos de que estamos haciendo lo más adecuado. Es un poco como el chiste: Alguien va conduciendo por una carretera y escucha por la radio: *Hay un loco conduciendo en dirección contraria*, y el conductor dice: *¿Uno? ¡Todos!*

Esto se complica porque, cada vez que una predicción se cumple o encontramos información que encaja en nuestro mapa, nuestro cerebro libera *dopamina*, reforzando la sensación de certidumbre y control (algo así como un *¡sabía que tenía razón!)*, de modo que el mapa se refuerza. En cambio, cuando la información contradice nuestras creencias experimentamos *disonancia cognitiva*, lo que puede generar incomodidad.

Cuando no encaja, con un poco de suerte corregimos y aprendemos. Digo *con un poco de suerte* porque uno de los mayores obstáculos para ajustar mapas (sean propios o ajenos) es el *sesgo de confirmación*.

Por ejemplo, si estás convencido de que tu jefe es una mala persona y te llama a su despacho para ofrecerte un proyecto atractivo, automáticamente sospecharás que hay trampa. Si te felicita, pensarás que es un cínico. Si te da un aumento de sueldo, asumirás que está intentando manipularte.

Este *sesgo de confirmación* ocurre porque nuestro cerebro no procesa la realidad de manera objetiva, sino a través de filtros cognitivos. Uno de estos filtros es el *Sistema de Activación Reticular* (SAR), una red neuronal que actúa como un mecanismo de selección, priorizando la información que refuerza nuestras creencias previas y minimizando o descartando lo que las contradice.

Es decir, lo que ya creemos influye en cómo interpretamos lo que nos sucede. En lugar de evaluar cada situación con neutralidad, nuestra mente busca validar sus propios mapas mentales, evitando así la incomodidad de la disonancia cognitiva. Como resultado, muchas veces no vemos la realidad tal como es, sino tal como esperamos que sea.

En PNL, y basándonos en el trabajo de Chomsky, asumimos que construimos mapas eliminando información que no necesitamos, conectando datos y generalizándolos. Por ejemplo, si cada vez que María saluda a Pepe este le sonríe, podemos establecer una relación entre ambos eventos. Pero tal vez Pepe sonría simplemente por cortesía o realmente es que le gusta María. Sin embargo, en mi mente conecto el saludo y la sonrisa, descartando cualquier otra explicación.

Este mapa mental es más simple que considerar factores como la educación o los sentimientos de Pepe. Nuestros mapas tienden a ser eficientes porque, a veces, un mapa básico (como una de las líneas de metro) es suficiente para movernos por una ciudad; no necesitamos todo el callejero. El problema viene al cambiar de ciudad o cuando hay huelga de conductores de metro.

Como mencioné antes, si mi mapa y tu mapa son simples y coinciden, no hay necesidad de persuasión. Si ambos creemos que comer vegano es saludable, decidir ir a un restaurante vegano será fácil, pero si uno es amante de los asados argentinos será bastante más complicado.

Sin embargo, resultará muy difícil que dos hinchas de dos equipos de fútbol se pongan de acuerdo, porque en general sus mapas sobre este deporte suelen ser simplificados o hasta binarios (cuidado: no digo que los hinchas sean simples o binarios, hablo de sus mapas sobre los equipos de fútbol), lo que puede concluir en un: *Mi equipo es mejor que el tuyo.* Los mapas binarios son imprescindibles en una guerra. Para disparar a alguien no puedes estar pensando que el otro quizá sea bueno y seguramente lo hayan reclutado a la fuerza. Tienes que pensar en blancos y negros: *Nosotros somos los buenos y ellos los malos.*

El arte de descubrir cómo el otro elimina y adapta la información es fundamental, ya que cualquier intento de ofrecerle datos nuevos, argumentos o ejemplos puede ser rechazado o alterado para mantener su mapa existente.

Un persuasor consciente busca descubrir y transformar el mapa del otro, pero sabe que, por el camino, su propio mapa quedará irremediablemente alterado por este proceso. Querer cambiar sin ser cambiado me vuelve a llevar a la cita de JFK: *Yo no negocio con los que dicen: «lo tuyo es negociable pero lo mío no».*

Por eso, confiar en uno mismo es fundamental. Siempre digo que hay que tener una gran seguridad en uno mismo para atreverse a dudar de lo que uno piensa. Al mismo tiempo, es esencial generar un entorno de confianza, comprender cómo se siente la otra persona y cómo toma decisiones, para luego adentrarse en su mapa mental y trabajar con él.

4. Las ardillas están por todas partes

La habitación del hospital está en silencio, salvo por los murmullos de los pacientes y el ruido amortiguado de pasos en el pasillo. Patch observa a su compañero de cuarto, Rudy, sentado en su cama con una expresión tensa y los ojos desorbitados por el miedo.

—*Rudy, para. Me estás poniendo nervioso* —le regaña Patch.

—*Tengo que ir al baño* —dice Rudy, señalando la puerta del servicio.

—*Pues ve. Está ahí, a cinco metros de ti* —responde Patch.

—*Lo haría, pero…* —balbucea Rudy.

—*Pero, ¿qué?* —insiste Patch.

—*Las ardillas* —responde Rudy, resignado, señalando hacia el suelo.

Patch frunce el ceño, escanea la habitación como si buscara algo y pregunta:

—*¿Cuántas hay ahora?*

—*Solo hay una* —dice Rudy, evaluando la situación con nerviosismo—. *¿Y si me bajo de la cama? ¿Llamará a las otras?*

—*Oh, Rudy, no es para tanto. Solo son ardillas.*

—*Sí, ardillas, pero no son como tú crees.*

—*Rudy, las ardillas son las criaturas más simpáticas del planeta.*

—*¡Oh, no, no lo son!*

—*En la lista de depredadores están justo antes del final, solo por encima de los pollitos y las babosas.*

—*¿Qué podrían querer de ti? ¿Tus avellanas?* —pregunta Patch, incrédulo.
—*¿Crees que es eso?* —susurra Rudy, horrorizado.
Patch se levanta con determinación.
—*Vamos, te acompañaré.*
Rudy lo observa con aprensión, mientras Patch se mueve hacia la puerta del baño.
—*¡No te muevas! ¡Cuidado!* —grita Rudy, señalando hacia los pies de la cama—. *¡Hay otra! Está sobre la barra, ¡va a saltar!*
Patch se hace una pistola con la mano y dispara a la supuesta ardilla.
—*¡Allí hay otra! ¡Al extremo de la cama, junto a la puerta!* —grita Rudy mientras Patch simula protegerse dramáticamente—. *¡La que estaba en el baño está saliendo!*
—*¡Dispara, dispara!* —grita Rudy, sudando.
Patch convierte su pistola en una ametralladora imaginaria y dice:
—*¡Construyamos un parapeto!*
Ambos comienzan a mover la cama para crear una trinchera y a disparar a todas las ardillas. Finalmente, *Patch* inspecciona la habitación y anuncia solemnemente:
—*Se han ido. Puedes ir al baño sin peligro, Rudy.*
—*¿No es muy arriesgado?* —pregunta Rudy, dudoso.
—*No, ¡no con esto!* —dice Patch, creando un bazooka imaginario.
—*¡Un bazooka!* —exclama Rudy.
—*¡Cárgalo y adelante!* —responde Patch con entusiasmo.
Patch lo dispara, y después de la explosión imaginaria Rudy corre hacia el baño mientras Patch grita:
—*¡Corre! ¡Corre!*

Este fragmento de la película *Patch Adams*, basada en la historia real del médico Hunter Doherty Adams e interpretada por Robin Williams, es un maravilloso recordatorio de algo que aprendí de Richard Bandler hace ya muchos años: por muy equivocada que esté una persona en su manera de ver el mundo, si no entras en su realidad será muy difícil cambiar su forma de pensar. Y ahí es donde entra en juego la curiosidad y tu trabajo personal para permitirte cuestionar tu mapa como real, y así permitirte entrar en el de los demás.

Seguramente te estás preguntando si realizar este ejercicio de flexibilidad mental implica dejar de ser tú mismo, renunciando a tus valores y creencias, o incluso llegar a mentir. Al fin y al cabo las ardillas no estaban en la habitación, y Patch fingía que les disparaba. Las personas con las que interactuamos a diario suelen tener mapas mentales menos alejados de los nuestros que los de Patch y Rudy. Por tanto, en la mayoría de los casos no tendrás que enfrentarte a un dilema ético por considerar y trabajar desde el mapa de la otra persona.

Una cosa es ver ardillas salir del cuarto de baño y otra es tener miedo a emprender. Si lo que buscas es un socio, pero la persona tiende a ver peligros donde tú no los ves, en vez de decirle: *¡Sé valiente! ¡Ya verás que no hay para tanto! ¡Todo va a salir bien!*, o hasta tomártelo como algo personal: *¿Es que no confías en mí?*, puedes entrar en su mapa de miedos y trabajar desde ahí, porque los miedos no existen para ti, pero sí para la otra persona: *Es lógico que te preocupe perder dinero; al fin y al cabo es tu primera vez invirtiendo. Si te parece, hablemos de qué podemos hacer para que te sientas más seguro.*

Entrar en el mapa de la otra persona no solo es una muestra de respeto y consideración, sino que te permitirá hablar el mismo idioma y la comunicación va a fluir más fácilmente, siempre y cuando puedas ser lo suficientemente flexible y creativo para salir de tu certidumbre.

Pero no todo es hablar de cómo cambiar los mapas de los demás. También es importante que te des cuenta cómo reaccionas tú a lo que los demás te contestan. La comunicación no es solo soltar discursos cargados de tu verdad. Las personas responden, nos contradicen, tienen opiniones paralelas; en definitiva, defienden su propio mapa.

Te propongo dejar de ver a los demás como agresores de tu propio mapa, como si este fuera un castillo asediado que necesitas defender de invasores. En su lugar, míralos como colaboradores que pueden ayudarte a enriquecerlo y hacerlo más completo. Lo reconozco: puede parecer una propuesta un tanto ingenua, pero, como mencioné al inicio, este libro se centra en el liderazgo personal, y eso implica asumir una perspectiva en la que el mundo se percibe como un recurso, no como una amenaza.

5. Hacer preguntas no es gratis

El paso lógico para entender el mapa de la otra persona (o cómo interpreta la realidad) es explorar, y para ello se debe cumplir una regla muy básica: tú escuchas y el otro habla. Aunque parezca obvio, es seguramente uno de los ejercicios más difíciles de llevar a cabo, por varias razones que voy a exponer.

Como ocurre en muchos otros aspectos del comportamiento humano, tendemos a reducir su complejidad a lo visible, es decir, a la conducta observable. Permíteme darte un ejemplo muy conocido para ilustrar la importancia de no quedarnos solo en lo que hacemos, sino también en los procesos que nos llevan a ello. La idea es profundizar más allá de la conducta y adentrarnos en el comportamiento en su totalidad.

El concepto de *escucha activa*, acuñado por el psicólogo Carl Rogers, es un buen ejemplo de este enfoque. Para llevarlo a cabo, normalmente se destacan tres puntos clave:

1. **Suspender el juicio:** Evitar interpretar o valorar lo que se dice desde nuestros propios filtros y prejuicios.
2. **Estar presente:** Centrarse plenamente en lo que el otro está comunicando, sin distraerse con pensamientos propios o estímulos externos.
3. **Hacer preguntas abiertas:** Estas preguntas permiten al interlocutor profundizar en su perspectiva y expresar sus ideas o emociones con mayor claridad.

Aunque, como te decía, cincuenta años después se sigue insistiendo en la idea de que es posible suspender el juicio, ya hemos visto en el punto anterior que, a mi entender, existe una aproximación diferente: no creerte al 100% tus propios juicios. Para ello necesitas la actitud crítica mencionada antes y las herramientas que enseguida veremos.

Por otro lado, fíjate que, aunque conceptos como *estar presente* y *hacer preguntas abiertas* describen *qué hacer*, no profundizan en *qué debe suceder dentro de ti* para que esa conducta surja de manera genuina. Este punto es fundamental. Vamos a leerlo en términos de motivación.

Para estar presente necesitas dirigir tu atención hacia la persona que tienes delante. Para lograrlo necesitas estar motivado, y esa motivación surge de creer que prestar atención será útil. Sin embargo, para llegar a pensar que será útil primero debes aceptar que no tienes toda la razón ni toda la información. ¿Te das cuenta? No va a servir de nada querer estar presente sin el comportamiento adecuado detrás. Lo veo constantemente con personas que saben que deben escucharte, lo intentan, pero no hay la motivación adecuada detrás.

En la misma línea, para permitir que el otro hable no es suficiente con estar en silencio (conducta); debes sentirte seguro (comportamiento). Si tu estrategia adaptativa tiende a ser hablar cuando percibes una amenaza, será difícil que escuches.

Es cierto que algunas personas, como vimos en un capítulo anterior, tienden a quedarse calladas bajo presión. Sin embargo, habitualmente utilizamos la comunicación para influir en nuestro entorno.

Sea cual sea tu tendencia, si quieres que el otro hable debes no solo guardar silencio para escuchar, sino también hacer preguntas. Pero si percibes que la situación se escapa de tu zona de influencia o avanza en una dirección que no deseas, tu sistema de alarma interno se activará, llevándote a querer reafirmarte en lugar de seguir explorando. En situaciones donde no te sientes seguro, formular preguntas puede llevar a respuestas que desafíen tu propio mapa mental. Ante esto, el impulso natural puede ser retomar el control no preguntando y hablando más.

En ese estado, es probable que hables mucho o que por el contrario te cierres en silencio, pero en ninguno de los dos casos harás preguntas estratégicas ni permitirás que el otro se exprese plenamente para que puedas obtener información valiosa.

Vuelvo a insistir en el punto: los pasos, recetas y trucos se basan en las conductas observables. Para generar una persuasión consciente, debes mirar dentro de ti y entender cómo funcionas. De otro modo intentarás aplicar recetas robotizadas, pensando que los demás son autómatas a la espera de instrucciones.

El *coaching*, en sus diversas variantes, ha popularizado el uso de las preguntas como herramienta clave para ayudar a los clientes a descubrir sus propias respuestas, en una especie de *mayéutica socrática 2.0*.

Sin embargo, lo que rara vez se analiza con suficiente profundidad son las implicaciones de hacer preguntas, ya que estas nunca son neutrales, objetivas o asépticas. En comunicación, nada lo es. Para comprenderlo mejor, una vez más vamos a sumergirnos en el comportamiento.

Las preguntas son uno de los muchos modos que tenemos de comunicarnos, junto con las órdenes, afirmaciones y negaciones. Todas estas formas de comunicación tienen algo en común: su objetivo es influir en nuestro entorno, aunque lo hagan de maneras distintas. Esto es clave, porque influir siempre responde a la necesidad de alcanzar un objetivo o satisfacer algún tipo de necesidad, aunque sea la de ayudar al otro a encontrar sus propias respuestas.

Incluso cuando formulamos una pregunta aparentemente neutra, estamos guiando la atención del otro en una dirección específica, modelando su pensamiento y abriendo nuevas posibilidades.

Las órdenes, por ejemplo, son el modo más directo de influir, y suelen proporcionar a quien las utiliza un mayor sentido de control sobre la situación. Si dices: *Cierra la puerta*, el mensaje es claro y directo, sin dar lugar a dudas o interpretaciones ambiguas.

Compáralo con decir: *La puerta está abierta* (afirmación) o *No has cerrado la puerta* (negación). Aunque detrás de estas frases podría intuirse una petición para que la puerta sea cerrada, no son explícitas y, por tanto, introducen cierto grado de ambigüedad. Este es un modo más indirecto de influir, con sus propias consecuencias.

Finalmente, tenemos las preguntas. Se ha extendido la idea de que las preguntas son un medio no intrusivo para interactuar con alguien, pero hay que recordar que, si hay comunicación, hay influencia. Las preguntas no son la excepción: son una solicitud, una forma de *orden encubierta*.

Por ejemplo: ¿*Se ha quedado la puerta abierta?* implica que estás pidiendo información sobre el estado de la puerta. O bien: ¿*Podrías cerrar la puerta?* Ambas son formas indirectas de pedir que la cierren. Sin embargo, fíjate en que alguien podría responder literalmente a la primera pregunta y decir: *Sí, se ha quedado abierta.* Y en la segunda: *Sí, puedo,* pero irse sin cerrar la puerta (porque, aunque pueda hacerlo, quizá no quiera).

Estas son lo que llamamos *preguntas cerradas*, donde las respuestas suelen ser binarias (*Sí* o *No*).

Por otro lado, las preguntas abiertas, las más enseñadas hoy en día a los futuros *coachs*, vendedores o trabajadores sociales, son extremadamente útiles, siempre y cuando sepas cuándo y cómo utilizarlas.

Estas preguntas también son una solicitud de información, pero invitan a respuestas más elaboradas y permiten explorar el mapa mental de la otra persona. Por ejemplo: ¿*Qué podrías hacer para que la puerta quedara cerrada?* o ¿*Cómo podríamos estar más calentitos aquí dentro?* ¿*Qué razones tenías para no cerrar la puerta?*

¿Son realmente tan poderosas las preguntas abiertas? Sí y no al mismo tiempo. Tal vez deberíamos preguntarle a Sócrates, creador de la famosa *mayéutica*, el método para llegar a la verdad a través de preguntas que muchos defienden. Sin embargo, desafortunadamente, murió hace más de 2.400 años y, para colmo, no dejó nada escrito.

Lo que nos queda es confiar en las interpretaciones de Platón, Jenofonte o incluso Aristóteles. Y si alguna vez has comparado las declaraciones de un político en dos periódicos de ideologías opuestas, sabrás lo fácil que es que la información se desvirtúe.

Una vez más, es fundamental que entiendas que las preguntas son una herramienta de influencia. No existen en el vacío: requieren un contexto, son utilizadas estratégicamente por el persuasor y generan un impacto en el persuadido.

Recuerda lo que dijo Mark Twain: «*Prefiero quedarme callado y parecer tonto que hablar y despejar cualquier tipo de duda*». Este es uno de los efectos que produce en los demás ser preguntados. Al hacer una pregunta abierta a un cliente, lo obligas a exponerse y, potencialmente, a equivocarse con la respuesta.

Como ya se ha dicho en capítulos previos, si preguntas pides información, aunque lo que quieras realmente sea hacer pensar al otro: *¿Cómo crees que podrías mejorar la situación actual?* Aunque esta pregunta esté diseñada para una reflexión interna, la estructura todavía requiere de una respuesta y, por tanto, de una búsqueda interna. Pensar requiere recursos energéticos y desviar la atención de otra cosa.

Le estamos pidiendo a la famosa *ardilla* que busque las nueces en un determinado árbol y, por tanto, que deje de recogerlas del suelo.

Estimado lector o lectora: las preguntas no son inocuas, pues son un acto de influencia, al dirigir la ardilla interior hacia un árbol específico. No es lo mismo preguntar: *¿Qué garantías necesitas para sentirte seguro con el trato?*, que preguntar: *¿Cómo puedo hacer que te sientas más confiado?* o *¿Qué tendría que suceder para que confiaras en el proyecto?* Mismo bosque quizá, pero árboles diferentes.

Y buscar *nueces* requiere esfuerzo y, a veces, hasta encontrarte con la desagradable sorpresa que en el hueco del tronco de tu árbol se ha instalado una familia de lechuzas. No a todo el mundo le apetece o es lo suficientemente valiente para hurgar en su mente si no hay un buen motivo para ello.

Por ello, si queremos que la persona, al hacerle una pregunta, busque a fondo de verdad, y no solo lo parezca (desgraciadamente, tú no puedes ver cómo la ardilla salta de árbol en árbol, solo esperar que suceda), debe estar motivada para ello.

Las preguntas abiertas requieren motivación y seguridad. Si yo no me siento seguro contigo, ¿por qué te voy a dar mis *nueces*? De ahí la quinta enmienda y los derechos del acusado. ¿Recuerdas? *Todo lo que diga será utilizado en su contra…*

Por ello, es importante generar el contexto de seguridad y enfocar las preguntas para que la persona las quiera responder. No es lo mismo decir: *¿Cuánto quieres gastarte este verano?* que decir: *¿Cuánto estarías dispuesto a invertir para tener las mejores vacaciones de tu vida?* No es lo mismo decir: *¿Cuál es tu restaurante favorito?* que decir: *¿Dónde quieres ir a disfrutar de una cena juntos hoy?*

Y, por último, una nota para ti como persuasor: hacer preguntas genera una sensación de menos control que ordenar o afirmar (o negar), porque deja a la persona la posibilidad de dar múltiples respuestas.

Somos nosotros los primeros que empezamos pidiendo a la *ardilla* que busque en los árboles, pero cuando no regresa, o lo hace con una castaña, nos empezamos a impacientar (frustración por no obtener el resultado esperado) y ya le decimos a la *ardilla* dónde mirar (pregunta cerrada), o simplemente le damos nosotros una nuez (argumentamos) o nos ponemos más nerviosos, llegando a agarrarla directamente por el pescuezo para que las vea delante suyo (ordenamos).

Hay momentos para todo. En medio de una emergencia quizá se tenga que actuar con decisión y directividad (en vez de preguntar por las opciones que ve nuestro rescatado para salvarse), y toca decirle: ¡*Salta!* Otras veces necesitamos dar información para que las personas nos entiendan; por supuesto, también se pueden dar las condiciones para preguntar y esperar una respuesta.

Lo importante es que te des cuenta de lo que tiendes a hacer bajo estrés y si estás utilizando la herramienta más útil para tu fin. Recuerda que no es tanto cambiar la herramienta como cambiar primero lo que sucede dentro de ti.

6. Siembra la duda razonable para negociar

Existen dos tipos de presas de agua: las construidas con hormigón armado y las de materiales apilados. Probablemente de las segundas no hayas oído hablar mucho, pero en España una de ellas se hizo muy famosa: la de Aznalcóllar (Sevilla).

Estas presas suelen ser temporales, y por dicho motivo se construyen simplemente apilando tierra, rodeada de un material impermeable. Esta estructura es suficiente para contener los residuos de una mina, pero tiene un gran problema: si el agua logra infiltrarse más allá de la capa impermeable, la tierra, al solo estar compactada, comienza a ser arrastrada. Lo que empieza como un pequeño hilo de agua puede terminar socavando la estructura y provocando el colapso total de la presa.

Esto sucedió el 25 de abril de 1998 y provocó una de las catástrofes ecológicas más grandes de la historia de España, al verter seis millones de metros cúbicos de lodos tóxicos y aguas contaminadas en el río Guadiamar, amenazando el Parque Nacional de Doñana.

Cuando tu interlocutor está completamente seguro de lo que piensa, te enfrentas a una pared impermeable. Para poder influir, necesitas encontrar una fisura por donde pueda filtrarse la duda y, a partir de ahí, trabajar para que esa grieta se expanda gradualmente. Se trata de generar una *duda razonable* sobre su forma de pensar, para que se dé cuenta de que lo que percibe no es la realidad absoluta, sino simplemente su mapa de ella.

El *principio de duda razonable* establece que un acusado solo puede ser declarado culpable si su culpabilidad se prueba más allá de toda duda razonable. En otras palabras, si al concluir el juicio aún persiste una duda razonable sobre su responsabilidad en el delito, el tribunal está obligado a dictar una sentencia absolutoria.

Te propongo trabajar como los abogados de la defensa.

Para ello, utilizaremos el pensamiento crítico como base para formular preguntas y nos apoyaremos en el *metamodelo del lenguaje,* un modelo lingüístico desarrollado por John Grinder y Richard Bandler y ampliamente utilizado en PNL.

Este *metamodelo* identifica tres procesos fundamentales en la creación de nuestros mapas mentales y que te he explicado con el ejemplo de las manzanas: *eliminación*, *distorsión* y *generalización.* Cada uno de estos procesos se manifiesta en patrones de lenguaje específicos, que emplearemos para estructurar preguntas que fomenten el pensamiento crítico.

El estudio del pensamiento crítico es una herramienta que se remonta a miles de años, aunque aquí utilizaremos la propuesta de Richard Paul y Linda Elder, la cual contiene cuatro etapas:

1. **Cuestionar lo establecido:** Analiza las suposiciones implícitas en cualquier idea o argumento.
2. **Poner en duda la fuente:** Evalúa la credibilidad y posibles sesgos de las fuentes.
3. **Cuestionar la lógica:** Verifica la coherencia interna del razonamiento y detecta falacias.
4. **Recabar más información:** Busca profundidad y considera diversas perspectivas para conclusiones sólidas.

Nivel 1. Cuestionar lo establecido

Empecemos con lo que es la herramienta más útil para generar esta duda razonable. Es algo que hacemos cada día literalmente miles de veces de un modo totalmente inconsciente. Traerlo a la consciencia y practicarlo te va a hacer mejor cuestionador y, por supuesto, mejor persuasor.

Cuando alguien expresa una creencia, muchas veces lo hace con presuposiciones implícitas en ella que limitan sus posibilidades, porque las asume como ciertas y desafiarlas permite sembrar la duda razonable y abrir nuevas perspectivas.

Vamos a ver algunos ejemplos de presuposiciones.

1. **Presuposiciones de existencia**
   Estas asumen que algo o alguien existe.

   1. *Ellos quieren ser los mejores* (se presupone que existen *ellos* y *otros* con quienes compararse).
   2. *El problema está en el equipo de ventas* (se presupone que hay un problema y un equipo de ventas).

   Cómo desafiar:

   - ¿Quiénes son *ellos*? ¿Qué significa *los mejores*?
   - ¿Qué evidencia tienes de que existe un problema o que está solo en el equipo de ventas?

2. **Presuposiciones de relación**
   Asumen una conexión entre dos conceptos.

   1. *Si sigues haciendo eso te llevará a cometer errores* (se presupone que la acción y el resultado están relacionados).
   2. *Cuando aumentemos el presupuesto conseguiremos mejores resultados* (se presupone que más dinero está relacionado con mejores resultados).

   Cómo desafiar:

   - ¿Qué pruebas tienes de que esa acción siempre lleva a ese resultado?
   - ¿Cómo sabes que aumentar el presupuesto producirá cambios significativos?

3. **Presuposiciones de posibilidad**
   Asumen que algo puede suceder o hacerse.

   1. *Podríamos mejorar el proceso si contratáramos más personal* (se presupone que contratar más personal es factible).
   2. *No puedo organizar mi tiempo de manera más eficiente* (se presupone que la organización del tiempo es posible y que no es posible hacerlo aún mejor).

   Cómo desafiar:

   - ¿Qué te hace pensar que contratar más personal es la solución más viable?

- ¿Cómo sabes que no hay otros modos de organizar tu tiempo?

4. Presuposiciones de evaluación

Establecen juicios de valor con base en una escala (propia o externa).

1. *No eres un buen líder* (se presupone que hay una escala para medir qué es ser un buen líder).
2. *Este es el mejor plan que podemos hacer* (se presupone un modo de medir y, además, que no hay mejores alternativas).

Cómo desafiar:

- ¿Qué significa *ser un buen líder* según tú?
- ¿Qué criterios usaste para decidir que este es el mejor plan?

5. Presuposiciones de predictibilidad

Combinan otras presuposiciones, como temporalidad e invariabilidad, prediciendo el futuro con base en patrones fijos.

1. *Nunca voy a conseguir ese ascenso* (se presupone que el patrón es fijo y que lo que ha pasado seguirá sucediendo y no se puede cambiar).
2. *Esto siempre termina mal* (se presupone que el resultado será invariablemente negativo).

Cómo desafiar:

- ¿Qué evidencia tienes de que no puedes influir en el resultado?
- ¿Qué podrías hacer diferente esta vez para que termine de otra manera?

Vamos a ver algunos ejemplos prácticos:

Un empleado dice: *Nunca podré mejorar mi desempeño porque el sistema de trabajo es demasiado rígido.*

- **Presuposición de predictibilidad:** El sistema siempre será rígido, y no hay margen para mejorar.

- **Cómo desafiar:**

  - *¿Qué partes del sistema crees que son rígidas? ¿Hay algo que puedas hacer dentro de las reglas actuales para influir positivamente en tu desempeño?*
  - *¿Qué pasaría si pudieras identificar una estrategia diferente para adaptarte al sistema?*

Tu amigo dice: *Mi relación siempre termina en discusiones, nunca vamos a estar bien.*

- **Presuposición de temporalidad y predictibilidad:** Las discusiones siempre han sucedido y continuarán ocurriendo.
- **Cómo desafiar:**

  - *¿Qué hace que creas que siempre va a ser así? ¿Hubo momentos en los que las cosas iban mejor?*
  - *¿Qué cambios podrías hacer tú para intentar que las discusiones no escalen?*

Identificar las presuposiciones implícitas y desafiarlas permite abrir la puerta a nuevas posibilidades. Estas preguntas no atacan directamente las creencias, sino que invitan a la reflexión, sembrando dudas razonables que enriquecen el mapa mental de tu interlocutor.

Si no funcionara, siempre puedes actuar en los siguientes dos niveles de pensamiento crítico.

7. Siempre hay otros mapas

Tanto si la persona ya empieza a abrirse, como si todavía sigue enrocada en su idea, los siguientes dos niveles del pensamiento crítico nos ofrecen herramientas prácticas para explorar mejor su mapa, cuestionarlo y abrirlo a nuevas opciones. Después de haber trabajado con el primer nivel, *cuestionar lo establecido*, a continuación trabajaremos con el autor de las ideas (nivel 2) y con las estructuras internas de significado (nivel 3), utilizando preguntas estratégicas para profundizar en cada caso.

Nivel 2. Poner en duda el autor de las ideas

Muchas veces, una creencia está anclada a la figura de un autor ausente, alguien cuya influencia puede no ser cuestionada. Identificar y desafiar a este autor es clave para debilitar la creencia y abrir nuevas perspectivas.

Ejemplo típico:

Siempre he sabido que soy malo en matemáticas.
(El autor puede ser un maestro, un familiar o incluso la propia repetición interna de la persona).

Cómo abordar este nivel:

1. **Explorar al autor:**

   - ¿Quién te lo dijo por primera vez?
   - ¿Cuán tan confiable o preciso era su juicio en ese momento?

2. **Desafiar al autor:**

   - ¿Crees que esa persona veía todas tus capacidades, o solo una parte?
   - ¿Qué pasaría si esa opinión estuviera equivocada o desactualizada?

3. **Crear nuevas opciones:**

   - ¿Qué crees que pensaría esa misma persona si viera lo que puedes hacer ahora?
   - ¿Qué te gustaría creer sobre tus habilidades en lugar de eso?

Nivel 3. Cuestionar la lógica

Las personas construyen su percepción de la realidad mediante causalidades, igualaciones y significados, generalidades, y verbos que constriñen. Estas estructuras limitan sus opciones y refuerzan creencias que pueden ser cuestionadas y transformadas.

a) **Causalidades.** Las causalidades asumen que un elemento siempre causa otro.

Ejemplo: *El estrés en el trabajo me hace infeliz.*

* **Explorar:**

  – ¿Cómo es que el estrés en el trabajo afecta a tu felicidad?
  – ¿Qué otras cosas en tu vida influyen en tu felicidad?

* **Desafiar:**

  – ¿Siempre que estás estresado eres infeliz, o hay momentos en los que manejas el estrés mejor?
  – ¿Qué crees que puedes hacer para responder al estrés de otra manera?

* **Crear nuevas opciones:**

  – ¿Qué pasaría si aprendieras a usar el estrés como una señal para priorizar lo que es importante?
  – ¿Qué otras causas podrían estar causando esa infelicidad?

b) **Igualaciones y significados.** Estas igualaciones atribuyen significados fijos a dos cosas o experiencias.

Ejemplo: *No aprobar el examen significa que soy un fracaso.*

* **Explorar:**

  – ¿Qué te hace igualar no aprobar con fracasar?
  – ¿De qué modo no aprobar lo relacionas con fracasar?

* **Desafiar:**

  – ¿En qué otras áreas de tu vida te sientes exitoso a pesar de los desafíos?
  – ¿Crees que un examen puede definir todo tu valor como persona?

- **Crear nuevas opciones:**

  - ¿Cómo podrías interpretar este resultado como una oportunidad para mejorar?
  - ¿Qué aprendizaje podrías sacar de esta experiencia?

c) **Generalidades.** Las generalidades incluyen términos como *siempre, nunca* o *todos,* que eliminan excepciones y matices.
Ejemplo: *Siempre fracaso en todo lo que hago.*

- **Explorar:**

  - ¿Qué experiencias específicas te llevan a pensar eso?
  - ¿Qué tenían esas experiencias en común más allá del resultado?

- **Desafiar:**

  - ¿Crees que es posible que estés ignorando tus éxitos porque te enfocas más en los errores?
  - ¿Realmente todo lo que haces resulta en un fracaso, o hay excepciones?

- **Crear nuevas opciones:**

  - ¿Cómo podrías empezar a reconocer más tus pequeños logros?
  - ¿Qué podrías hacer diferente la próxima vez para cambiar este patrón?

d) **Verbos que constriñen.** Los verbos como *tengo que, no puedo* o *debo* implican obligación o incapacidad, limitando las posibilidades.
Ejemplo: *No puedo cambiar de trabajo porque tengo que cuidar a mi familia.*

- **Explorar:**

  - ¿Qué significa para ti *cuidar a tu familia*?
  - ¿Qué pasaría si te quedaras en el trabajo actual?

- **Desafiar:**

  - ¿Por qué crees que cambiar de trabajo implicaría no cuidar a tu familia?
  - ¿Cómo sabes que no hay otra opción más?

- **Crear nuevas opciones:**

  - ¿Cómo podrías involucrar a tu familia en la decisión para que se beneficien también?
  - ¿Qué pequeños pasos podrías dar hacia un cambio sin comprometer tu responsabilidad familiar?

Trabajar en el autor de las ideas y en las estructuras internas de significado permite no solo cuestionar los mapas de la persona, sino también abrir caminos hacia nuevas interpretaciones y opciones. Al explorar, desafiar y ofrecer alternativas, puedes ayudar a las personas a ampliar su mapa mental y generar un cambio profundo en su forma de pensar.

Es en el momento que la persona considera nuevas opciones que tiene sentido proponer y argumentar otras nuevas por tu parte. Muchas veces queremos plantar en suelos totalmente áridos, y encima nos sorprende o hasta nos molesta que no crezca nada en él. Persuadir no es solo hablar más y mejor que el otro, es preparar el terreno para que las condiciones sean óptimas para la cosecha.

Lo mismo que sirve para nuestro interlocutor nos puede ayudar a nosotros. El pensamiento crítico aplicado a nosotros mismos es una herramienta muy poderosa para crecer y ser más flexibles. Recuerda que el mayor enemigo de una *persuasión consciente* es estar tan convencido de tu visión del mundo que no quieras negociar mapas sino imponer el tuyo (*la verdad*). Nadie quiere ser adoctrinado a no ser que vea en el otro una especie de *gurú* o *salvador*.

Pasar por encima de los mapas de los demás siempre genera mucha resistencia. El mapa de cada uno es algo muy íntimo, y al mismo tiempo necesario, para sentir que podemos movernos por nuestro entorno, entender mejor lo que nos sucede y dónde están los peligros y las oportunidades. Eliminar de un plumazo la visión del otro diciendo: *Sí claro, te entiendo, pero lo cierto es…* o *la verdad es…* o *la realidad es…*, es una agresión directa a su cognición y su seguridad.

Al fin y al cabo, si el otro ve *ardillas*, ¿por qué no utilizarlas? *¿Qué van a querer unas simples ardillas de ti?* Sigue siendo una pregunta de cuestionamiento, pero desde otro lugar totalmente diferente que decir: *Si estás encerrado en este hospital debe ser por algún motivo. Aquí no hay ardillas porque tú estás enfermo y yo no.*

8. No des nada por sentado

Uno de los principales problemas como persuasores es la falta de precisión. Un cirujano tiene que ver dónde operar, un conductor tiene que ver la carretera y un capitán tiene que saber dónde están los arrecifes.

A menudo estamos interaccionando con los demás jugando al juego de la piñata con un pañuelo que deja pasar solo algunas sombras. Al hablar con los demás a menudo estamos dando simplemente *palos de ciego*. Nuestro cerebro, acostumbrado a ello, rellena sin miramientos la información que falta en busca de la seguridad de entender que está sucediendo.

La *jirfa cmía del rbol tranquimente*. Tu cerebro no puede evitar completar adecuadamente la frase. Cuando nos comunicamos, nos dejamos mucha información por el camino para ahorrar tiempo y aburrimiento a los demás, pero ello conlleva a veces que los demás tengan que suponer mucho más de lo prudente.

Si la frase de Groucho Marx «*La televisión ha hecho maravillas por mi cultura. Cada vez que alguien la pone en marcha, me voy a leer un libro*» es graciosa, es porque lo que ya estábamos suponiendo con las primeras palabras luego resulta no ser cierto. Igual sucede con otra frase suya: «*Detrás de cada gran hombre hay una gran mujer, y detrás su esposa*». Son frases que buscan que tu cerebro rellene antes de tiempo y que se equivoque haciéndolo.

Es una práctica habitual y hasta cierto punto necesaria para una comunicación ágil, y aunque este fenómeno lo podemos utilizar para persuadir, como veremos más tarde, es un riesgo en nuestra capacidad de comunicar con precisión.

Si no tenemos toda la información y completamos con nuestro mapa ya no partimos del diagnóstico correcto, por lo que será difícil dar al paciente el tratamiento adecuado. De ahí que sea importante tener en cuenta el último apartado del pensamiento crítico.

Si no logramos identificar las eliminaciones en la comunicación corremos el riesgo de malinterpretar las ideas de nuestro interlocutor y, con ello, perder valiosas oportunidades para persuadir de manera efectiva.

A continuación exploraremos el nivel 4 del pensamiento crítico, donde aprenderemos a identificar y abordar las eliminaciones más comunes en la comunicación. Además, consolidaremos estos conceptos a través de ejemplos claros y prácticos, facilitando su aplicación en diversas situaciones.

Nivel 4. Recabar más información

a) Completar el vacío

La eliminación simple ocurre cuando una frase omite información esencial. Identificar y aclarar estos huecos es clave para entender el mensaje y ayudar al interlocutor a organizar mejor su pensamiento.

Ejemplos:

1. *Estoy molesto.*

   - **Preguntar:** ¿Por qué estás molesto? ¿Qué pasó exactamente?

2. *El cliente no está satisfecho.*

   - **Preguntar:** ¿Qué parte específica del servicio no le satisface?

3. *Me siento frustrado.*

   - **Preguntar:** ¿Qué te frustra específicamente y cómo podría cambiarse?

b) Comparar adecuadamente

Las comparaciones suelen eliminar el referente con el que algo se compara, lo que deja el mensaje incompleto.

Ejemplos:

1. *Este proyecto es más interesante.*

   - **Preguntar:** ¿Más interesante que cuál proyecto? ¿Por qué razones?

2. *Tu actitud es mucho mejor ahora.*

   - **Preguntar:** ¿Mejor en comparación con cuándo o qué situación?

3. *La reunión fue pésima.*

- **Preguntar:** ¿Pésima en comparación con cuál estándar o expectativa?

c) Identificar a los participantes

En este caso, los sujetos o actores responsables no se mencionan, lo que genera ambigüedad en la comunicación.
Ejemplos:

1. *No lo van a aceptar.*

- **Preguntar:** ¿Quiénes no lo van a aceptar y por qué razones?

2. *Me están culpando injustamente.*

- **Preguntar:** ¿Quiénes te culpan y cuál es su argumento?

3. *El equipo no está cumpliendo.*

- **Preguntar:** ¿Qué equipo específicamente y en qué aspectos no están cumpliendo?

d) Contextualizar

El marco de referencia falta cuando no queda claro el lugar, tiempo o circunstancia de una situación.
Ejemplos prácticos:

1. *Siempre me siento agotado.*

- **Preguntar:** ¿En qué momentos del día o en qué actividades sientes agotamiento?

2. *Es difícil manejar este cliente.*

- **Preguntar:** ¿En qué situaciones se vuelve difícil manejarlo? ¿Qué lo complica más?

3. *Me cuesta comunicarme contigo.*

- **Preguntar:** ¿En qué momentos notas esta dificultad y cómo podríamos mejorarla?

e) **Clarificar la acción**

Los verbos inespecíficos eliminan detalles sobre el cómo, dónde o cuándo de una acción, dejando el mensaje ambiguo.

Ejemplos prácticos:

1. *Me dañó mucho.*

   - **Preguntar:** ¿Qué hizo específicamente que te dañó y cómo lo viviste?

2. *Hay que mejorar nuestra comunicación.*

   - **Preguntar:** ¿Qué aspectos específicos de la comunicación debemos mejorar?

3. *El proyecto no avanza.*

   - **Preguntar:** ¿Qué parte específica está estancada y quiénes están involucrados?

En definitiva, si quieres persuadir no es suficiente con solo ser bueno hablando. Cuando más sepas de tus propios mapas mentales y qué hace tu *ardilla*, más vas a entender cómo respondes a tus comunicaciones con los demás.

Porque comunicar no es solo generar discursos, sino dejarse influir por los mapas de los demás (y sus *ardillas*). Ser crítico con tu manera de ver el mundo te permitirá ser flexible, y esta flexibilidad te hará más creativo y paciente con los demás.

Al fin y al cabo, el arte de la *persuasión consciente* requiere respeto y paciencia para construir acuerdos sobre cómo interpretar el mundo y cómo alcanzar objetivos en conjunto. Cada persona tiene su propio *mapa mental*, y estos son valiosos porque nos permiten interactuar tanto con nosotros mismos como con los demás, brindándonos una sensación de seguridad y estabilidad. No podemos llegar como *elefantes a una cacharrería* y esperar que los demás se lo tomen bien siempre.

Déjame que te ponga un ejemplo histórico de ello. Durante la expedición que circunnavegó la Tierra entre 1519 y 1522, Fernando de Magallanes intentó cristianizar a los nativos que encontraba en su camino, ya fuera por persuasión o por imposición. Su estrategia funcionó hasta que, el 27 de abril de 1521, intentó convertir al jefe indígena Lapu-Lapu, quien se negó rotundamente.

Magallanes, convencido de que podía hacerlo cambiar de opinión por la fuerza, decidió emplear métodos más *persuasivos*. Sin embargo, en la batalla de Mactán, mientras él y sus hombres desembarcaban para el ataque final, muchos nunca llegaron a tocar la arena de las playas blancas de la isla filipina de Mactán. Ni su armadura ni sus arcabuces fueron suficientes para salvarle la vida.

Este episodio es un recordatorio de que la verdadera persuasión no se basa en la imposición ni en la fuerza, sino en la capacidad de comprender y conectar con el otro.

Aquí el método es generar el contexto adecuado de seguridad y confianza, explorar con curiosidad, cuestionar desde el respeto y sembrar la duda razonable para considerar nuevas opciones. Cuando estemos en este punto es cuando desplegaremos nuestra capacidad retórica, como veremos en el próximo capítulo.

Resumen

1. **Introducción: El poder de los mapas mentales**
   - Los seres humanos construimos mapas mentales para navegar la realidad.
   - Estos mapas pueden impulsarnos o limitarnos, según su rigidez.

2. **El sesgo de confirmación y el SAR**
   - El cerebro filtra la información para confirmar sus creencias previas.
   - El Sistema de Activación Reticular (SAR) actúa como un filtro cognitivo.
   - La disonancia cognitiva surge cuando se cuestiona una creencia arraigada.

3. **Persuadir desde el respeto a los mapas mentales**
   - Persuadir no es imponer un mapa sobre otro, sino construir uno consensuado.
   - Flexibilidad mental y pensamiento crítico como herramientas clave.
   - La importancia de cuestionar sin invalidar la percepción del otro.

4. **Preguntas como herramienta de influencia**
   - Las preguntas no son neutrales, pues dirigen la atención y afectan al pensamiento.

- Diferencia entre preguntas abiertas y cerradas.
- La motivación y la seguridad del interlocutor afectan a la efectividad de las preguntas.

5. **Sembrar la duda razonable**
   - Pensamiento crítico: cuestionar lo establecido, la fuente, la lógica y recabar más información.
   - Uso del metamodelo del lenguaje en PNL para desafiar presuposiciones y creencias limitantes.

6. **Identificar y desafiar presuposiciones**
   - Tipos de presuposiciones: existencia, relación, posibilidad, evaluación, predictibilidad.
   - Preguntas estratégicas para ampliar la percepción del otro.

7. **Pensamiento crítico aplicado**
   - Desafiar al *autor* de las creencias y su influencia.
   - Cuestionar la lógica de las estructuras internas de significado (causalidades, generalidades, etc.).
   - Crear nuevas opciones para flexibilizar la interpretación del mundo.

8. **La importancia de la precisión en la comunicación**
   - Nuestro cerebro tiende a completar la información de manera automática.
   - Estrategias para evitar malentendidos: aclarar eliminaciones, comparaciones, contexto y acciones.

9. **Construir confianza y seguridad en la comunicación**
   - La seguridad es clave para que el otro se abra a cuestionar su mapa.
   - Persuadir implica crear un entorno de exploración, no de imposición.

10. **Conclusión: Persuadir con conciencia y respeto**
    - La persuasión consciente implica explorar, cuestionar y construir mapas conjuntos.
    - El pensamiento crítico también debe aplicarse a uno mismo.
    - La comunicación efectiva requiere flexibilidad y paciencia.

Tareas

1. **Cuestionando tus propias creencias**
   - Escribe una creencia fuerte que tengas sobre algún tema.
   - Pregúntate: ¿De dónde proviene esta creencia? ¿Quién me la inculcó?
   - Desafía su validez: ¿Cómo sé que es cierta? ¿Cómo podría ser de otro modo?

2. **Identificar el sesgo de confirmación**
   - Elige un tema de debate (política, salud, tecnología).
   - Busca información en fuentes con puntos de vista opuestos.
   - Reflexiona: ¿Cómo afecta tu sesgo de confirmación a tu percepción de los hechos?

3. **Analizando presuposiciones**
   - Escucha conversaciones diarias y detecta presuposiciones en frases comunes.
   - Anota una y desafíala con preguntas del tipo: *¿Cómo lo sabes?* o *¿Siempre es así?*

4. **Explorando el mapa del otro**
   - Mantén una conversación con alguien que piense diferente a ti sobre un tema.
   - En lugar de debatir, haz preguntas abiertas para entender su perspectiva.
   - Reflexiona: ¿Qué aprendiste sobre su *mapa*? ¿Cambió en algo tu percepción?

5. **Aplicando la duda razonable**
   - Piensa en una situación donde alguien esté completamente convencido de algo.
   - Diseña tres preguntas que siembren una duda razonable en su creencia.
   - Practica haciendo estas preguntas en una conversación real.

9
CONSTRUYE NUEVOS MAPAS

1. Nicolás no fue el primero (ni será el último)

John Law nació en 1671 en Escocia, pero él sabía que estaba destinado para la gloria. Desde joven, su personalidad carismática y su mente aguda para los números y las apuestas le llevaron a una vida extravagante y al límite.

Creció en una familia acomodada en Edimburgo, lo que le permitió recibir una educación privilegiada. Su fascinación por las matemáticas y la economía lo llevó a estudiar estos temas con profundidad, desarrollando una habilidad excepcional para los cálculos financieros y los juegos de azar. No tardó en convertirse en un hábil apostador, utilizando su conocimiento de probabilidades para ganar grandes sumas en los casinos de Londres.

A los casinos no les hace ni una pizca de gracia que alguien amase una fortuna a su costa; es una manera segura de ganarse enemigos. Y si a eso le añadimos su debilidad por el sexo opuesto, el desenlace es inevitable: un caballero furioso, dos pistolas listas para disparar, unos pasos en retirada y, finalmente, una condena a prisión por el asesinato de Edward Wilson en 1694.

Cualquier otro se hubiera podrido en prisión o muerto por ejecución, pero no él. El bueno de John logró escapar de la prisión y se embarcó en un viaje por las cortes europeas, haciendo gala de su noble porte británico y de su educación, y por supuesto sobreviviendo de su don por los juegos de azar.

En Ámsterdam estudió de cerca el sistema bancario holandés, basado en papel moneda respaldado por metales preciosos, y comenzó a desarrollar sus propias ideas sobre economía.

Gracias a su excelente capacidad para persuadir a cualquiera de las ideas más increíbles, generó su red de contactos entre aristócratas y financieros de toda Europa hasta que aterrizó en la corte de *Felipe II de Orleans* con un plan infalible para llevar a Francia a la gloria que se merecía.

Law no era hombre de pequeñas ideas, y convenció nada menos que al propio rey de Francia de las bondades de un sistema basado en el uso de papel moneda en lugar de monedas de oro y plata, asegurando que esto estimularía el comercio y la riqueza nacional.

Como no le debió parecer suficiente, en 1716 fundó el *Banco General* y, un año después, viendo que era capaz de persuadir a cualquiera, creó la *Compañía del Mississippi*, con la promesa de convertir las colonias francesas en América en una fuente inagotable de riquezas.

Por supuesto, como el terreno más fértil para la avaricia humana son las grandes promesas de dinero fácil, miles de franceses se lanzaron a comprar acciones de su compañía, hinchando una burbuja especulativa que acabó por estallar en 1720, dejando en la ruina a muchos inversores.

A estas alturas, estimado lector, ya debes imaginarte qué sucedió cuando, además, los inversores quisieron convertir sus billetes otra vez en oro. El sistema colapsó y Francia quedó sumida en una crisis económica. ¿Y John Law? Pues sobrevivió igual que esos arbustos del desierto, que cruzan las calles polvorientas. John quizá fuera un buscavidas, un *Lazarillo de Tormes* con falda de cuadros, bolsito y boina, pero es incuestionable que era un excelente persuasor.

Queremos pensar que los seres humanos aprendemos, pero tan solo 100 años después del nacimiento del Sr. Law nació otro compatriota suyo que iba a dejar en nada las estafas de Law. De joven, Gregor MacGregor soñaba con gloria y fortuna, así que se alistó en el ejército británico, donde sirvió en la guerra contra Napoleón.

Pero él estaba destinado a aventuras mucho más grandes, así que decidió viajar a Sudamérica, donde con su carisma y dotes de persuasión se ganó la confianza del propio Simón Bolívar, que estaba liderando la lucha por la independencia de España, hasta el punto de convertirse en uno de sus generales.

Pero cuando las guerras de independencia se fueron acabando, sus ganas de fama y gloria le llevaron a una fabulosa idea con la que iba a hacerse muy rico. En 1820 regresó a Londres convertido en el *Príncipe de Poyais*, una fantástica nación paradisíaca en la actual Honduras.

Poyais era todo lo que uno podía desear, una tierra rica, ríos con oro, tierras fértiles y una sociedad avanzada esperando la llegada de colonos europeos. Y, cómo no, empezó a otorgar, como buen príncipe, títulos de nobleza, tierras y riquezas a quienes invirtieran en su nueva nación. Su historia era tan convincente que no solo logró vender títulos de propiedad de un país inexistente, sino que convenció a cientos de personas de embarcarse rumbo a ese *paraíso*.

En 1822, dos barcos repletos de entusiastas colonos listos para ser ricos y poderosos zarparon hacia *Poyais*. Y efectivamente, pasó lo que ya te imaginas: ni ciudades, ni palacios, ni riquezas; solo una jungla inhóspita y peligrosa. Sin provisiones ni refugio, muchos murieron de enfermedades y hambre.

Cuando la estafa de MacGregor fue descubierta y las autoridades británicas fueron tras él, este ya había escapado.

Durante los años siguientes intentó repetir su fraude en Francia, pero la suerte ya no estaba de su lado (supongo que algunos franceses ya no se fiaban tanto de los hombres con faldas a cuadros y boina). Fue arrestado, aunque una vez más logró evadir una condena definitiva y terminó sus días en Venezuela, viviendo de su pasado glorioso como supuesto héroe independentista.

La capacidad de vender ideas a los demás requiere, sin duda, de gente dispuesta a creer, pero especialmente de herramientas para construir relatos poderosos y creíbles. Aunque los persuadidos caigan en las redes de estos depredadores con la palabra por arma, no los convierte en ingenuos, estúpidos y ni tan siquiera en avariciosos. La clave está en comprender el hecho de que un relato lo suficientemente bien construido y reforzado puede superar cualquier barrera de nuestro cerebro.

No es necesario remontarse muy atrás en el tiempo ni viajar a países lejanos cuando, cerca de nosotros, tenemos el famoso caso de Francisco Nicolás Gómez Iglesias: supuesto asesor gubernamental, colaborador del Centro Nacional de Inteligencia (CNI), mano derecha de vicepresidentes del gobierno, escoltado por la policía en coches oficiales y recibido como un mandatario. Se le veía en las mejores fiestas de la élite madrileña, rodeado de altos cargos políticos e incluso expresidentes del gobierno, y, por supuesto, fue invitado a la coronación del rey Felipe VI. Todo esto con tan solo 20 años. ¿Cómo lo hizo? Simplemente hablando, pero no de cualquier modo, exactamente igual que Law y MacGregor.

Estos casos son algunos, de entre muchos más, de personas que supieron utilizar las herramientas que vemos en este libro (y seguramente muchas más) para engañar, enredar o al menos distorsionar tanto la realidad que la hace indiferenciable de la fantasía.

Ninguno de ellos sería un buen ejemplo de lo que en este libro llamo *persuasión consciente*. Sin embargo, representan un claro testimonio de que cualquier mensaje lo suficientemente bien construido y creído por un número suficiente de personas está destinado, casi inevitablemente, a convertirse en una verdad para ellos. Y, si no hay responsabilidad ni conciencia de por medio, ese mensaje puede derivar en un gran desastre.

En este capítulo hablaremos de una de las partes más conocidas de la persuasión: la construcción de argumentos lógicos y otras herramientas para que las ideas que comuniquemos se vuelvan más creíbles para nuestros interlocutores. Aunque, como ya es habitual en este libro, te ofreceré una versión alternativa, menos *maquiavélica* y más respetuosa con los demás, no está de más recordar que alterar la manera en la que se construyen los mapas posee una gran responsabilidad.

Recuerda que la *persuasión consciente* no consiste solo en comunicar mejor, sino en comprender los procesos de toma de decisiones de los demás e influir en ellos. Tu cerebro necesita tanto representaciones mentales sobre aquello que decidirá, como información que le permita construir los famosos *mapas cognitivos*.

Si en el capítulo anterior hablamos de cómo conseguir un espacio en la mente de las demás personas, en este abordaremos cómo ayudarles a construir un nuevo mapa que les facilite la toma de decisiones de manera que se alinee mejor con el nuestro, permitiéndonos construir juntos un camino en común.

Aunque los contenidos de este capítulo se utilizan habitualmente para construir mejores discursos políticos o cualquier otro tipo de *speech*, mi intención es que entiendas que la estructura en la que presentas tus ideas juega un papel fundamental, pero para nada tiene por qué ser suficiente. Es la combinación de todo lo que estás aprendiendo lo que acaba siendo poderoso.

En este libro no propongo que te conviertas únicamente en un virtuoso de las palabras, capaz de noquear a cualquier oponente con tus habilidades verbales arrasadoras. No quiero enseñarte *argumentación de destrucción masiva* para bombardear la mente de la otra persona con tus ideas y que esta ceda bajo tu lógica impecable, sino que sepas interaccionar de forma más ordenada y sistemática con tu interlocutor.

En los libros clásicos de persuasión se cita a Aristóteles y sus tres pilares en la retórica. Ya hemos tratado dos de ellos: el *Ethos*, que tiene que ver con la credibilidad del hablante, y el *Pathos*, relacionado con la parte emocional. Ahora nos queda el *Logos*, precisamente la estructura lógica detrás de lo que dices. Déjame que insista una vez más: no buscamos hacer discursos grandilocuentes, sino interaccionar mejor con la persona que tenemos ante nosotros.

2. Ordena tus ideas

Nuestro cerebro busca el orden, la repetición y la previsibilidad, pero aprende y se mantiene estimulado a través de la novedad y la ruptura de esos patrones.

Unos tambores tribales, rítmicos y monótonos son perfectos para una ceremonia ritual destinada a dejar a nuestra *ardilla interior* en un estado de trance. Pero solo si la idea es hipnotizarla. Para el resto de casos, la monotonía puede llevar al aburrimiento y a que la *ardilla* salte a otro árbol.

En esta primera parte del capítulo nos centraremos en encontrar un equilibrio entre la satisfacción que conlleva escuchar un discurso ordenado que se entienda fácilmente y el exceso de estructura lógica que desconecte por *KO mental*.

Para entender mejor cómo hace el cerebro para conectar ideas, tenemos que volver por un momento a Aristóteles.

Este filósofo, del que ya hemos hablado, se dedicó a poner orden en el caos intelectual de su época, dejándonos una idea que hoy en día sigue siendo la piedra angular de cualquier argumento: la *causalidad*. Dicho de forma sencilla, nos encanta que las cosas tengan un *por qué* y un *por tanto*. *Si pasa A, entonces B. Y si no pasa A, entonces B tampoco.*

A los seres humanos no les gusta pensar que, tras pasar por debajo de una escalera, romper un espejo, derramar sal o ver un gato negro, simplemente se les haya caído una maceta en la cabeza *por accidente*. Si así fuera el mundo sería muy azaroso, muy caótico. Es la célebre frase *Las cosas no pasan porque sí*, origen de supersticiones tan alucinantes como que si alguien barre los pies de una persona soltera esta nunca se casará, o que colocar una escoba boca abajo detrás de la puerta ayuda a ahuyentar a las visitas no deseadas (fíjate el poder que reside detrás de una simple escoba).

Nuestro cerebro está obsesionado con encontrar relaciones de causa y efecto, incluso cuando no existen. De hecho, la humanidad ha intentado conectar puntos desde tiempos inmemoriales.

Por ejemplo, a los antiguos egipcios no les hacía ninguna gracia que el Nilo se desbordara, inundando sus cosechas y poniendo en riesgo su sustento. Sin embargo, con el tiempo se dieron cuenta de que después de cada crecida la tierra quedaba más fértil, lo que resultaba en cosechas más abundantes.

La cuestión era: ¿Cuándo plantar y cuándo esperar? De ahí que intentaran encontrar una relación entre esas crecidas y las fases de la luna para encontrar el famoso patrón que explique los fenómenos que nos afectan. Aunque hoy sabemos que la crecida del Nilo se debía a las lluvias en el África ecuatorial, en su momento la hipótesis lunar parecía lo más obvio del mundo.

Y no solo en Egipto. En todas las civilizaciones antiguas, esta necesidad de encontrar causalidad llevó a la creación de dioses responsables de los fenómenos naturales. ¿Que un rayo caía del cielo? Debía ser la ira de Thor lanzando su furia contra los mortales. ¿Que había una gran tormenta en el mar? Sin duda, Poseidón estaba enfadado porque no le habíamos hecho la ofrenda. La lluvia, el fuego, la fertilidad de la tierra, todo tenía que tener un origen intencional.

La mente humana detesta la incertidumbre y prefiere una explicación a medias a no tener ninguna, y nosotros vamos a aprovechar este fenómeno.

Regresemos a lo que ya sabemos: para tomar decisiones necesitamos estar seguros de qué escenario nos conviene más. Y para ello, necesitamos predicciones que tienen como base las relaciones causales. Solo podemos predecir cuando entendemos los mecanismos de qué causa qué.

Por tanto, afectando a los mapas predictivos de la gente, necesitas entender cómo crean esas causas y efectos. Para ello no basta con soltar afirmaciones sueltas, por más inteligentes que parezcan. Tienes que hilar los conceptos de manera que uno lleve naturalmente al otro. Si le dices a alguien: *Este software es el mejor del mercado.* Vale, suena bien, pero… ¿y qué? En cambio, si dices: *Este software reduce en un 40% el tiempo de gestión porque automatiza las tareas repetitivas, lo que permite que tu equipo se enfoque en estrategias más rentables,* entonces sí que habremos creado una cadena causal clara: automatización → menos tiempo en tareas repetitivas → más tiempo para generar dinero.

Cuando la argumentación carece de causalidad, el cerebro la rechaza como si se tratara de un rompecabezas con piezas que no encajan. Se queda con la sensación de que algo no cuadra, y si algo no cuadra, no convence.

Y esto no se aplica solo en los negocios. En relaciones personales, por ejemplo, muchas discusiones terminan en callejones sin salida porque no se presenta una relación de causa y efecto clara. Imagínate esta situación:

— *Últimamente siento que estamos distantes.*

— *¿De verdad lo piensas? Yo estoy como siempre.*

Conversación muerta. No hay conexión entre lo que uno siente y lo que el otro entiende. A diferencia de:

— *Últimamente siento que nos estamos distanciando porque ya no pasamos tiempo juntos como antes. Antes solíamos salir los viernes, y ahora cada uno está haciendo sus cosas. Me gustaría que recuperáramos ese espacio.*

En este caso sí que hay causalidad. Hay un A que lleva a un B y a una posible solución. En lugar de una queja suelta, tenemos un argumento que el otro puede entender, procesar y, con suerte, actuar en consecuencia.

Vamos a ver cómo construir paso a paso ideas que conecten elementos.

Lo primero que debemos entender es que podemos aprovechar la tendencia natural del cerebro a conectar elementos, incluso cuando no existe una relación real entre ellos. Del mismo modo que nos resulta casi imposible no asociar la maceta que nos cae en la cabeza con el gato negro que cruzaba frente a nosotros en ese preciso instante, también inferimos conexiones entre ideas que en realidad nadie ha vinculado directamente.

Ejemplos:

No hay sol, hace frío. El cerebro lo interpreta de forma natural: *La ausencia del sol hace que haga más frío.*

No me llamaste, estoy triste. El cerebro interpreta: *No me llamaste, por lo que estoy triste.* Aunque la frase original no establece una relación de causa y efecto, el oyente la percibe como si existiera un vínculo y rellena automáticamente esa *brecha lógica*. Se convierte en una conexión implícita.

Esta pequeña artimaña lingüística es una de las favoritas de los políticos para *no mojarse* con sus declaraciones: *Ustedes suben al poder, el desempleo sube.* Es el modo más sutil de inducir a alguien a conectar puntos sin comprometerse, pues en realidad su frase no establece una relación directa entre ambos conceptos.

Otra estructura que opera de manera parecida es el uso de la conjunción *y*, que, aunque sí establece una conexión directa entre los elementos, tampoco los relaciona en forma de *causa-efecto*. Ejemplo: *Como sano y estoy en forma.*

Esta es una forma muy elegante de inducir a causalidades, permitiendo que la otra persona llegue a la conclusión por sí misma, especialmente para los perfiles que tienen una mayor necesidad psicológica de autonomía. Fíjate: *Tu equipo no entregó el informe a tiempo y tuvimos que resolverlo de otra manera.*

En vez de decir: *Si no tomas medidas ahora, esto va a provocar que tu negocio sufra las consecuencias,* puedes decir: *Hay empresarios que han ignorado este problema y ahora enfrentan dificultades económicas.*

Aunque tu cerebro grite: *¡Aquí hay una causa-efecto!,* realmente no la hay. La estructura no establece causalidad de manera explícita, pero el cerebro de tu oyente sí la infiere.

Cuando queremos crear una conexión clara entre dos ideas, podemos utilizar términos que establecen una relación causa-efecto de forma explícita:

- **Provoca:** *El estrés provoca insomnio.*
- **Causa:** *Fumar causa enfermedades respiratorias.*
- **Genera:** *La confianza genera mejores relaciones de trabajo.*
- **Da lugar a:** *Este cambio da lugar a una mayor eficiencia.*
- **Es responsable de:** *Este factor es responsable del aumento de ventas.*

Estas palabras sí establecen una relación causal entre los elementos.

Una de las palabras más poderosas en la construcción de mapas es *porque,* ya que da una justificación directa a lo que afirmamos. Por ejemplo: *Este sistema es más eficiente porque reduce el tiempo de procesamiento en un 30%,* o *Deberíamos adoptar esta estrategia porque nos permitirá mejorar la retención de clientes.*

Incluso cuando la explicación es débil, la palabra *porque* sigue funcionando. Uno de los estudios citados por Robert Cialdini, el psicólogo experto en persuasión, es el de la psicóloga social Ellen Langer. En sus experimentos (que, por supuesto, debemos tomarlos con prudencia) descubrió que las personas eran más propensas a aceptar una petición si esta incluía una justificación, aunque la razón en sí misma fuera irrelevante.

Básicamente, el simple hecho de dar un motivo hace que la solicitud parezca más razonable y difícil de rechazar. Es el mismo efecto que ocurre cuando alguien dice: *Déjame pasar primero porque tengo prisa* o *Me puedes prestar esto porque lo necesito.*

A pesar de que las razones no aportan información realmente valiosa, el uso del *porque* genera la impresión de una justificación válida, lo que aumenta la probabilidad de obtener una respuesta positiva.

Podemos modular la fuerza de la causalidad dependiendo del verbo auxiliar con el que asociemos el causal. De este modo, podemos ser más directivos o más permisivos en nuestra propuesta.

Verbos que reducen la fuerza de la causalidad:

- Puede provocar…
- Podría generar…
- Es posible que cause…
- Tiende a generar…

Son verbos útiles cuando queremos evitar resistencias o cuando estamos hablando con personas que prefieren explorar ideas antes de aceptarlas o que necesitan más autonomía y control sobre sus decisiones.

Este método podría ayudarte a mejorar tus resultados. ¿Qué pasaría si aplicáramos este enfoque?

Verbos que aumentan la fuerza de la causalidad:

- Debe causar…
- Tiene que generar…
- Inevitablemente provoca…
- Es la causa directa de…

Estos verbos son más aconsejables cuando hablamos con personas que buscan autoridad y seguridad en la información.

Este método garantiza una mejora en los resultados. Implementarlo es la mejor opción para optimizar nuestro tiempo.

La clave es adaptar la estructura de la causalidad al estilo de toma de decisiones de la otra persona para maximizar la persuasión. El verdadero arte de la persuasión no es solo establecer conexiones lógicas, sino hacer que la otra persona las descubra por sí misma. Ajustando la fuerza de la causalidad según el tipo de audiencia, podemos construir mensajes mucho más persuasivos y adaptados a cada situación.

3. Crea argumentos sólidos

Las causalidades son el hilo que une los mapas, y nosotros somos los sastres que, de manera casi mágica, entrelazamos sus partes. Como le escuché decir a Richard Bandler una vez: «*Si vivimos nuestros mapas como una realidad, entonces saber cómo cambiarlos nos convierte en auténticos magos, capaces de crear nuevas realidades en la mente de los demás*».

Para tejer adecuadamente los mapas y que no sea solo una colección de retazos, necesitas entrelazar varias causalidades para que lleven a una conclusión. Y es que el cerebro no solo busca respuestas simples, sino que también necesita conexiones lo suficientemente ricas como para darle sentido al conjunto.

La ciencia y la medicina siempre han buscado crear estos mapas para comprender el mundo en que vivimos, algo que nunca ha resultado fácil. Durante siglos los médicos intentaban entender por qué las ciudades con alcantarillado tenían menos enfermedades que aquellas sin un sistema de aguas residuales. Al principio algunos pensaban que el problema era el mal olor (la teoría del *miasma*), pero no cuadraba del todo. Luego, alguien descubrió que en lugares con fuentes de agua limpia había menos brotes de cólera.

Y cuando se dieron cuenta de que hervir el agua también reducía las infecciones la causalidad se volvió más clara: la transmisión de enfermedades no dependía solo del olor o de la calidad del agua, sino de microorganismos invisibles. Fue solo cuando se juntaron todas estas piezas cuando se consiguió llegar a la teoría germinal de la enfermedad.

Sin embargo, ese mapa del mundo seguía siendo demasiado simple, ya que no lograba explicar por qué ciertas personas enfermaban y otras no en las mismas circunstancias. Con los años hemos descubierto que la proliferación de una infección depende también del estado de salud de la persona, el cual, a su vez, está influenciado por su estado emocional.

El nivel de complejidad de tus causalidades dependerá de tu objetivo, pero que este sea más complejo no significa que sea mejor. Tiene que ser también eficiente: las mínimas causalidades para el resultado que quieres.

Imagina que intentas convencer a tu jefe de que implemente un nuevo software en la empresa. Si solo dices: *Este software es más moderno*, es posible que te responda con un desinteresado: *Ah, ¿sí?… ¿y qué?*

Pero si en lugar de eso combinas varias causalidades, tienes algo mucho más sólido: *Este software es más moderno, lo que significa que su interfaz es más intuitiva. Como resultado, reducirá en un 30% el tiempo que los empleados gastan en tareas manuales. Además, está diseñado con inteligencia artificial, lo que permitirá automatizar los reportes sin que el equipo pierda tiempo haciéndolos manualmente. En definitiva, menos errores, más productividad y una reducción del 20% en costos operativos.*

Ahora sí. Ya no estamos ante una afirmación suelta, sino ante una red de causas y efectos que construyen una conclusión difícil de refutar.

Vamos a ponerle más estructura a lo que te acabo de contar, para que te sea más fácil navegar por este mundo de *causas-efectos*.

Cada una de las ideas que conectamos en un razonamiento se llama *premisa*. Una premisa es una afirmación que sirve como base para llegar a una conclusión. Pero para que un argumento sea válido para tu cerebro, sus premisas tienen que parecerle ciertas. Si una premisa es percibida como falsa para los que escuchan, el argumento entero se desmorona como un castillo de naipes.

Por ejemplo, si digo:

1. *Todas las ardillas son azules* (premisa falsa).
2. *Mi mascota es una ardilla* (premisa verdadera).
3. *Por tanto, mi mascota es azul* (conclusión incorrecta porque la primera premisa es falsa).

En este caso, aunque el argumento tenga una estructura lógica, el problema es que la primera premisa no es cierta para los que escuchan.

Ahora, si reformulamos con premisas correctas:

1. *Todas las ardillas tienen sangre caliente* (premisa verdadera).
2. *Mi mascota es una ardilla* (premisa verdadera).
3. *Por tanto, mi mascota tiene sangre caliente* (conclusión correcta porque ambas premisas son verdaderas).

Nuestro cerebro está siempre buscando tanto las conexiones que, a veces, junta piezas que no deberían estar en el mismo rompecabezas. Por ello, debes considerar algunas reglas más para ordenar tu discurso:

a) **Conecta realmente causas y efectos**

No basta con que dos cosas ocurran juntas para que una sea la causa de la otra. Por ejemplo, si cada vez que comes una pizza napolitana tu equipo de fútbol gana, no significa que la pizza sea la clave del éxito (esa no va a poder ser tu excusa, ¡lo siento!). Correlación no es causalidad, y quieres que la otra persona se crea tu causalidad.

b) **No te saltes pasos clave**

Un argumento tiene que ser lógico en todas sus fases. Si aseguras que *comer zanahorias te hace más listo*, algo está fallando. Hay muchos eslabones que te estás saltando entre la premisa y la conclusión, y ello puede hacer que la persona no te compre el argumento.

c) **Evita causalidades circulares**

A veces, los argumentos giran en círculos sin llegar a ningún lado. Por ejemplo, si alguien te dice: *Este restaurante es el mejor porque siempre está lleno. ¿Y por qué siempre está lleno? Porque es el mejor,* debes saber que te acaban de vender humo. Cuidado con estos argumentos circulares, porque pueden ser percibidos como un intento de engaño.

4. Estructura lógica acumulativa

Este método consiste en ir haciendo saltos lógicos lo suficientemente pequeños que hagan que la conclusión parezca inevitable. En vez de lanzar una afirmación grande y esperar que sea creída de inmediato, se va guiando a la persona a través de pequeños pasos que la llevan a aceptar la conclusión.

Por ejemplo, imagina que quieres convencer a un amigo de que ahorre para su jubilación. En lugar de decir: *Si no ahorras ahora, en el futuro te arrepentirás,* podrías construirlo así:

1. *En el futuro, todos necesitaremos dinero para vivir cómodamente cuando dejemos de trabajar.* (Premisa 1: es un hecho que todos nos jubilaremos).
2. *Cuando dejemos de trabajar quizá el sistema de pensiones esté colapsado y no tengas pensión.* (Premisa 2: hay incertidumbre sobre las pensiones).
3. *Para evitar no quedarte sin pensión es importante ahorrar.* (Premisa 3: Ahorrar es una alternativa a la pensión).
4. *Si empiezas a ahorrar pronto, puedes generar más patrimonio con menos esfuerzo. (Premisa 4:* ahorrar temprano reduce el impacto financiero).
5. *Por tanto, para vivir bien en el futuro es importante ahorrar desde ahora para generar más patrimonio con menos esfuerzo.* (Conclusión inevitable).

Cada afirmación refuerza la siguiente, haciendo que la conclusión parezca la única opción posible.

Si lo que queremos es ser más sutiles y que la otra persona sienta que es ella la que tiene el control de su razonamiento, podemos dejar que su cerebro llegue a la conclusión de un modo natural.

Cuando un argumento es realmente sólido, ni siquiera es necesario exponer la conclusión de forma explícita. Si las premisas son claras y están bien estructuradas el cerebro tiende a completar el razonamiento de manera natural.

Además, cuando alguien cree que ha llegado a una conclusión por sí mismo, la asimila con mayor convicción que si simplemente se le presenta como un hecho consumado. Es un fenómeno similar al *sesgo de autodeterminación*: cuando tomamos una decisión de manera autónoma, como elegir ver una película o leer un libro, solemos justificarla como acertada con más facilidad que si alguien nos hubiera impuesto esa elección.

A este argumento incompleto Aristóteles le llamaba *entimema*. Aunque existen varios tipos de argumentos incompletos, dejar el argumento sin conclusión será el más útil para nosotros y el único que veremos.

Por ejemplo, imagina que intentas convencer a un amigo de que haga más ejercicio. En lugar de decir: *Deberías hacer ejercicio porque es bueno para ti*, puedes decirle: *He leído un estudio que habla de cómo las personas que hacen actividad física regularmente duermen mejor, tienen más energía durante el día y esto los lleva a estar de mejor humor.*

Si la otra persona sigue el razonamiento, lo más probable es que diga algo como: *Es decir, que si empiezo a hacer ejercicio voy a estar de mejor humor, ¿no?*

Fíjate que la persona ha llegado a la conclusión por sí misma, y ahora la idea es suya, no impuesta por ti.

Solo una advertencia: dejar los argumentos sin una conclusión explícita puede ser muy útil cuando te diriges a personas que no quieren sentirse persuadidas. Sin embargo, si no existe un entorno de *seguridad psicológica* esto puede generar desconfianza, ya que pueden sospechar que les estás tendiendo una trampa para que se comprometan con una respuesta.

Además, algunas personas pueden sentirse incapaces de desarrollar su propio criterio o simplemente valorar mucho más el tuyo. En estos casos, un mensaje demasiado abierto puede generarles inseguridad, en lugar de guiarlos hacia la reflexión.

Recuerda que el uso de los *entimemas*, al igual que cualquier otra herramienta que te ofrezco, debe ajustarse tanto a la relación que tengas con tu interlocutor como al objetivo que persigas. Adaptar tu estrategia a cada persona marcará la diferencia entre lograr influencia o generar incertidumbre.

Cuando persuades, no se trata solo de lanzar palabras al aire con la esperanza de que la otra persona las capte al vuelo. Estás construyendo un camino lógico que su mente pueda seguir con facilidad, como una pista de aterrizaje iluminada en la noche, con todas las luces parpadeando para indicar exactamente dónde debe aterrizar.

Si un argumento es sólido, el otro no sentirá que lo estás empujando a aceptar tu idea, sino que simplemente era la única conclusión lógica a la que podía llegar. Y cuando alguien llega a una conclusión por sí mismo es mucho más probable que la acepte.

Recuerda: la clave no es solo decir algo convincente, sino conectar las piezas correctas para que el otro no tenga más remedio que pensar: *Claro, tiene sentido.*

5. Dale un significado

Hasta ahora hemos hablado de cómo tejer el mapa dando sentido a lo que sucede a nuestro alrededor mediante relaciones de causa y efecto: *Si pasa A, entonces B.* Pero si lees un periódico o miras las noticias en la televisión, te darás cuenta de que hacen algo más que explicarte las razones de lo que sucede.

Parte del trabajo de los medios de comunicación es darles un significado a lo que sucede a tu alrededor: ¿Es buena o mala la inflación? ¿Es peligrosa la contaminación? ¿Es una oportunidad la irrupción de la *inteligencia artificial*? Ya lo vimos en el capítulo anterior, ¿recuerdas? Es importante que puedas diferenciar entre manzanas y bayas venenosas.

Nuestro cerebro no solo busca explicaciones lógicas, sino también patrones de significado. Quiere determinar si algo es bueno o malo, si se asemeja a una experiencia previa o si encaja dentro de un marco de referencia conocido. Cuando algo nos recuerda a otra cosa o podemos vincularlo con información previa, lo procesamos con mayor facilidad y tendemos a percibirlo como más comprensible y convincente.

Como ya hemos visto, un maestro de crear significados *nivel épico* fue Winston Churchill durante la Segunda Guerra Mundial, cuando tuvo que motivar a la población británica aterrada por el avance aparentemente imparable de las tropas alemanas. Churchill no se limitó a explicar la amenaza con argumentos de tropas, territorio, soldados muertos o número de aliados, sino que construyó un relato basado en una comparación: la lucha contra Hitler era la continuación de la lucha histórica de Inglaterra por la libertad. Asociar la guerra con momentos épicos del pasado británico, como la Armada Invencible o las Guerras Napoleónicas, hacía que la gente viera la resistencia no solo como una necesidad estratégica, sino como parte de su identidad nacional.

Los nazis, por su parte, usaron exactamente el mismo principio, pero con un propósito distinto. Hitler y su propaganda no solo hablaban de poder militar, sino que conectaban su causa con una historia mítica: el resurgir del pueblo germano como los herederos de las antiguas razas teutónicas y arias.

Se asociaban con la imagen de los *caballeros de la Orden Teutónica*, los guerreros germánicos que luchaban por la pureza y la expansión de su territorio. Relatos de guerreros medievales con *El anillo del Nibelungo* o *Parsifal* de *Richard Wagner* retumbando de fondo en medio de desfiles militares con miles de soldados, antorchas y esvásticas. Esta equivalencia les permitía transformar su guerra en una misión casi *sagrada*, dándole un aura épica y legitimando la idea de una *restauración* del antiguo poder alemán.

Una herramienta muy poderosa para tu arsenal retórico es atribuir un significado a una acción o una elección. No se trata solo de comparar cosas, sino de decir que hacer X significa Y.

Churchill no decía simplemente *hay que resistir*; decía: *resistir significa preservar todo lo que somos*. Hitler no decía: *tenemos que expandirnos*, sino *la expansión significa recuperar nuestro derecho histórico*.

En tu persuasión más cotidiana vas a querer hacer consciente a tu interlocutor de lo que quiere decir aquello que está sucediendo o que va a suceder.

Por ejemplo, imagina que una empresa quiere motivar a sus empleados a tomar un curso de liderazgo. En lugar de simplemente decir *El curso mejorará tus habilidades,* podría decir: *Hacer este curso es dar un paso adelante en tu carrera. Es demostrar que estás listo para nuevos desafíos.*

Aquí se ha cambiado el significado del curso: no es solo una formación, sino una señal de crecimiento profesional. Estamos apelando a valores más profundamente emocionales.

O piensa en una conversación en la que alguien duda en tomar una decisión: *Invertir en ti mismo no es un gasto, es una apuesta por tu futuro.* Este tipo de construcción cambia la percepción de las cosas. No hemos demostrado con números que no sea un gasto, pero al darle un nuevo significado la decisión se siente diferente.

Para usarlo en nuestros argumentos puedes:

a) Encontrar una comparación poderosa

Si quieres que alguien vea algo de otra manera, busca algo con lo que ya esté familiarizado y que pueda servir como puente.

b) Dale un nuevo significado a la acción

Si alguien duda en tomar una decisión, redefine lo que esa decisión representa. No es solo *hacer ejercicio*, es *invertir en salud*. No es solo *cambiar de trabajo*, es *buscar crecimiento*.

6. Crea nuevos mapas

Implementar este nuevo sistema de gestión no solo reducirá los errores en un 40% y ahorrará más de 10 horas de trabajo semanales (causa y efecto), *sino que también representa un compromiso con la eficiencia y la innovación dentro de la empresa* (significado). *Mejorar procesos nos permitirá construir* (causa y efecto) *una cultura en la que optimizar recursos significa* (significado) *avanzar hacia un futuro más competitivo y sostenible. Adoptarlo no es solo una decisión técnica* (significado), *sino una declaración de hacia dónde queremos llevar la empresa* (significado).

Fíjate cómo combinando la relación de causa y efecto con la atribución de significado puedes lograr un argumento más sólido y persuasivo.

Esta parte del argumento no se enfoca en lo que *hace* el cambio, sino en lo que *significa* adoptarlo. No se está hablando solo de eficiencia técnica, sino de una visión más amplia: la empresa no está simplemente implementando un sistema, sino que está demostrando que valora la mejora continua y la innovación.

¿Por qué esto es importante? Porque ya sabemos que las decisiones no se toman solo en función de datos. El impacto emocional es decisivo para la persuasión y está más vinculado al valor simbólico de una acción que a sus beneficios numéricos.

En lugar de cerrar con una orden directa, como *Por eso debemos implementarlo*, el argumento deja que la conclusión surja naturalmente: *Adoptarlo no es solo una decisión técnica, sino una declaración de hacia dónde queremos llevar la empresa.*

Como ya se había comentado anteriormente esto es clave, porque cuando las personas sienten que han llegado a una conclusión por sí mismas la aceptan con más convicción. En lugar de imponer una decisión, se les invita a reflexionar sobre qué representa para ellos.

Un argumento basado solo en causa y efecto puede ser lógico, pero frío. Uno basado solo en significado puede inspirar, pero no ser lo suficientemente concreto. Al unir ambos enfoques logramos un argumento que es racional y emocionalmente convincente al mismo tiempo.

- La relación de causa y efecto da razones objetivas y medibles.
- El significado refuerza la importancia estratégica y emocional.
- La conclusión implícita permite que el otro sienta que ha llegado solo a la respuesta.

7. Haz lo increíble creíble

Lo lógico es muy útil, porque genera esa estructura en la que nos sentimos cómodos porque entendemos, pero no nos engañemos: a ninguno nos fascinaba aquel profesor tan ordenado y teórico. Nos gustaba aquel que nos contaba ejemplos increíbles, casos alucinantes y que conseguía generar una película en nuestra mente.

Una ensalada de lechuga con aceite y sal puede ser muy sana, pero qué duda cabe de que está mucho mejor cuando le añades un poco de tomate, pepino, un poco de fresas o frutos secos. Lo mejor se encuentra en los aderezos y complementos que le pongas.

Una estructura lógica puede ser muy poderosa, pero es como un árbol de Navidad sin sus adornos: es alto, verde, frondoso, pero le falta la magia para acabar de cautivarte. Obviamente, esto no es lo que pensaba Aristóteles, porque, aunque reconocía que no siempre era posible aplicar una lógica estricta, tampoco consideraba válido recurrir indiscriminadamente a los recursos que veremos a continuación, los cuales pertenecen al ámbito de la lógica informal o, en algunos casos, de las falacias.

Ya adelanto que nuestro cerebro no distingue con claridad entre la lógica formal y la informal, y en la persuasión del día a día esa diferencia no es muy importante. En PNL, donde asumimos que *el mapa no es el territorio*, no partimos de la existencia de verdades absolutas; al contrario, tomamos como base una realidad profundamente subjetiva.

Siguiendo esta idea, cualquier premisa puede ser en mayor o menor medida cierta. Como persuasores conscientes, nuestro papel es hacerla lo más cierta posible para nuestro interlocutor, siempre dentro de los límites de la honestidad y la responsabilidad.

En la película *Matrix*, Neo, mientras espera a hablar con el Oráculo, observa a un niño con la cabeza rapada que sostiene una cuchara. Sin aparente esfuerzo, la cuchara se dobla en su mano. Intrigado, Neo la toma y trata de hacer lo mismo, pero no consigue nada. Entonces, el niño le dice:

—*No intentes doblar la cuchara, eso es imposible. En su lugar, solo trata de darte cuenta de la verdad.*

—*¿Qué verdad?*, pregunta Neo.

—*Que la cuchara no existe. Entonces, no es la cuchara la que se dobla, sino tú mismo.*

Algo parecido sucede con la percepción de la realidad. Si la verdad absoluta no existe (si lo que creemos cierto depende de nuestros sentidos, experiencias y creencias), entonces las premisas que usamos en un argumento no pueden ser ni completamente verdaderas ni falsas, sino maleables según el contexto.

Habrá gente que discutirá esta idea y con razón. *Es obvio que el sol sale cada día por el este y se pone por el oeste*, o *Es obvio que si alguien mata a otra persona tiene que ir a prisión* o *Es obvio que no tengo dinero porque mi cuenta corriente está a cero.*

Aunque podríamos argumentar que el sol no *sale* realmente, sino que es nuestra percepción debido a la rotación de la Tierra, o que *ir a prisión* es una consecuencia de un conjunto de leyes acordadas por un número suficiente de personas, e incluso que *el dinero* no es solo lo que tienes en el banco, sino también tu capacidad de influir en otros, debatir sobre si existen hechos absolutamente objetivos no es el propósito de este libro.

Mi intención no es cuestionarlo todo por el simple hecho de hacerlo, ni entrar en un debate filosófico sobre lo objetivo y lo subjetivo, o sobre la diferencia entre verdades y creencias. Eso se lo dejo a los eruditos y académicos.

Lo que te propongo es algo mucho más pragmático: identificar lo que puede ser cuestionado (como vimos en el capítulo anterior), sembrar la duda razonable y, a partir de ahí, proponer y negociar una realidad diferente.

La persuasión consciente es el arte de doblar la percepción de la realidad, como la cuchara en la película. No imponemos nuestra verdad como una *verdad objetiva*, sino que trabajamos sobre la interpretación del mundo que ya tiene la otra persona.

Si aceptamos que nuestro mundo está construido a través de percepciones, entonces persuadir no es imponer un punto de vista, sino ajustar y moldear la realidad percibida de nuestro interlocutor para que encaje con nuestra idea. Como en *Matrix*, no se trata de forzar la cuchara a doblarse, sino de comprender cómo funciona su percepción y utilizarla a nuestro favor.

Para lograrlo, es clave recordar que cuanto más utilices las ideas y valores del mapa de la otra persona, más fácil será que asimile el argumento que le presentamos. La tentación va a ser caer en monólogos o discursos cerrados, pero la persuasión consciente utiliza la flexibilidad y creatividad para que puedas adaptarte y modificar tus argumentos a medida que la otra persona te habla. Aquí la persuasión en un proceso más dinámico y ajustado: creas un traje a medida del otro y no le impones una prenda comprada en una gran superficie.

Si una de las bases de este libro es que la *persuasión consciente* consiste en que no existe una verdad absoluta, esto te debería permitir cuestionarte, adaptarte y facilitar que el otro también lo haga. De ahí la importancia de tu propia actitud hacia aquello que crees.

Si tienes clara esta idea de *percepción maleable,* ya podemos continuar entendiendo que el punto más débil de cualquier argumento es la credibilidad de sus premisas. Puedes construir una estructura lógica perfecta, con una relación impecable de causas y efectos o un significado potente, pero si la persona no cree en la base sobre la que descansa tu argumento, simplemente no lo aceptará.

La clave para fortalecer una premisa está en demostrar su validez antes de que alguien pueda cuestionarla, y para ello podemos utilizar cuatro herramientas fundamentales: ejemplos y casos de éxito, datos y fuentes, analogías y estructura lógica acumulativa.

1.   Ejemplos y casos de éxito: lo que otros ya han probado

Las personas confían más en una idea cuando saben que ya ha funcionado antes. No es lo mismo decir: *Este método mejora la productividad,* que decir: *Empresas como X e Y han implementado este método y han aumentado su productividad en un 30% en solo seis meses.*

Los casos de éxito, en términos lógicos, no prueban nada. Solo muestran que, en unas circunstancias concretas, algo funcionó para alguien. Pero mi situación no es la tuya, aunque puedan tener puntos en común. Aun así, escuchar que algo ha funcionado antes hace que la idea resulte más creíble para quien la recibe.

Como dice Richard Bandler: «*Una estadística te dice lo que les ha pasado a mil personas, pero no lo que te pasa a ti*».

Ni un caso aislado ni mil pruebas garantizan nada, porque las condiciones nunca se repiten exactamente de la misma manera, salvo en un laboratorio, donde todo está controlado al milímetro. Y la vida, hasta donde sabemos, no funciona así.

El mismo Bandler es un genio de hacer ganar credibilidad de lo que habla y lo demuestra en sus cursos, conferencias o cuando demuestra un proceso de cambio con alguien. Una de sus herramientas por excelencia son los patrones de George Polya, un matemático que investigó cómo hacíamos los humanos para construir mapas mentales y creerlos.

Parte de su trabajo nos habla de cómo los ejemplos o evidencias impactan en cuanto nos creemos una idea. Podemos definir cuatro modos diferentes de utilizar los ejemplos o evidencias.

a) **Verificación del efecto:**

Si una causa A debería producir un efecto B, y observamos que B ocurre, entonces A parece más creíble. Es una forma de reforzar un argumento con una observación tangible.

Ejemplo:

Cuando alguien empieza a beber más agua a lo largo del día (A) su piel se ve más hidratada (B). Si miras a quienes han cambiado este hábito, notarás cómo su piel luce más luminosa sin necesidad de cremas. Interesante, ¿no?

b) **Verificación sucesiva de efectos similares:**

Cuando observamos múltiples efectos (B_1, B_2, B_3) relacionados con la misma causa (A), esta se vuelve más convincente.

Ejemplo:

Las personas que practican deporte regularmente duermen mejor. Yo duermo mejor (B_1) desde que hago deporte tres veces a la semana (A), Juan empezó a hacer deporte (A) y ya duerme más cada noche (B_2), y María desde que va al gimnasio (A) no se despierta por la noche (B_3).

c) **Verificación de varios efectos parecidos, pero de conjuntos diferentes:**

Cuando una misma causa (A) produce efectos en diferentes categorías (B_1, B_2, B_3), su credibilidad aumenta aún más, ya que se extiende lo general del efecto.

Ejemplo:

Las personas que practican deporte regularmente duermen mejor. Yo he aumentado mi fase de sueño profundo (B_1) desde que hago deporte tres veces a la semana (A), Juan desde que empezó a hacer deporte (A) no está cansado durante el día (B_2), y María, que acaba de ser madre, desde que va al gimnasio (A) no se despierta tanto por la noche (B_3).

Así, Juan, María y yo mismo hemos tenido efectos de categorías diferentes (cansancio durante el día, continuidad en el sueño y mejora del sueño profundo).

d) **Verificación de un efecto improbable:**

Si un efecto es inesperado o poco probable, pero aun así ocurre, entonces la causa que lo originó gana credibilidad.

Ejemplo:

La actividad física mejora la salud mental (A). Aunque pueda parecer sorprendente, algunas personas que estaban en tratamiento médico durante años, desde que han empezado a caminar todos los días afirman que han reducido sus episodios de ansiedad sin necesidad de medicación (B).

Recuerda: Cuantos más ejemplos utilices y mejor encajen con la experiencia de tu interlocutor, más fácil será que tu mensaje resuene. Al final, lo que hace que una idea sea persuasiva no es solo su lógica, sino la sensación de que encaja con la realidad de quien la escucha.

2. Datos y fuentes: la fuerza de los números

El cerebro humano está programado para confiar más en lo que parece medible y verificable. Si dices: *Las personas que practican la meditación son más felices,* es posible que alguien te responda: *¿Y cómo lo sabes?*

Pero si en lugar de eso dices: *Un estudio de Harvard con más de 1.000 participantes demostró que las personas que meditan diariamente tienen un 30% menos de ansiedad y un 25% más de satisfacción con su vida,* entonces la reacción cambia. Un dato específico y una fuente confiable reducen la resistencia.

No es solo una cuestión de credibilidad, sino de cómo procesa la información nuestro cerebro. Según el *modelo de probabilidad de elaboración de Petty y Cacioppo,* cuando un mensaje se presenta con datos concretos y referencias verificables es más probable que lo procesemos de forma profunda y racional. En cambio, una afirmación vaga nos deja en la superficie, obligándonos a cuestionarla en lugar de aceptarla.

Lo mismo sucede en el mundo del marketing. No es lo mismo decir: *El email marketing funciona muy bien,* que decir: *El email marketing tiene un retorno de inversión del 4.200%, según un estudio de la Direct Marketing Association.*

En este segundo caso la persona no necesita creer en tu afirmación. El dato hace el trabajo por ti. Porque cuando algo parece medible, también parece real.

3. Analogías: conectar con lo que ya conocemos

A veces, la mejor manera de hacer creíble una idea es conectarla con algo que la persona ya entiende y acepta. En lugar de introducir una nueva premisa de cero, se asocia con un concepto familiar.

Por ejemplo, si queremos explicar por qué el estrés puede afectar el rendimiento mental, podríamos decir: *El cerebro bajo estrés es como un móvil con demasiadas aplicaciones abiertas: funciona más lento y se sobrecalienta.*

No necesitamos demostrar nada más. La mayoría de las personas ha experimentado un teléfono funcionando mal por sobrecarga y entienden al instante la comparación.

Lo mismo ocurre en las ventas. Supongamos que vendes un seguro de vida. En lugar de dar largas explicaciones sobre su importancia, podrías decir: *Contratar un seguro de vida es como llevar el cinturón de seguridad. Esperas no necesitarlo, pero si algo sucede te protege de consecuencias mucho peores.*

Esta comparación inmediata hace que la persona lo entienda sin necesidad de profundizar en conceptos técnicos.

Las analogías son herramientas poderosas, porque crean representaciones mentales que facilitan la comprensión de conceptos desconocidos o abstractos. Nos ayudan a *ver* ideas que de otro modo serían difíciles de imaginar.

Por ejemplo, ¿cómo explicas a alguien qué es un acelerador de partículas sin recurrir a términos científicos? Puedes decirle: *Imagínate un gran túnel de metro circular, rodeado de imanes que se repelen entre ellos como los de la nevera. Dentro, hay una bolita flotando en el centro porque los imanes la mantienen suspendida. Ahora, imagina que hacemos correr esa bolita a una velocidad increíble y la hacemos chocar contra otra. Eso es, a grandes rasgos, cómo funciona un acelerador de partículas.*

No hace falta que la persona entienda los detalles técnicos, porque la imagen mental hace el trabajo por sí sola.

Las analogías son especialmente útiles en campos como la economía, la medicina, el derecho o la ciencia. Permiten traducir términos complejos en imágenes que cualquier persona puede entender. Si no puedes representarte algo en tu cabeza, difícilmente lo comprenderás.

Piensa en medidas de distancia: ¿Puedes visualizar 1 cm? Seguramente sí. ¿Y 1 metro? También. ¿100 kilómetros? Probablemente. ¿Pero qué pasa con 1 millón de kilómetros? Sin un referente claro, la magnitud se vuelve abstracta.

Si no puedes representarlo, no puedes entenderlo. Y si no puedes entenderlo, tampoco puedes reaccionar emocionalmente a ello.

Las representaciones mentales no solo facilitan la comprensión, sino que también influyen en nuestras decisiones. Una vez que podemos visualizar algo, nuestro cerebro lo procesa emocionalmente, lo que impacta en nuestra forma de reaccionar ante la información.

Por eso, cuando queremos persuadir no basta con ser lógicos. Hay que hacer que la persona *sienta* lo que estamos diciendo, y para ello no hay mejor herramienta que una buena analogía.

La utilización de analogías supone sumergirte en el mapa del otro, ya que es ahí donde vas a rescatar la información de lo que ya conoce para crear el puente hacia lo que es nuevo. Una vez más, es ese baile entre tu mapa y su mapa lo que va a generar la comunicación más eficiente.

4. Combinando lógica con certidumbre paso a paso

Mientras que en el anterior apartado conectábamos solo ideas, ahora se trata de encadenar verificaciones que hagan más creíble una conclusión.

Podrías construirlo así:

a) *Conozco a muchas personas de éxito que organizan su día con antelación* (evidencia basada en observaciones reales).

b) *Un estudio de la Universidad de Pamplona muestra que una agenda bien organizada reduce el estrés en un 25% y mejora la productividad en un 35%* (evidencia basada en estudios sobre eficiencia).

c) *Desde que empecé a planificar mi semana, noté cómo mi tiempo rendía más y las tareas se volvían más manejables* (conclusión lógica y evidenciable que se sigue de las anteriores).

Como ya sabemos, si queremos que nuestro argumento sea creíble, no basta con que sea lógico. Necesitamos asegurarnos de que las premisas sobre las que descansa sean difíciles de refutar. La diferencia entre un argumento fuerte y uno que se desmorona ante el primer cuestionamiento está en lo bien que blindemos nuestras premisas. Porque cuando las personas creen en la base, aceptan la conclusión casi sin darse cuenta.

Por este motivo, la combinación de encadenar ideas con ejemplos en una secuencia lógica crea una estructura mucho más robusta:

a) *Meditar a diario mejora la concentración* (Premisa 1) / *En mi caso, desde que lo hago me concentro más* (Evidencia 1).

b) *Una mejora de la concentración reduce las distracciones* (Premisa 2) / *Los estudios realizados en la Universidad de Harvard muestran que veinte minutos al día mejoran la concentración un 45%* (Evidencia 2).

c) *Menos distracciones aumentan la productividad* (Premisa 3) / *Hasta niños con déficit de atención han mejorado su productividad* (Evidencia 3).

d) *Meditar mejora tu productividad* (Conclusión).

8. Dos modos fáciles de organizar la información

A veces, lo que dices es menos importante que *cómo* lo dices. Puedes tener la mejor idea del mundo, pero si no la presentas de forma clara y convincente la gente perderá interés o simplemente no la entenderá. Por eso, estructurar bien la información no es solo un detalle, es la diferencia entre captar la atención o ser ignorado.

Cuando hablas con alguien, esa persona se está haciendo preguntas sin darse cuenta: *¿Por qué debería interesarme esto? ¿Cómo me afecta? ¿Es fácil de entender?* Si tu mensaje no responde a estas preguntas, perderás su atención en segundos.

Por eso, estructurar bien la información no es solo un detalle, sino la clave para que la otra persona se interese y recuerde lo que le dices.

Hay dos formas sencillas y efectivas de hacerlo: el 4MAT y el *Impromptu Speech*.

a) 4MAT: Cómo estructurar una explicación de manera clara y efectiva

Cuando queremos explicar algo de manera ordenada y que tenga impacto, necesitamos un esquema que haga que la información sea fácil de seguir. Aquí es donde entra el 4MAT, creado por Bernice McCarthy, quien se basó en la teoría de los aprendizajes de David Kolb, una metodología que organiza la información en cuatro pasos:

- **Por qué.** Engancha a la audiencia mostrando por qué esto es importante para ellos.
- **Qué.** Define el concepto clave de manera clara.
- **Cómo.** Explica los pasos o la metodología para aplicar la idea.
- **¿Y si...?** Presenta posibles escenarios para que la audiencia visualice su aplicación.

El 4MAT te ayuda a explicar cualquier concepto de manera clara y estructurada, asegurando que la persona entienda *por qué* esto le importa, *qué* significa, *cómo* aplicarlo y *qué pasaría* si lo hiciera. Es ideal cuando tienes tiempo para planificar y quieres que tu mensaje sea fácil de seguir y recordar.

Ejemplo: Por qué es bueno llevar una dieta saludable

- **Por qué**: *Una dieta saludable es clave para tener más energía, prevenir enfermedades y mejorar nuestra calidad de vida. Muchas personas se sienten cansadas o con problemas digestivos que podrían evitarse con una alimentación equilibrada.*
- **Qué**: *Llevar una dieta saludable significa comer una variedad de alimentos naturales y equilibrados en cantidades adecuadas. Se trata de consumir más frutas, verduras, proteínas de calidad y reducir el exceso de azúcares y grasas procesadas.*
- **Cómo**: *Para mejorar nuestra alimentación, podemos seguir estos pasos:*

  – *Aumentar el consumo de verduras en cada comida.*
  – *Reducir los alimentos ultraprocesados y optar por opciones naturales.*
  – *Mantener una hidratación adecuada con agua en lugar de refrescos azucarados.*
  – *Planificar las comidas para evitar decisiones impulsivas poco saludables.*

- **¿Y si...?**: *Si implementas una dieta más saludable, notarás más energía durante el día, mejor concentración en el trabajo y un sistema inmunológico más fuerte. Además, a largo plazo reduces el riesgo de enfermedades como la diabetes o problemas cardiovasculares.*

¿Por qué funciona? Porque responde a las preguntas clave que la audiencia tiene en mente y las ordena de manera lógica, permitiendo que la información sea fácil de entender y recordar.

b) Impromptu Speech: cómo argumentar de manera rápida y persuasiva

Cuando tienes que defender una idea sin preparación previa necesitas una estructura que te ayude a sonar convincente en cuestión de segundos, sin dar rodeos ni perder claridad.

Saber cuándo usar cada uno te dará una ventaja en cualquier conversación, presentación o negociación, pues al final la clave no es lo que sabes, sino cómo logras que la otra persona lo entienda, lo recuerde y le importe.

El *Impromptu Speech* tiene cuatro partes:

- **Declaración clara** → Presenta tu idea de manera directa.
- **Razón principal** → Explica por qué es importante o beneficioso.
- **Ejemplo o evidencia** → Da una prueba concreta que respalde tu argumento.
- **Conclusión firme** → Cierra con una frase de impacto que refuerce tu idea.

Ejemplo: Por qué deberíamos llevar a cabo un proyecto innovador en nuestro departamento.

- **Declaración clara**:

   Deberíamos implementar este nuevo proyecto innovador en nuestro departamento porque nos permitirá mejorar nuestra eficiencia y mantenernos competitivos.

- **Razón principal:**

   El mercado está en constante cambio y las empresas que no innovan se quedan atrás. Si seguimos trabajando de la misma manera, corremos el riesgo de perder oportunidades de crecimiento.

- **Ejemplo o evidencia:**

    Las diez empresas líderes en nuestra industria han adoptado ya tecnologías y procesos innovadores, lo que les ha permitido aumentar su productividad y mejorar sus resultados.

- **Conclusión firme:**

    Si queremos seguir avanzando y ofrecer mejores soluciones es fundamental que tomemos acción ahora. Este proyecto es una inversión en nuestro futuro y en nuestra capacidad para responder a los desafíos del mercado.

    ¿Por qué funciona? Porque, en una situación de presión, esta estructura te permite responder rápido sin perder claridad ni impacto.

Resumen

1. **Uso de la causalidad en la persuasión**
   - La mente humana busca relaciones de causa y efecto para tomar decisiones.
   - Construir argumentos con conexiones lógicas claras aumenta la credibilidad.
   - La causalidad puede presentarse de forma explícita o implícita para mayor impacto.

2. **Causas, efectos y significados**
   - Asociar ideas con significados profundos refuerza la persuasión.
   - La conexión entre causa y efecto ayuda a estructurar un mensaje convincente.
   - Relacionar conceptos con valores personales del interlocutor facilita la aceptación del mensaje.

3. **Construcción de argumentos persuasivos**
   - La estructura lógica es clave para la credibilidad de un mensaje.
   - Ethos (credibilidad), Pathos (emoción) y Logos (razón) deben combinarse estratégicamente.
   - Las premisas bien fundamentadas generan confianza y aceptación del interlocutor.

4. **Herramientas de credibilidad**
   - Ejemplos, datos y analogías refuerzan la validez de un argumento.
   - La estructura lógica acumulativa permite construir conclusiones difíciles de refutar.
   - Dejar que el interlocutor saque su propia conclusión aumenta la efectividad del mensaje.

5. **Estrategias de argumentación**
   - 4MAT ayuda a estructurar discursos en función de cómo el interlocutor procesa la información.
   - Impromptu Speech facilita argumentaciones rápidas y convincentes.
   - Un mensaje ordenado y dinámico mantiene la atención del receptor.

Tareas

1. **Aplicar la causalidad en la persuasión**
   - Identifica un tema y explica su importancia, estableciendo una relación clara de causa y efecto.
   - Construye tres frases persuasivas utilizando causalidades explícitas e implícitas.

2. **Relacionar conceptos con significados profundos**
   - Escoge una idea o propuesta y asóciala con un valor significativo para tu audiencia.
   - Crea una presentación breve donde expliques la relación entre causa, efecto y significado.

3. **Desarrollar un argumento persuasivo sólido**
   - Redacta un argumento usando la estructura Ethos, Pathos y Logos.
   - Evalúa su efectividad preguntándote si cada premisa está bien fundamentada.

4. **Fortalecer la credibilidad de un mensaje**
   - Encuentra un argumento débil y refuérzalo con ejemplos, datos o analogías.
   - Reescribe una conclusión dejando que el interlocutor infiera la respuesta.

5. **Practicar estrategias de argumentación**
   - Usa el método 4MAT para estructurar una exposición sobre un tema de tu elección.
   - Responde a una pregunta inesperada con la estructura Impromptu Speech.

10
CUENTA HISTORIAS PARA TRANSFORMAR

1. No hay regalo sin historia

Cuando entras en casa de Bassam no eres un invitado, eres familia. Antes de que puedas decir algo, él ya está en la cocina, preparando algo especial. *Prueba esto*, dice mientras te acerca un trozo de pan *markouk* crujiente con bolas de queso de cabra (*Labneh*) y un ingrediente inesperado: romero encurtido.

¿Romero encurtido?, pregunto sorprendido.

Sí, responde con una sonrisa, *como aceitunas, pero con romero. Te va a encantar*.

Y tenía razón. Era exquisito. Tanto, que cada vez que iba a su casa Bassam ya me lo tenía preparado. Pero un día me regaló algo más que un plato delicioso. Me entregó un frasco de romero encurtido y me dijo:

Esto es de mi madre. Ella va al campo, recoge el romero, lo deja en agua y sal por meses, cambiando el agua cada mes. Luego nos da a cada hijo un par de tarros al año. Y ahora quiero regalarte uno.

De repente, ese tarro dejó de ser solo un frasco de romero encurtido y se transformó en algo mucho más profundo, en un legado, un vínculo con su familia, un tesoro que Bassam había decidido compartir conmigo. No era un simple obsequio, era una muestra de confianza, de aprecio genuino. Se me cortó la respiración.

Sentí un nudo en la garganta y mis ojos se humedecieron. No solo me gustó el gesto, es que me conmovió por completo. Porque en ese instante entendí que lo más valioso no era el contenido del tarro, sino lo que significaba.

Y luego me dijo algo que se me quedó grabado para siempre: *En el Líbano decimos que no hay regalos sin historia*. O, al menos, que *no hay buenos regalos sin historia*.

Esas palabras resonaron en mí, porque explicaban lo que tantas veces había visto en mis charlas y formaciones. Datos, gráficos y argumentos lógicos eran fáciles de olvidar. Pero cuando contaba una historia, la gente no solo entendía, sino que recordaba. Porque las historias dan valor, transforman lo ordinario en algo excepcional.

Acuérdate de Maya Angelou: «*La gente olvidará lo que dijiste, la gente olvidará lo que hiciste, pero la gente nunca olvidará cómo la hiciste sentir*».

Y esto no es solo percepción. La neurociencia lo confirma. Cuando escuchamos una historia, no solo se activan las áreas del lenguaje en nuestro cerebro. También se encienden las regiones sensoriales y emocionales, como si estuviéramos viviendo lo que nos cuentan.

Si una historia puede convertir un simple frasco de romero en un tesoro, ¿qué puede hacer por nuestras ideas?

En el anterior capítulo te hablé de cómo adornar el árbol de Navidad a través de algunas de las herramientas que a los seres humanos nos hacen ganar más credibilidad delante de unas ideas perfectamente ordenadas. Los datos, los ejemplos o las citas de personajes históricos ayudan a consolidar el argumento, pero las historias juegan en otra liga. Porque tú no adornas con bolas y guirnaldas brillantes a un manzano ni a un olivo y los pones en el comedor. Lo haces con un abeto porque tiene una historia.

El *storytelling* no es solo una herramienta para entretener, sino una estrategia de persuasión profundamente efectiva porque se incrusta en la estructura de pensamiento de las personas sin generar resistencia.

Nuestro cerebro está hecho para escuchar historias. Piénsalo: durante milenios, antes de que existiera la escritura, las historias fueron el principal canal de transmisión del conocimiento. Eran la forma en que la gente aprendía, recordaba y se preparaba para la vida. Y eso, inevitablemente, dejó huella en nuestra neurología.

Si no, dime cómo es posible que *La Ilíada* y *La Odisea* de Homero sean dos epopeyas que fueron transmitidas de boca en boca mucho antes de ser escritas y que acabaron marcando a generaciones enteras. No eran solo relatos épicos sobre guerras y viajes imposibles; eran manuales de vida, enseñanzas sobre el honor, la astucia y la resistencia humana. Los *aedos* y *rapsodas* las memorizaban y recitaban una y otra vez, asegurándose de que la historia no se perdiera, sino que siguiera evolucionando con cada nueva audiencia.

Por eso, no es casualidad que las historias nos atrapen tanto. No es solo entretenimiento, es parte de cómo nuestro cerebro está cableado para aprender y conectar con el mundo.

Desde pequeño te han contado historias y has pasado horas leyendo cuentos. Después, estas historias empezaron a moverse en forma de dibujos o con actores reales. Las historias siempre han formado parte de tu vida, y tu cerebro se ha ido moldeando a través de esos relatos.

Cuando escuchas una historia no solo se te activan las áreas del lenguaje en el cerebro, como sucede al procesar otro tipo de información. Se te despiertan también las regiones sensoriales, emocionales y motoras, como si estuvieras viviendo lo que te están contando. Una buena historia no solo la entiendes, sino que la sientes. Tu cerebro, delante de una historia, literalmente se ilumina.

El poder del *storytelling* va mucho más allá. Cuando un grupo de personas escucha la misma historia, sus cerebros empiezan a sincronizarse. Los estudios han demostrado que la actividad cerebral de los oyentes se alinea con la del narrador y entre ellos, como si sus mentes entraran en la misma frecuencia. Ya no es un tema de mejorar la comprensión colectiva, sino que estamos hablando de que mejora la conexión entre las personas que están escuchando. Básicamente, las historias no solo nos informan, sino que nos unen.

Cuando cuento este fenómeno no puedo dejar de pensar en una escena de *El Retorno del Jedi* en la saga de *Star Wars*.

La escena transcurre en una aldea ewok (unos seres con cara de osito de peluche de un metro de altura) en la luna boscosa de Endor, donde un grupo de estas pequeñas criaturas peludas se reúne alrededor de una gran fogata. La luz de las llamas se refleja en sus ojos llenos de fascinación mientras escuchan a *C-3PO* (un robot con formas humanas de color dorado) a medida que cuenta una historia gesticulando con sus manos.

Relata las aventuras de su amo Luke Skywalker, Han Solo y la Princesa Leia, mientras genera todo tipo de efectos especiales con su voz para hacer las escenas más reales y épicas. Los ewoks, con los ojos abiertos de par en par, jadean, murmuran y se estremecen ante los momentos de tensión, para luego estallar en vítores y exclamaciones agudas cuando el relato alcanza sus puntos culminantes.

Algunos ewoks imitan los movimientos de *C-3PO*, repitiendo sonidos y gestos con entusiasmo, mientras otros se abrazan emocionados, asimilando la grandeza de la historia que están escuchando.

Uno de los mayores expertos en este arte, y quien ha llevado la narración a un nivel exquisito de sofisticación, con múltiples capas de comunicación simultánea, es Richard Bandler, el padre de la PNL. En sus historias combina distintos mensajes y estructuras de información en múltiples niveles lógicos, cuya explicación excedería el alcance de este libro.

Por esta razón, gracias a todo lo que he aprendido de él he podido transformar lo que originalmente fue un concepto expuesto por mi amigo Bassam en una herramienta de comunicación capaz de trascender culturas y generaciones. En todos mis cursos, conferencias y libros, el *storytelling* es una pieza clave de mi trabajo.

Tal como he mencionado en varias ocasiones a lo largo de este libro, Daniel Kahneman explica lo que sucede al escuchar una historia a través de sus conocidos *dos sistemas*. Cuando escuchas una historia activas el *Sistema 1*, el intuitivo y emocional, que procesa la información de manera automática, sin requerir un esfuerzo consciente de análisis. Esto facilita la absorción de los mensajes de forma más natural y profunda.

Pero, además de su poder emocional, una historia bien construida combina persuasión y lógica, lo que significa que también te activa el *Sistema 2* cuando es necesario. Harvard y los mejores oradores del mundo han perfeccionado el arte de contar historias precisamente porque saben que una historia no solo cautiva, sino que refuerza y hace memorable cualquier argumento.

Para entender cómo las historias nos impactan, no es necesario recurrir a estudios científicos complejos ni adentrarnos en la epopeya de Gilgamesh. Basta con recordar una experiencia cotidiana: una conversación en la que alguien nos atrapó con su relato, una anécdota que nos hizo reflexionar o una película que nos dejó una huella emocional duradera.

Imagina que estás en una presentación aburrida, llena de datos, porcentajes y términos técnicos. Tu mente divaga, te cuesta concentrarte. Ahora imagina que, de repente, el ponente cambia su tono y dice:

Dejadme que os cuente algo.

Hace unos años, un empresario llegó a nuestra oficina desesperado. Su negocio estaba al borde de la quiebra, y con él cientos de familias podían perder su sustento. Había intentado de todo, pero nada funcionaba. Se sentía derrotado.

Cuando nos encontró, le escuchamos. En lugar de soluciones complejas, le propusimos una estrategia clara y simple. Poco a poco, el negocio empezó a resurgir. En pocos meses no solo evitó el cierre, sino que volvió a crecer.

A veces, la diferencia entre rendirse y salir adelante está en encontrar a alguien que te ayude a ver la salida cuando todo parece oscuro.

En ese momento, algo en tu cerebro se activa. Dejas de mirar el reloj y quieres saber qué pasó. Sin darte cuenta, estás inmerso en la historia.

Esto no es casualidad. Las historias no solo activan las áreas del lenguaje en el cerebro, sino también las regiones sensoriales y emocionales, como si estuviéramos viviendo lo que nos cuentan. No escuchamos pasivamente, experimentamos la historia.

Es por eso por lo que recordarás la historia del cliente, pero olvidarás el 80 % de los gráficos de la presentación.

Las historias logran que un mensaje no solo lo comprendas, sino que lo experimentes. Te crean representaciones mentales que generan en ti una conexión emocional y te permiten llegar a tu propia conclusión sin sentirte forzado a aceptarla.

Y lo más interesante es que todo un argumento puede quedar escondido dentro de una historia. En lugar de decirle a alguien lo que tiene que pensar, le cuentas una historia en la que el mensaje es inevitable, y es su propio cerebro el que lo extrae. Y viceversa, si tienes una idea que quieres que gane más fuerza, cuéntale una historia donde suceda de lo que hablas. Es un modo de *caso de éxito*, pero escondido en tu historia.

2. El hermano pequeño de las historias

En PNL se habla de *patrones de metáfora* cuando nos referimos a algo indirectamente a través de un relato. Algo así como: *¿Sabes que el otro día me encontré a mi cuñado y me dijo…?*

Las referencias a encuentros con terceras personas o a citas de terceras personas es una herramienta muy utilizada en persuasión, porque tu interlocutor se *pierde* en el contenido de la historia. A este patrón de lenguaje se le llama *entrecomillado* o *cita*.

Relatar una vivencia es un modo de sumergir al otro en esa experiencia, y justamente por este motivo se distrae de lo que estás haciendo a otro nivel.

Así, fíjate que podemos esconder la idea *Te hacen falta unas vacaciones* detrás de una cita dentro de una historia: *El otro día me encontré a mi cuñado y me dijo: «Oye, se te ve muy cansado, creo que deberías tomarte unas vacaciones», y yo me quedé pensando que quizá tenía razón.*

Aunque la historia hace referencia a ti y a tu cuñado, la cita *(Oye, se te ve muy cansado, creo que deberías hacer unas vacaciones)* también está dirigiéndose en segunda persona *(deberías hacer)* a quien te está escuchando.

Cuanto más colorida e inmersiva sea tu historia, menos se va a dar cuenta la persona de este uso *hipnótico* del lenguaje.

Por otro lado, estos mismos *entrecomillados* pueden proveer de una fuente muy creíble para la persona, ya sea un libro, una investigación o a alguien que respete mucho. Pero si lo envuelves de una historia, va a ser todavía más creíble.

Vamos a poner un ejemplo.

Podríamos decir: *Las mujeres tienen que empoderarse.* O decir lo mismo mediante una cita: *Yo no deseo que las mujeres tengan poder sobre los hombres, sino sobre sí mismas.* Mary Wollstonecraft.

Incluso podríamos esconder nuestra cita dentro de una historia, para que la envuelva y la cargue emocionalmente:

«Londres, 1792. Mientras la vela parpadeaba sobre el escritorio de Mary Wollstonecraft, su pluma rasgaba el papel. No había tiempo que perder. Desde niña, había visto cómo su madre sufría en silencio, atrapada en un matrimonio sin opciones. Había visto a sus amigas forzadas a casarse con hombres que no amaban. Sabía que, sin educación, sin independencia, una mujer no era dueña de su destino.

La tinta aún estaba fresca cuando cerró el manuscrito: *Vindicación de los derechos de la mujer,* donde dejó escrito: *«Yo no deseo que las mujeres tengan poder sobre los hombres, sino sobre sí mismas».*

Sabía que su libro desataría furia. Sabía que la llamarían insensata, peligrosa, hasta ridícula. Pero también sabía que, en algún rincón de Inglaterra, una mujer lo leería y entendería, por primera vez, que su vida podía ser diferente.

No vivió para ver el impacto de sus palabras. No supo que su hija, Mary Shelley, escribiría *Frankenstein*, otra obra que desafiaría lo establecido. Pero su legado quedó grabado en cada mujer que, siglos después, decidió tomar las riendas de su propia vida.

Y así, en cada voz que se alza por la igualdad, resuena su eco».

¿Notas la diferencia?

3. El viaje del héroe

A estas alturas, seguro que has escuchado mil veces que una buena historia necesita conflicto. Y sí, es cierto. Pero no porque nos guste ver sufrir a los protagonistas, sino porque el conflicto es la clave del cambio, y el cambio es lo que realmente nos atrapa.

Piensa en cualquier historia que te haya enganchado. Desde *Breaking Bad* hasta *Harry Potter*, todas siguen la misma lógica: el protagonista empieza en un punto A, algo lo obliga a salir de su zona de confort, y termina en un punto B siendo una persona distinta.

Si no hay cambio, no hay historia. Es como contar que fuiste a la tienda, compraste pan y volviste. Nadie va a recordar eso. Pero si al ir a la tienda te encontraste con un viejo amigo que te cambió la vida, entonces ahí tienes una historia.

Desde tiempos inmemoriales, las mejores historias, las más épicas, siguen un patrón que facilita su impacto. Joseph Campbell lo llamó *El viaje del héroe*, una estructura narrativa que está presente en mitos, leyendas, películas y en la vida misma.

La Odisea de Omero, *El Hobbit* de Tolkien, *Harry Potter* de Rowling, *Don Quijote* de Cervantes, *Los juegos del hambre*, *Mulan*, *Moana* o *Gladiator* son todos ejemplos de este viaje del héroe, que contiene siempre las siguientes partes:

1. **Mundo ordinario.** El héroe empieza en su entorno cotidiano, sin grandes preocupaciones. Ejemplos del texto incluyen:

   - El trabajador que lleva años haciendo lo mismo.
   - El ingeniero que presenta datos y gráficos sin impacto emocional.
   - En *Gladiator*, Máximo es un general romano leal, viviendo su vida como soldado y líder del ejército.

2. **Llamada a la aventura.** Ocurre un evento que sacude su realidad y lo impulsa a cambiar:

   - Un accidente laboral que hace ver la importancia de la seguridad.
   - Un problema en el trabajo que requiere liderazgo.
   - En *Gladiator*, el emperador Marco Aurelio le confía la tarea de devolver la República a Roma, desafiando al heredero legítimo, Cómodo.

3. **Rechazo de la llamada.** Inicialmente, el héroe duda o se niega a actuar:

   - *Esto no es mi responsabilidad.*
   - *Siempre se ha hecho así, ¿por qué cambiar?*
   - En *Gladiator*, Máximo no rechaza la llamada, pero su negativa a seguir a Cómodo lo condena.

4. **Encuentro con el mentor.** Aparece alguien que lo guía o motiva:

   - Un compañero que le inspira.
   - Un líder que lo impulsa a actuar.
   - En *Gladiator*, su mentor es el recuerdo de Marco Aurelio y el deseo de justicia.

5. **Cruce del umbral.** Deja su zona de confort y entra en un mundo desconocido:

    -   Comienza a actuar en favor del cambio.
    -   Se enfrenta a desafíos en la empresa.
    -   En *Gladiator*, Máximo pasa de ser un general respetado a un esclavo condenado a pelear en la arena.

6. **Pruebas, aliados y enemigos.** Encuentra dificultades y aliados en el proceso:

    -   Directivos que se oponen al cambio.
    -   Regulaciones que dificultan su labor.
    -   En *Gladiator*, Máximo encuentra aliados en otros gladiadores, como Juba y Hagen, pero también enfrenta enemigos como Próximo y Cómodo.

7. **Aproximación a la cueva profunda.** Llega un punto crítico donde todo parece estar en su contra:

    -   Desesperación ante la falta de avances.
    -   Momento de crisis en la empresa.
    -   En *Gladiator*, Máximo se enfrenta cara a cara con Cómodo en el Coliseo, revelando su identidad y declarando su intención de vengarse.

8. **Ordalía, muerte y renacimiento.** El punto más bajo, donde parece que todo está perdido:

    -   Un accidente fatal en la empresa.
    -   Una decisión clave que debe tomar.
    -   En *Gladiator*, Máximo es traicionado, herido gravemente antes de su combate final contra Cómodo.

9. **Recompensa (elixir).** El héroe obtiene un aprendizaje profundo:

    -   Descubre el poder de la narración en la prevención de riesgos.
    -   Se transforma en un líder más efectivo.
    -   En *Gladiator*, Máximo finalmente vence a Cómodo y le devuelve Roma al pueblo, cumpliendo la última voluntad de Marco Aurelio.

10. **Regreso con el elixir**. Vuelve al mundo ordinario con un nuevo conocimiento:

- Aplica la lección en su trabajo.
- Mejora la cultura de seguridad en la empresa.
- En *Gladiator*, aunque muere, Máximo logra su objetivo y *regresa* simbólicamente con su familia en la otra vida.

Recuerda un hecho que parece obvio, pero no está de más recordar: el héroe no debes ser tú o tu marca, sino tu cliente. Piensa otra vez en *Star Wars*: El héroe es Luke Skywalker, no Yoda. Yoda es solo el mentor que va a su lado para que llegue a transformarse.

Lo mismo pasa con tu marca. Si en tus mensajes hablas solo de lo increíble que eres, la gente perderá la atención (a la *ardilla* háblale de sus nueces). No porque no seas interesante, sino porque no les estás hablando de ellos. El secreto siempre está en enfocarte en tu interlocutor.

Nuestra empresa tiene 30 años de experiencia en marketing digital.

Hemos ayudado a miles de emprendedores a multiplicar sus ventas usando estrategias que les ahorran tiempo y dinero.

Si quieres una versión de bolsillo del viaje del héroe, puedes utilizar una forma aún más simple, pero igualmente efectiva, para construir historias persuasivas, especialmente en el ámbito de los negocios, utilizando tres elementos esenciales:

1. **El héroe.** El protagonista con el que la audiencia debe identificarse. En un contexto de negocios, puede ser el cliente; en un discurso inspirador, una persona común enfrentando un reto.
2. **El monstruo (el problema).** El conflicto que genera tensión e interés. Puede ser un desafío personal, una crisis empresarial o una amenaza externa.
3. **El guía (la solución).** La clave de la persuasión. Es el descubrimiento, la estrategia, el producto o la nueva forma de pensar que resuelve el problema.

Una historia puede contener un mensaje sin que este sea explícito. En lugar de decir: *Es importante ayudarnos entre compañeros*, puedes contar la historia del montañero español Iñaki Ochoa de Olza:

«En la montaña la ley no la dictan los hombres, sino la altitud, el frío y el tiempo. Pero hay algo que trasciende incluso esos elementos: la voluntad de ayudar a los demás. Iñaki Ochoa de Olza lo entendía como pocos. Durante años, había priorizado salvar vidas en la montaña antes que conquistar cumbres. Y cuando fue él quien necesitó ayuda, la comunidad alpinista no dudó en devolvérselo.

Mayo de 2008. Iñaki y Horia Colibăşanu estaban escalando el Annapurna, una de las montañas más peligrosas del mundo. A 7.400 metros, en la llamada *zona de la muerte*, Iñaki colapsó. Un edema cerebral y pulmonar le dejó atrapado en la nieve, sin posibilidad de moverse.

La noticia se propagó rápidamente. Fue un sherpa, con quien Iñaki había forjado un vínculo profundo tras ayudar a su pueblo a construir hospitales y escuelas, quien tomó la iniciativa para movilizar el rescate. Contactó a montañistas de todo el mundo, que abandonaron sus expediciones para unirse a la misión, y pagó personalmente el helicóptero que los llevó cerca del Annapurna.

Sin embargo, la meteorología no permitía que el aparato pudiese aterrizar en el campo base. Otro alpinista, el suizo Ueli Steck, que había dejado su propia expedición para ayudar, tomó una decisión desesperada: saltó del helicóptero a kilómetros de distancia y caminó hasta el campamento base. Sin descanso, comenzó el ascenso.

Horia se había quedado con Iñaki, intentando mantenerlo con vida en un entorno donde el oxígeno es un bien escaso y cada minuto puede ser el último. Fundía nieve en su boca para darle agua, lo único que podía hacer ante la falta de recursos. Aguantó días a su lado, pero finalmente su propio cuerpo empezó a ceder. Si no descendía, ambos morirían allí.

Mientras bajaba se cruzó con Ueli, que subía sin el equipo adecuado. Sabía que seguir en esas condiciones sería un suicidio, así que, en un gesto de entrega absoluta, se intercambiaron las botas. Horia descendió y Ueli continuó la misión.

Finalmente, Ueli llegó hasta Iñaki y se quedó con él esperando a los rescatadores que se estaban organizando. Pero la altitud, el frío y la falta de oxígeno jugaron en su contra. El rescate nunca llegó a tiempo y Iñaki falleció en la montaña que tanto amaba.

Sin embargo, su historia no es solo la de un trágico final, sino la de una vida de entrega y generosidad. Treinta alpinistas abandonaron sus expediciones para salvarlo, no porque fuera famoso, sino porque Iñaki siempre había estado ahí para ayudar a los demás.

En el Himalaya, donde la supervivencia es lo único que importa, él dejó un legado diferente: demostró que la solidaridad puede llevarnos más alto que cualquier cumbre».

No es necesario ni explicar la moraleja final, porque la historia habla por sí sola.

Lo mismo ocurre en cualquier contexto: en ventas, liderazgo, formación o motivación. Si quieres convencer a alguien de que cambie su enfoque, dale una historia en la que el cambio haya sido inevitable y beneficioso.

Además, las historias pueden ser reales o ligeramente embellecidas. Los grandes comunicadores utilizan la licencia poética para hacer que sus historias sean más cautivadoras, siempre asegurándose de que reflejen la realidad del oyente y ofrezcan soluciones claras.

4. La conexión emocional

¿Recuerdas la última vez que una historia te atrapó tanto que sentiste escalofríos? ¿O esa vez que alguien te contó algo tan impactante que se te hizo un nudo en la garganta? No fue casualidad. Fue porque esa historia no solo te hizo pensar, sino que te hizo sentir.

Las historias que nos atrapan no son listas de hechos, sino experiencias vivas. Tu cerebro no procesa una historia como si leyera un informe técnico; la procesa como si la estuviera viviendo. Y ahí está el secreto del *storytelling* efectivo: no basta con decir lo que pasó, hay que hacer que el otro lo experimente.

Desde la PNL sabemos que el lenguaje puede evocar imágenes, sonidos y sensaciones en quien lo escucha. Cuando cuentas una historia con detalles sensoriales, el cerebro del oyente no solo procesa la información, sino que la representa internamente, como si la estuviera viviendo en primera persona.

Si usas un lenguaje plano y abstracto, tu audiencia recibe la información de manera superficial. Pero cuando introduces detalles visuales, auditivos y kinestésicos, haces que la historia se transforme en una experiencia inmersiva.

Piensa en la diferencia entre estas dos formas de contar lo mismo:

- *Pedro estaba nervioso antes de su gran discurso.*
- *Pedro sentía cómo las gotas de sudor le resbalaban por la frente mientras intentaba tragar saliva. Su camisa le quedaba pegada a la espalda y sus manos temblaban como si sostuvieran un vaso en plena tormenta.*

En la segunda versión activamos imágenes concretas (las gotas de sudor, la camisa pegada, el vaso temblando). En lugar de decir que Pedro estaba nervioso, hacemos que el oyente sienta su nerviosismo.

Te dejo algunas ideas para que puedas mejorar el impacto de tus historias:

- **Evita las abstracciones.** No digas *fue un día difícil, sino se le cayó el café sobre la camisa antes de entrar a su reunión más importante.*
- **Usa todos los sentidos.** ¿Cómo sonaba el ambiente? ¿Había un murmullo tenso en la sala? ¿Se sentía un calor sofocante? ¿Olía a café recién hecho o a perfume fuerte?
- **Ajusta el ritmo del relato.** Un buen narrador acelera en los momentos de tensión y desacelera cuando quiere que su audiencia saboree un detalle.

Las mejores historias no solo se entienden, se viven. Y cuando alguien vive una historia, la recuerda.

El carisma es un factor esencial. Un comunicador con carisma puede influir incluso sin argumentos perfectos. Un buen uso del lenguaje corporal, la modulación de la voz y la forma en que se presentan las palabras refuerzan el impacto de la historia.

La persuasión no es solo argumentar con lógica. Es crear una experiencia que haga que el otro quiera escuchar y recordar, algo que pocas herramientas consiguen tan bien como una buena historia.

Resumen

El *storytelling* es más que una herramienta para entretener; es un mecanismo de persuasión profundamente efectivo. Las historias dan sentido a los mensajes, transforman lo cotidiano en algo memorable y generan una conexión emocional con la audiencia.

- **Las historias dan valor.** Un simple tarro de romero encurtido puede convertirse en un símbolo de historia y tradición cuando se le da un significado. Lo mismo ocurre con las ideas: si van acompañadas de una historia, se vuelven más impactantes.
- **El cerebro y las historias.** No solo procesamos las historias con el lenguaje, sino con las áreas sensoriales, emocionales y motoras. Las historias no solo se comprenden, **se sienten**.
- **Las historias unen.** Cuando un grupo escucha la misma historia, sus cerebros se sincronizan. Esto genera conexión y facilita la persuasión.

- **El *storytelling* en la PNL.** Richard Bandler, cofundador de la PNL, utilizó el *storytelling* como una herramienta de transformación y aprendizaje.

- **El viaje del héroe.** Joseph Campbell estructuró el patrón narrativo que sigue la mayoría de las grandes historias. Esta estructura ayuda a construir mensajes convincentes en cualquier contexto.

- **El héroe no eres tú.** En ventas, liderazgo y comunicación, el protagonista de la historia debe ser el cliente o el oyente. La marca o el comunicador deben asumir el rol de guía.

- **El poder de la conexión sensorial.** Un lenguaje rico en detalles visuales, auditivos y kinestésicos hace que las historias sean más inmersivas. Describir lo que alguien siente, ve y escucha hace que la audiencia viva la historia en su propia mente.

Tareas

1. **Transforma un hecho en una historia**
   - Piensa en un objeto común que tengas cerca.
   - Escribe una breve historia sobre su origen o un momento especial en el que lo usaste.
   - Asegúrate de incluir emoción y significado.

2. **Haz que una historia se sienta real**
   - Toma una historia que ya conozcas o que suelas contar.
   - Reescríbela agregando detalles sensoriales (qué se veía, olía, sentía, escuchaba).
   - Léela en voz alta y evalúa si se siente más inmersiva.

3. **Aplica el viaje del héroe a una experiencia personal**
   - Piensa en un reto que hayas superado en tu vida.
   - Identifica los momentos clave del viaje del héroe:

     - ¿Cómo era tu «mundo ordinario»?
     - ¿Qué evento te sacó de tu zona de confort?
     - ¿Tuviste un mentor o una guía?
     - ¿Cuál fue el desafío más grande?
     - ¿Cómo cambiaste al final?

4. **Reescribe un mensaje persuasivo con** *storytelling*
   - Elige una idea o mensaje que quieras transmitir (por ejemplo, la importancia de la resiliencia).
   - En lugar de explicar su importancia con datos, crea una historia que la ejemplifique.

5. **Cambia el foco de la historia**
   - Piensa en una historia que suelas contar en la que tú eres el protagonista.
   - Reescríbela poniendo a otra persona como el héroe y asumiendo tú el rol de guía.
   - Reflexiona sobre cómo cambia el impacto de la historia al hacerlo.

11
PERSUASIÓN CONSCIENTE EN ACCIÓN

1. Sin acción no hay persuasión

Este capítulo no lo voy a empezar con un evento histórico, ni con algo simpático o extravagante. Te voy a contar algo sobre mí.

En 1986 mi padre murió en un accidente de automóvil en el que ni siquiera era el conductor. Yo apenas tenía 12 años y estaba empezando lo que en ese entonces se llamaba octavo de EGB (Educación General Básica).

En todas las clases del mundo hay *chicos guapos* y *chicas guapas*, y mi clase no era una excepción. Entre ellas estaba Esther. Era tranquila, guapa, deportista, buena estudiante. ¿Qué más podía querer un niño de 12 años?

Mi amor por ella era tan platónico como absolutamente estéril. Yo era lo suficientemente tímido para prácticamente no aguantarle la mirada más de dos segundos, pero a pesar de ello me las apañé para estar con ella en la fiesta de final de curso, en una de las actividades que organizábamos para el resto de los cursos.

Durante semanas estuve planificando cómo le confesaría lo que sentía por ella, pero cuando llegó el día de la fiesta mis representaciones mentales solo me mostraban un rechazo por su parte y, por supuesto, nunca me atreví.

Al año siguiente entramos en primero de BUP (Bachillerato Unificado Polivalente) y nos cambiaron de clase, por lo que di el caso por perdido. Ahí terminaron mis aspiraciones amorosas con ella. Treinta años después, mientras preparaba una charla sobre la importancia de entender cómo tomamos decisiones para unos mil quinientos adolescentes, me pareció que mi historia era un buen ejemplo de ello.

Yo quería ponerle nombre y apellidos a la persona de la que iba a hablar, así que le pedí permiso, y por supuesto, le conté la historia de ese amor preadolescente. Como te puedes imaginar, Esther reaccionó con sorpresa, pero al mismo tiempo me dijo algo que no me esperaba. Me dijo: *¿Sabes que mi madre se puso muy triste cuando tu padre murió?* Al preguntarle por qué, me dijo que su madre y mi padre habían sido novios siendo muy jóvenes.

Yo no pude evitar decir: *¡Pues mira, mi padre supo hacerlo mucho mejor que yo!*

Esta historia habla de decisiones y de miedos, pero especialmente de acción, o en este caso de falta de ella.

Todas tus habilidades persuasivas solo tienen sentido si te acercan a tu objetivo, y para ello es importante entender que la persona tendrá que tomar una decisión que la lleve a la acción.

Para algunas personas, tomar una decisión y actuar es un proceso casi inmediato; no necesitan seguimiento ni intervención. Sin embargo, para otras la decisión por sí sola no es suficiente. Necesitan un compromiso explícito o incluso un acompañamiento y seguimiento para dar el paso definitivo.

Aquellas con una alta necesidad de autonomía actuarán por su cuenta y no apreciarán que las persigas. En cambio, quienes se sienten más inseguros o buscan validación y apoyo agradecerán que estés presente para reforzar su compromiso.

Si ya has logrado motivar a la persona y sus objeciones o amenazas están bajo control, ahora es el momento de cerrar el proceso persuasivo. Y esto significa crear un plan de acción claro o, al menos, definir un primer paso concreto con el que la persona pueda comprometerse.

Si se trata de una venta, aquí entra en juego el cierre. Pero ojo: cierre no significa presionar, sino guiar con claridad y confianza. Un *Sí, me interesa, lo pensaré* no es un cierre real. Un *Te llamo en unos días* tampoco. La intención sin acción es solo una ilusión.

Sí, quiero mejorar mi productividad. No es lo mismo que llevar a la persona a: *Bien, ¿cuál será el primer cambio concreto que harás esta semana para empezar?*

Persuasión consciente no es manipular, empujar o presionar. Es acompañar a la persona en su proceso de decisión y asegurarte de que actúe.

La diferencia entre una conversación interesante y un cambio real está en el paso final: hacer que ocurra.

¿Cuántas personas saben que deberían hacer más ejercicio, comer mejor, cambiar de trabajo o mejorar sus relaciones, pero se quedan atrapadas en la inercia?

Para superar lo que James Clear o BJ Fogg llaman *fricción de activación*, se requiere una combinación de motivación y reducción de *barreras* para la acción. Como ya te he contado en anteriores capítulos, la motivación impulsa la conducta, ya sea por ese león que se acerca o por un babuino encaramado a un árbol.

Sin embargo, si no diseñas un mecanismo que facilite la acción (un contexto estructurado, señales ambientales o automatización de la respuesta), ese impulso inicial que has conseguido crear en tu interlocutor puede perderse en la famosa procrastinación y en un *hámster* que saca el libro de las *justificaciones cognitivas*.

También hemos visto que el cerebro es una máquina de ahorro de energía. Cuanto más nos mantiene en un estado de inacción, menos esfuerzo tiene que hacer. Por este motivo, cuando quieres llevar alguien a actuar es importante que tengas en cuenta algo que vimos en la toma de decisiones y que ahora vamos a llamar *coste percibido*: cualquier acción nueva es vista como un gasto de recursos (tiempo, esfuerzo, riesgo).

Incluso cuando la persona ya está convencida de que la acción es lo mejor para ella, no deja de ser algo nuevo, poco familiar, o simplemente no tiene el hábito adquirido y parece que su mente activa barreras automáticas y la ardilla va saltando de árbol en árbol diciendo: *Mañana empiezo*, *Cuando tenga más tiempo lo haré* o *Voy a pensarlo un poco más*.

Pero estas no son razones *reales*, son solo nuestro *hámster* trabajando horas extras para crear relatos para explicar por qué evitar el cambio. Algunos lo quieren llamar el *saboteador interno*, como si alguien viviera ahí dentro, pero es simplemente tu cerebro haciendo su trabajo.

Vamos a explorar de qué modo podemos llevar a la persona a la acción reduciendo la fricción:

1. **Compromiso externo.** Cuando una persona expresa públicamente su intención de hacer algo, la probabilidad de que actúe aumenta considerablemente. No porque de repente se vuelva más disciplinada, sino porque busca mantener coherencia con la imagen que ha proyectado. Para ayudar a esa persona a movilizarse, podemos vincular su decisión con un compromiso visible.

   • Si alguien dice en voz alta: *Voy a empezar a hacer ejercicio tres veces por semana*, es mucho más probable que lo haga que si solo lo piensa en su cabeza.

- Si conseguimos que nos exprese ese compromiso o lo haga a otra persona (*Mañana voy a empezar a estudiar para mi examen, recuérdamelo*) es aún más probable que lo haga.

2. **Pasos fáciles y progresivos.** La clave es hacer que la acción inmediata sea muy fácil. La mente humana tiende a resistirse a los cambios drásticos, pero acepta pequeños movimientos progresivos. Una vez que la persona cruza la barrera inicial, el resto suele volverse más fácil. En psicología se llama el efecto de *inercia conductual*: una vez en movimiento, seguir en movimiento puede ser más fácil que detenerse.

   - En lugar de *Empieza a hacer ejercicio todos los días*, es más efectivo decir: *Hoy solo ponte la ropa de deporte y sal a caminar 5 minutos.*
   - En vez de decir: *Comprométete a cambiar tu alimentación*, pregunta: *Si estuvieras dispuesto a mejorar tu alimentación, ¿cuál sería el primer cambio fácil para ti?*

3. **Busca pequeños acuerdos.** En PNL se utiliza una técnica llamada *fijar el sí* para llevar la persona a un consenso de manera gradual. En lugar de pedir un compromiso total de inmediato, guías a la persona con preguntas que lleven a *síes* acumulativos o a respuestas con las que estéis de acuerdo. Esto hace que la otra persona sienta control sobre el proceso, lo que disminuye su resistencia al cambio.

   - *¿Estás de acuerdo en que optimizar el tiempo de trabajo nos ayudaría a reducir el estrés? (Sí).*
   - *¿Y que tener un sistema más organizado nos permitiría trabajar con más claridad y menos urgencias? (Sí).*
   - *Entonces, ¿te parecería bien probar esta nueva metodología durante una semana y evaluar cómo funciona? (Sí).*

4. **Anclajes.** Otra herramienta clásica de la PNL y ampliamente utilizada en negociación son los *anclajes*, que también se emplean en la creación de nuevos hábitos. Si logras que la persona asocie la acción con un elemento concreto y presente, aumentará la probabilidad de que la lleve a cabo. Al vincular la acción con algo que ya forma parte de su rutina, reduces la fricción y facilitas su ejecución.

- *Después de que tomes tu café en la mañana, envía el primer correo a tu cliente.*
- *Cuando apagues el ordenador hoy, deja tu lista de tareas escrita para mañana.*

5. **Arquitectura del entorno.** El ambiente juega un papel clave en la construcción de hábitos. Como persuasores, podemos aprovechar esto ayudando a la persona a estructurar su entorno de manera que favorezca la acción. Un entorno bien diseñado reduce la fricción y hace que la opción correcta sea la más fácil de tomar.

   - Si quieres que alguien haga ejercicio, en lugar de solo motivarlo ayúdalo a colocar su ropa deportiva a la vista y sus zapatillas junto a la puerta.
   - Si alguien quiere comer más saludable, persuádelo para tener comida sana al alcance y para que deje los snacks poco saludables fuera de la vista.

6. **Identificarse con el cambio.** La *teoría de la autoidentidad* sostiene que las personas actúan de manera coherente con la identidad que perciben de sí mismas. En lugar de centrarte únicamente en los resultados, puedes facilitar el cambio ayudándolas a adoptar una nueva identidad que refuerce el comportamiento deseado. Cuando alguien se ve a sí mismo de una determinada manera, sus acciones tienden a alinearse de forma natural para mantener esa imagen y evitar la disonancia cognitiva.

   - En vez de *Tienes que empezar a correr*, prueba con *Eres una persona activa, ¿cómo lo harías evidente hoy?*
   - En vez de *Deberías leer más*, prueba con *¿Cómo se comportaría un lector habitual?*

7. **Une las acciones a recompensas.** Diseña, junto con la persona, pequeñas gratificaciones que refuercen la acción deseada; si tienes la oportunidad, dale tú esas recompensas. Los nuevos comportamientos se consolidan a través de recompensas inmediatas. Un error común es enfocarse únicamente en los beneficios a largo plazo, pero el cerebro prioriza la satisfacción en el presente, lo que hace crucial la presencia de refuerzos inmediatos para fortalecer el cambio.

- Si alguien quiere empezar a hacer ejercicio, su recompensa inmediata podría ser escuchar su música favorita solo cuando entrena.
- Si alguien quiere escribir todos los días, puede marcar en un calendario cada día que lo haga y ver su progreso visualmente.

La persuasión consciente no se trata solo de influir en lo que alguien piensa, sino en lo que hace. La diferencia entre una buena idea y un cambio real es, casi siempre, una simple acción.

2. ¿Qué pasa con las objeciones?

A lo largo de este libro hemos hablado en varias ocasiones sobre el concepto de *objeciones*, ya que es uno de los temas más recurrentes en cualquier curso o libro de ventas. Sin embargo, como ya sabes, mi enfoque es bastante diferente al habitual. Este apartado servirá como una recopilación de lo que hemos explorado hasta ahora y de cómo se relaciona con las objeciones, permitiéndote comprenderlas desde una perspectiva más profunda y estratégica.

Normalmente, las objeciones se presentan como un problema que debemos superar frente al cliente, lo que pone el foco en la otra persona como el obstáculo a vencer. Pero ¿y si la objeción no fuera el problema en sí, sino nuestra interpretación de lo que el cliente realmente está expresando?

Piénsalo un momento: nadie va por la vida pensando: *tengo una objeción y debo comunicarla*. Lo que llamamos objeción es, en realidad, una reacción natural ante algo que la persona aún no comprende, no confía o no siente como alineado con sus necesidades.

Por eso, en lugar de ver la objeción como una barrera, mírala como una oportunidad para entender mejor a la otra persona. No se trata de *rebatir* lo que dice, sino de explorar qué hay detrás de sus dudas y cómo puedes conectar con lo que realmente le importa.

Como te decía, el término *objeción* es muy fácilmente asimilado por algunos como un *problema a resolver*, *barrera a superar* o *resistencia a vencer*. El significado suele estar asociado a algo que hace el persuadido y que se interpone en nuestro camino. El enfoque está en nosotros y en nuestros intereses. Desde nuestro modelo enfocado al comportamiento humano y, por tanto, a la toma de decisiones, te propongo una visión alternativa.

Las objeciones son una parte natural del proceso de toma de decisiones. No representan un rechazo definitivo, sino una señal de que la persona está evaluando si la opción presentada cumple con sus criterios y expectativas. Más que un obstáculo, cada objeción es una oportunidad para comprender mejor las preocupaciones del interlocutor y ajustar nuestro enfoque para alinearnos con su percepción de valor.

A modo de recordatorio, lo que parece una objeción es, en realidad, una condición que la persona necesita ver satisfecha antes de sentirse cómoda tomando una decisión. Más que un obstáculo, es una señal de lo que requiere para avanzar con confianza.

Por ejemplo, cuando alguien dice *Este producto es muy nuevo en el mercado*, lo que realmente puede estar expresando es una falta de seguridad o familiaridad con el producto. Del mismo modo, una objeción de precio a menudo refleja una percepción incompleta del valor del producto o servicio.

Es decir, si la persona no estuviera interesada en lo que le estás contando, ni siquiera se tomaría la molestia de plantearte esa objeción. Por eso, en lugar de verlo como un obstáculo, considéralo un motivo de agradecimiento: te está revelando qué necesita para poder tomar una decisión. No te lo está poniendo más difícil, sino todo lo contrario. Si te tomas el tiempo de escuchar y analizar con las herramientas que te ofrezco en este libro, verás cómo puedes facilitar su decisión desde su perspectiva, en lugar de luchar contra ella.

Y si la objeción es solo una excusa para sacarte de encima, ello significa que el proceso persuasivo no ha funcionado, no se ha generado confianza o motivación, o sencillamente ahora no es el momento.

Para abordar estas objeciones de manera efectiva es crucial identificar la necesidad subyacente que las genera. Algunas preguntas que pueden ayudar incluyen:

- *¿A qué te refieres con «es caro»?* (Puede que el problema no sea el precio en sí, sino el momento de pago, la comparación con otra opción o la falta de confianza en el resultado).
- *¿Qué es lo que te preocupa exactamente?* (Ayuda a identificar el factor específico que impide la decisión).
- *¿Qué te haría sentirte más seguro con esta decisión?* (Permite conocer qué condiciones o garantías podrían cambiar su percepción).

Piénsalo así: una persona podría decirte que el gimnasio al que debería ir para hacer ejercicio está muy lejos, pero en realidad el problema puede ser que siente vergüenza de ser vista por personas en mejor forma. Otra persona podría afirmar que no tiene tiempo para estudiar, cuando en el fondo lo que realmente le cuesta es enfrentarse al miedo de no superar los exámenes.

Una vez que entendemos la verdadera razón detrás de la objeción, podemos reformularla de manera que se convierta en un argumento a favor de nuestra propuesta. En lugar de intentar vencer la resistencia de la otra persona, podemos utilizar su perspectiva para fortalecer nuestra posición.

Ejemplo:

- Objeción: *No estoy seguro porque este producto es muy nuevo en el mercado.*
- Respuesta: *Precisamente por eso es una oportunidad. Al ser una solución innovadora, tienes la ventaja de adoptarla antes que otros y diferenciarte. Además, en esta fase inicial tienes acceso a un nivel de soporte y atención que no estará disponible cuando la adopción sea masiva.*

Algunas estrategias adicionales que puedes utilizar para abordar estas objeciones son:

1. **Dejar acabar.** Permitir que la persona exprese completamente su objeción ayuda a entender el trasfondo real y evita respuestas apresuradas que puedan aumentar su resistencia.
2. **Reconocer la preocupación.** En lugar de minimizar la objeción, reconocerla como legítima ayuda a generar confianza. Un simple *Es completamente normal que lo pienses* puede reducir la resistencia.
3. **Preguntar e identificar condiciones.** Si alguien dice *Esto es muy caro*, una respuesta útil podría ser *¿Qué tendría que ocurrir para que el dinero no fuera un impedimento? ¿Si el dinero no fuera el principal problema, que más tendríamos que abordar para que quedaras convencida?*
4. **Buscar casos parecidos.** Generar analogías con clientes que tenían las mismas dudas pero que, a pesar de ello, lograron beneficios tangibles, ayuda a reducir la incertidumbre.
5. **Enfocarse en las consecuencias.** Podemos entender mejor su proceso de toma de decisiones y hacerle ver las consecuencias de no tomar acción. Preguntas como: *¿Cuánto te cuesta actualmente no solucionar este problema?* pueden hacer que el valor de la solución se vuelva evidente.

Siempre recuerda que las objeciones no son el fin de la conversación, sino un paso esencial dentro del proceso de toma de decisiones. De hecho, son una buena señal, porque indican que la persona está considerando tu propuesta y solo necesita más claridad o seguridad antes de dar el siguiente paso. Una vez más, no veas a los demás como batallas a vencer, castillo a conquistar o dragones a matar. Es más simple: *El otro nunca es el problema, siempre es la solución.*

Cuando abordamos las objeciones con la mentalidad adecuada y las herramientas correctas, podemos transformar las dudas en oportunidades y convertirlas en los cimientos de una decisión positiva.

3. Asertividad más consciente

Ya sabes que mi propuesta de persuasión consciente se aleja de las posturas dominantes y egocéntricas basadas en modelos de liderazgo obsoletos. Ser persuasivo no implica ser autoritario ni imponer nuestras ideas a los demás. La persuasión consciente se basa en una comunicación respetuosa pero efectiva, donde la asertividad juega un papel clave. Pero, ¿qué significa realmente ser asertivo?

La asertividad es la capacidad de expresar tus ideas, necesidades y emociones de manera clara y directa, sin ser agresivo pero tampoco sumiso. Es el equilibrio entre defender tus derechos y respetar los de los demás.

Sin embargo, esta definición se limita a lo puramente conductual, a lo observable. Detrás de cualquier habilidad comunicativa siempre debe haber una actitud interna que la respalde.

Por ejemplo, si tienes miedo de perder una amistad o temes que alguien se enfade contigo por oponerte a un proyecto, es probable que evites expresar tu punto de vista. Es decir, el primer paso de la asertividad no es comunicar, sino tomar la decisión de hacerlo, lo que implica evaluar las consecuencias y sopesar tanto los beneficios como las posibles dificultades.

No podrás aplicar las herramientas de la comunicación asertiva (que no son más que un conjunto de conductas) si no te sientes lo suficientemente seguro y/o motivado para usarlas.

¿Qué sucede cuando debido a lo que sucede dentro de nosotros no conseguimos comunicar asertivamente?

1. **Pasividad.** Callarte por miedo al conflicto, ceder ante la presión o evitar decir lo que realmente piensas. Esto suele hacerte perder capacidad de influencia y alejarte de tus objetivos.

2. **Agresividad.** Expresar tus ideas con fuerza, pero sin consideración por los demás, genera resistencia y rechazo en el interlocutor.

Tal y como ya se ha comentado, puedes utilizar estas herramientas
conductuales para comunicar más asertivamente y de este modo ser más
persuasivo, porque:

- Te permite transmitir autoridad sin ser impositivo.
- Generar confianza y respeto en la conversación.
- Te ayuda a gestionar las famosas *objeciones* sin caer en discusiones destructivas.
- Te da control sobre la situación, evitando reacciones emocionales impulsivas.

Pero recuerda, no importa cuánto practiques estas técnicas de comunicación si en el fondo hay algo dentro de ti que va en otra dirección. A
veces no somos asertivos no porque no sepamos *cómo*, sino porque sentimos que *no podemos serlo*.

Recuerda los cinco miedos fundamentales que nos suelen bloquear
las decisiones:

1. **Miedo al rechazo:** *Si digo lo que pienso, me van a excluir.*
2. **Miedo a perder el control:** *Si cedo, van a aprovecharse de mí.*
3. **Miedo a no estar a la altura:** *Si hablo, van a descubrir que no sé tanto como aparento.*
4. **Miedo a dañar la relación:** *Si le marco un límite, se alejará de mí.*
5. **Miedo al conflicto:** *Si digo lo que quiero, esto se volverá un desastre.*

Solo enfrentando estos miedos (recuerda que el miedo es una reacción ante la percepción de una amenaza, que a menudo surge de una
necesidad no satisfecha) podrás emplear una comunicación verdaderamente *asertiva*.

Si tienes claro que para utilizar las herramientas requieres empezar
por ti, vamos a ver uno de los modos más utilizados para estructurar tu
mensaje:

- **Reconoce:** Explica la situación de forma objetiva, separando la persona de la situación, y reconoce su visión de ello.

Sé que organizar un viaje puede ser complicado y que a veces surgen imprevistos. Entiendo que puedas tener razones de peso para cancelar y que no lo haces con mala intención.

- **Expresa:** Di cómo te sientes respecto a la situación y ten en cuenta los sentimientos de la otra persona.

Supongo que estás preocupado por tu trabajo. Lo que sucede es que yo me siento frustrado porque ya hemos hecho planes y comprometido dinero. También me genera incertidumbre, porque no sé si puedo contar contigo o si tendré que hacer ajustes de último minuto.

- **Consecuencia:** Explica el impacto de resolverlo (o de no hacerlo).

Si esta situación persiste, cada vez me costará más que los planes que hagamos puedan salir adelante, y quizá termine evitando organizar viajes juntos, porque no quiero encontrarme en esta situación.

- **Pon el límite:** Habla de lo que estás dispuesto (o de lo que no estás dispuesto) a hacer o tolerar.

En estas circunstancias, prefiero no seguir reservando cosas por adelantado si no hay un compromiso claro por las ambas partes. Necesito saber que, si decidimos viajar, realmente vas a venir, o al menos que me avisarás con tiempo suficiente para hacer cambios sin problemas.

- **Sugiere:** Propón una solución concreta que incluya los intereses de la otra persona.

¿Qué te parece si, para los próximos viajes, establecemos una fecha límite para confirmar, y si después de esa fecha decides no ir acordamos que cada uno se haga responsable de los costos que ya haya asumido?

Vamos a ver otro ejemplo con todos los elementos juntos:

Últimamente he notado que las tareas más complejas recaen constantemente sobre mí, mientras que otros compañeros tienen una carga más ligera. Sé que todos estamos ocupados y que no es intencional (Reconoce). Sin embargo, me siento sobrecargado y frustrado, porque esto dificulta mi gestión del tiempo y afecta a la calidad de mi trabajo (Expresa). Si seguimos así, mi desempeño y motivación podrían verse afectados, y esto podría generar tensiones en el equipo (Consecuencia). *No estoy dispuesto a seguir asumiendo esta carga extra sin revisar cómo equilibrar mejor el trabajo* (Pon el límite). *Propongo que definamos una forma más clara de asignar tareas y ajustemos la carga periódicamente. ¿Qué te parece?* (Sugiere).

Recuerda: para ser más asertivo y poder persuadir mejor, ten en cuenta tanto lo que dices como desde dónde lo dices, y, para ello, ver a la otra persona como parte de la solución y no como un problema va a ser, una vez más, fundamental.

4. Everest, Mont Blanc, pico Aneto y la colina cerca de tu casa

La *persuasión consciente* no es como seguir una receta de cocina o un hechizo de *Harry Potter*, donde si mezclas los ingredientes adecuados o dices las palabras mágicas obtendrás el resultado esperado. Es mucho más parecido a subir una montaña, donde cada conversación tiene su propio terreno.

Hay conversaciones que son como la colina detrás de tu casa: subes sin darte cuenta, casi sin esfuerzo, y todo fluye. Otras son como el pico Aneto: requieren más técnica y experiencia, pero con paciencia y constancia consigues llegar. Luego están las que parecen el Mont Blanc, donde necesitas equipo, planificación y cada paso cuenta. Y a veces te enfrentas al *Everest*, esas conversaciones en las que sientes que no avanzas, el aire se enrarece y cada palabra parece perderse en la tormenta.

El error es pensar que todas las montañas se suben igual. Si te preparaste para un paseo y de repente te enfrentas a un Everest, el miedo y la frustración están garantizados.

No se trata tanto del miedo a persuadir como del miedo a no controlar la situación o a no conseguir lo que quieres. Cuando sentimos que la conversación se nos escapa, nos tensamos y nos volvemos rígidos. Tendemos a quedar atrapados en un efecto túnel, donde solo existe un único camino, un único argumento y una única conclusión a la que la otra persona debe llegar.

Seguro que te ha pasado: inicias una conversación convencido de que sabes cómo va a ir. Tienes tu plan, tu argumento bien estructurado e incluso las pausas dramáticas ensayadas. Pero el otro responde de una forma que no esperabas y todo tu esquema mental se desmorona. En lugar de adaptarte, insistes. Y cuanto más presionas, más resistencia genera la otra persona.

Nuestros miedos, que ya sabes que están conectados a nuestras necesidades, a veces nos hacen ver un Everest donde solo hay un Mont Blanc. Y cuando queremos forzar la escalada, en lugar de buscar un mejor camino nos quedamos atrapados hasta la cintura en la nieve. La clave de la persuasión consciente es saber en qué terreno estás y moverte con flexibilidad.

Cada nivel de dificultad conlleva una aproximación diferente:

- **Si es una colina** → Relájate y fluye. No sobreanalices ni busques la estrategia perfecta. A veces la naturalidad es la mejor herramienta.
- **Si es el pico Aneto** → Mantén el ritmo y sé paciente. No todas las persuasiones se resuelven en 10 minutos.
- **Si es el Mont Blanc** → Planifica mejor, usa preguntas estratégicas y adapta tu enfoque según el otro. Aquí la clave es la resistencia.
- **Si es el Everest** → No te obsesiones con controlar el camino. Ajusta tu estrategia o espera el momento adecuado para avanzar.

No puedes escalar el Everest con la ropa de quien solo pasea por una colina. Pero tampoco puedes subir una colina con una mochila de 20 kilos llena de pensamientos catastrofistas sobre lo mal que lo harás. Recuerda: mantén a tu *hámster* domado, porque puede convertirse en tu peor enemigo.

Por otro lado, tus expectativas sobre cómo deberían ser las interacciones con los demás pueden llevarte fácilmente a la frustración. A veces, por haber subido colinas e incluso conquistado el Aneto, puedes llegar a creer que ahora puedes escalar cualquier montaña sin esfuerzo. Pero la realidad es que, sin importar cuántas veces hayas persuadido con éxito, siempre habrá un Mont Blanc o un Everest esperándote.

Te has preparado para una conversación con tu jefe, has estructurado todos los argumentos, pero cuando comienzas a hablar este te interrumpe a los 30 segundos y cambia de tema. Entras en pánico. Intentas retomar, pero sientes que estás escalando sobre hielo sin crampones.

O en una discusión con tu pareja crees que has encontrado el argumento perfecto, pero en lugar de recibir un *tienes razón* te responde con algo completamente fuera de tu radar y aparece un Everest de la nada. La pregunta es: ¿qué haces en esos momentos?

1. **Acepta que no todo sale como esperas.** No hay una fórmula mágica. A veces, incluso con la mejor preparación, el otro simplemente no estará receptivo.
2. **Revisa tu estrategia.** ¿Estás tratando de subir el Everest con sandalias o usando el mismo argumento que funcionó en una colina? Ajusta.
3. **Simula diferentes escenarios.** Una de las herramientas más conocidas de la PNL son los ensayos mentales. Es importante que te imagines tanto los que te pueden salir bien como los que no. Ambos tipos de escenarios te ayudarán a estar más preparado.
4. **Suelta el control.** No puedes obligar a nadie a pensar como tú. Pero sí puedes adaptar el camino para hacerlo más transitable.
5. **No te castigues.** Si no llegaste a la cima hoy, no significa que nunca llegarás. Cada conversación difícil es un entrenamiento para la siguiente.
6. **Disfruta la escalada.** Persuadir no es ganar una batalla, es entender el terreno y moverte con inteligencia.

Al final, la persuasión consciente no se trata de conquistar montañas ajenas, sino de conocerte a ti mismo en cada ascenso. Como dijo el gran alpinista e himalayista Reinhold Messner: «*Al escalar montañas no aprendemos cuán grandes somos, sino cuán frágiles, débiles y temerosos podemos ser*».

¿Cómo reaccionas cuando el otro no responde como esperabas? ¿Te vuelves rígido o te adaptas? ¿Insistes en un solo camino o buscas alternativas?

La persuasión consciente no trata de controlar a las demás personas, sino de aprender a moverte con ellas en cualquier terreno. Y la única manera de mejorar es enfrentando desafíos, equivocándote, ajustando y volviendo a intentarlo.

Este libro pretende ser un manual para acompañarte en ese proceso, pero lo verdaderamente importante es que practiques y te rodees de personas que puedan guiarte, como también hice yo. Puedes reducir el periodo de prueba y error si, como en mi caso, aprendes de quienes ya han recorrido una parte del camino.

Los libros son una excelente herramienta para ampliar tu conciencia, dotarte de nuevas perspectivas y adquirir conocimientos, pero nada sustituye una formación práctica y la guía de un mentor que te ayude a desarrollar las habilidades que buscas. Hay una parte del proceso de transformación que solo puede recorrerse de la mano de alguien con más experiencia.

Es un camino de aprendizaje y mejora continua. Me resulta especialmente interesante la expresión: *Yo estoy muy trabajado*. Como si hubiera un modo de saber cuánto te queda por trabajarte y pudieras determinar que ya estás más cerca de haber completado la tarea de crecer.

Para mí, el crecimiento nunca se detiene. Sigo aprendiendo y evolucionando cada día, buscando mentores que me ayuden en ese proceso, porque solo así puedo ayudar a otros a avanzar en su propio camino.

5. ¿Qué tipo de persuasión quieres hacer?

Era octubre de 1990, y el mundo observaba con preocupación la escalada de tensiones en el Golfo Pérsico. Dos meses antes, las fuerzas de Saddam Hussein habían invadido Kuwait, desatando una crisis geopolítica de proporciones alarmantes. Mientras la comunidad internacional debatía cómo responder, una joven se presentó ante el Congreso de Estados Unidos para compartir un testimonio desgarrador que marcaría el rumbo de la historia.

Vestida con sencillez, con lágrimas en los ojos y la voz entrecortada, la joven relató lo que había presenciado en un hospital kuwaití durante la invasión. *Vi cómo los soldados iraquíes irrumpieron en la sala de maternidad*, dijo, haciendo una pausa para contener el llanto. *Sacaron a los bebés de las incubadoras y los dejaron morir en el suelo frío.*

La sala quedó en silencio. Cada palabra resonó con una crudeza imposible de ignorar. Los congresistas escuchaban, conmocionados. La imagen de soldados iraquíes perpetrando semejante atrocidad era insoportable. En cuestión de horas, los medios de comunicación de todo el mundo replicaban la historia. Periódicos, noticieros y comentaristas políticos la convirtieron en símbolo de la brutalidad del régimen iraquí. La indignación creció de manera exponencial.

El testimonio de Nayirah se convirtió en un punto de inflexión. El presidente George H. W. Bush lo citó repetidamente en sus discursos, utilizándolo como uno de los principales argumentos para justificar una intervención militar en Kuwait. En palabras suyas, «*Esto no es solo una guerra entre naciones. Es una lucha por la humanidad*».

El clamor por una respuesta contundente se volvió imparable. En cuestión de meses, una coalición de 42 países, liderada por Estados Unidos, lanzó la *Operación Tormenta del Desierto*, expulsando a las tropas iraquíes de Kuwait.

Sin embargo, la verdad saldría a la luz dos años después. En enero de 1992 diferentes investigaciones, realizadas de manera independiente, revelaron que Nayirah no era una enfermera voluntaria, sino la hija del embajador kuwaití en Estados Unidos, Saud Nasser Al-Saud Al-Sabah, y que no hubo casos de bebés sacados de incubadoras.

Su testimonio no era espontáneo, sino parte de una sofisticada campaña de relaciones públicas organizada por el grupo *Citizens for a Free Kuwait* y la firma estadounidense *Hill & Knowlton*. El objetivo: conmover a la opinión pública e inclinar la balanza a favor de la intervención militar.

¿Por qué cito este caso y no el de alguien haciendo un alegato a los seres humanos, su bondad y el perdón entre pueblos más al estilo de Nelson Mandela?

Porque para mí es importante diferenciar esta idea de la persuasión de la que yo he llamado *persuasión consciente*. En este libro nos hemos dejado en el tintero muchos temas clásicos del mundo de la persuasión, como los *sesgos cognitivos*, las *falacias emocionales*, los *elementos de influencia inconscientes* o el *lenguaje no verbal*. No se han abordado porque, aunque útiles, ya están explicados en muchos libros, y no aportaría mucho valor repitiendo lo que ya está más que escrito.

Tienes todo el derecho a profundizar en libros de *argumentación unilateral*, como yo mismo hice en su momento. Si lo deseas, puedes desarrollar tus habilidades y convertirte en un maestro de la palabra, en un estratega de la influencia; no hay nada de malo en ello. De hecho, te animo a explorarlo como un complemento valioso en tu aprendizaje.

Al igual que en todos mis cursos y charlas, en este libro he querido brindarte la oportunidad de utilizar estas herramientas de manera honesta y constructiva. Mi intención es que seas consciente de cómo te sientes, desde qué lugar mental y emocional te comunicas y qué impacto deseas generar en la otra persona.

Este último apartado se dedicará a juntar todas las ideas expuestas, para que te sea más fácil desarrollar las habilidades necesarias para ser un comunicador consciente de alto impacto; también veremos algunas aplicaciones particulares donde puede ser más complejo utilizarlas.

El acrónimo PRISMA simboliza que la persuasión no es un rayo único y directo, sino una interacción dinámica entre lo que sucede dentro de ti y en la mente del otro. Como un prisma que descompone la luz en múltiples colores, este método desglosa la persuasión en sus elementos esenciales para que puedas influir con autenticidad y precisión.

P - Preparación interna y autoconciencia.
R - Resonancia y conexión con el otro.

I - **Influencia en la toma de decisiones.**
S - **Simulación y expansión de mapas mentales.**
M - **Movilización emocional y racional.**
A - **Alineación y acción.**

P - Preparación interna y autoconciencia

La persuasión consciente comienza por uno mismo. No puedes influir eficazmente en los demás si no eres plenamente consciente de lo que piensas, sientes y proyectas. Tu estado emocional impacta de manera directa en tu comunicación y en la percepción que los demás tienen de ti. Antes de persuadir, necesitas conocer tu propio terreno: comprender tus miedos, expectativas y patrones de comunicación.

Sin esta conciencia interna, corres el riesgo de persuadir desde la ansiedad, la inseguridad o la desconexión, lo que inevitablemente generará fricción con los demás. PNL es una herramienta clave para analizar cómo piensas, sientes y actúas, permitiéndote alcanzar claridad mental y autoliderazgo antes de interactuar con otros.

Principios esenciales de la preparación interna

- **La mente funciona en piloto automático:** Gran parte de nuestras reacciones son inconscientes y están basadas en hábitos y patrones automáticos. Si no los cuestionamos, nos convertimos en prisioneros de ellos.
- **La rutina es la enemiga de la preparación:** Cuando actuamos de manera mecánica, dejamos de prepararnos adecuadamente y sacrificamos la calidad de nuestras interacciones.
- **El estrés nos vuelve reactivos:** Cuanto más saturado estés, más tenderás a enfocarte en tareas en lugar de en las personas, perdiendo oportunidades clave para influir y conectar.

Herramientas clave para la preparación interna

- **Modelo triangular de la PNL:** Relación entre pensamiento, emoción y comportamiento.
- **El mapa no es el territorio:** Diferenciar entre la realidad y tu interpretación subjetiva de ella.
- **Gestión del estado emocional:** Ajustar conscientemente tu estado interno para influir de manera más efectiva.

- **Conciencia comunicativa:** Observar cómo tu lenguaje verbal y no verbal impacta en los demás.

Reflexión clave: Cada interacción es única e irrepetible. Así como en la ceremonia del té japonesa se honra la relación con el invitado, en la persuasión deberíamos honrar siempre la conexión con el otro, más allá del objetivo inmediato. Porque cuando nos enfocamos solo en conseguir algo, podemos perder de vista lo más importante: construir relaciones sólidas y auténticas.

R - Resonancia y conexión con el otro

La confianza es el lubricante social. Sin ella, el flujo de información se bloquea y la persuasión se vuelve imposible. Cuando una persona percibe que no puede anticipar tus intenciones o que hay un desequilibrio de poder en la interacción, su cerebro activa mecanismos de defensa, cerrando la posibilidad de influencia.

Principios esenciales para generar confianza y resonancia en el otro

- **Reconocimiento:** Validar las emociones, valores y experiencias de la otra persona, mostrándole que la comprendes genuinamente. Esto no significa estar de acuerdo con todo, sino demostrar que su perspectiva es escuchada y respetada.
- **Acompasamiento:** Igualar su lenguaje, tono y comportamiento para crear sintonía y *rapport*. Nuestra tendencia natural es sentirnos cómodos con quienes reflejan nuestras propias expresiones y patrones, activando nuestras neuronas espejo, un sistema biológico que refuerza la conexión emocional.

Este proceso de acompasamiento no solo genera confianza, sino que nos da información en tiempo real sobre la calidad de la conexión. Si la otra persona rompe el acompasamiento (cambia de postura abruptamente, desvía la mirada o reduce su expresión facial) es una señal de que el vínculo se ha debilitado y que necesitas ajustar tu estrategia.

Herramientas clave para generar resonancia y conexión

- **Acompasamiento y rapport:** Igualar la conducta paraverbal (tono de voz y ritmo del interlocutor). También la no verbal (gestos y posturas) o la verbal (lo que dice con la voz). Esto no significa imitar de forma mecánica, sino ajustar de manera natural para generar sincronización sin que sea forzado.

- **Reconocimiento profundo:** Expresar comprensión validando emociones, creencias y valores. No basta con decir *te entiendo*, sino demostrarlo a través de preguntas reflexivas y comentarios que refuercen la empatía.
- **Confianza y transparencia:** Cumplir pequeñas promesas y demostrar coherencia en tus acciones. La confianza no se construye con grandes gestos, sino con repeticiones consistentes que refuercen la percepción de fiabilidad.
- **Uso estratégico del lenguaje no verbal:** La expresión facial y el tono de voz deben ser congruentes con el mensaje. Si hay una incongruencia entre lo que dices y lo que expresas, el cerebro del otro captará esa desalineación, generando desconfianza.

Reflexión clave: Cuando generas resonancia con alguien, activas en su cerebro circuitos de recompensa asociados con la *oxitocina*, la hormona de la confianza, y el apego. Es un proceso biológico que nos predispone a abrirnos, compartir y cooperar. Pero recuerda: la confianza no es un estado fijo, sino un flujo dinámico. En cada interacción, la construyes o la desgastas.

Si logras que el otro sienta que lo entiendes y que puede predecir tus intenciones, habrás abierto la puerta a la persuasión auténtica.

I - Influencia en la toma de decisiones

Las decisiones no son exclusivamente racionales; están profundamente influenciadas por las emociones, las experiencias previas y la anticipación de consecuencias. Aunque solemos creer que tomamos decisiones de manera lógica y calculada, la realidad es mucho más compleja. Nuestro cerebro no solo evalúa datos objetivos, sino que también construye representaciones mentales del futuro para estimar riesgos, beneficios y esfuerzos.

Cada elección es el resultado de una competición interna entre nuestras partes racionales y emocionales. Según el neurocientífico Antonio Damasio, sin emoción no podríamos tomar decisiones, ya que son las emociones las que nos ayudan a priorizar opciones y decidir qué es realmente importante.

Además, cada persona filtra la información según sus propios criterios personales, como cantidad, personas involucradas o contexto. Un buen persuasor no intenta imponer una decisión, sino que guía estas representaciones mentales, ajustando su mensaje para alinearlo con los valores y necesidades del otro.

Factores que influyen en la toma de decisiones

- **Riesgo percibido:** No se trata del riesgo real, sino de cómo lo interpreta la persona. Puede incluir el miedo a perder algo, a equivocarse o a ser juzgado.
- **Esfuerzo:** Si la decisión parece demasiado costosa en términos de energía, tiempo o compromiso, es probable que se posponga o se evite.
- **Familiaridad:** Cuanto más familiar es una opción, más cómoda resulta. La incertidumbre genera resistencia, por lo que reducir la sensación de novedad puede facilitar la decisión.
- **Recompensa esperada:** Cuanto mayor sea el beneficio percibido, más probable es que la persona actúe. Esta recompensa puede ser tangible (dinero, tiempo) o intangible (estatus, reconocimiento, tranquilidad).
- **Probabilidad de éxito:** Si una opción parece alcanzable y realista, genera más confianza. Si se percibe como inalcanzable, se desecha sin siquiera intentarlo.

Herramientas clave para influir en la toma de decisiones

- **Representaciones mentales y visualización:** La mente anticipa los resultados de una decisión a través de imágenes mentales. Guiar este proceso ayuda a que la persona visualice los beneficios con claridad, reduciendo incertidumbre y aumentando la predisposición a actuar.
- **Influencia en criterios clave:** Cada persona prioriza aspectos distintos en su toma de decisiones, como cantidad, calidad, reconocimiento o seguridad. Identificar su criterio dominante permite ajustar el mensaje para que resuene con su forma de evaluar opciones.
- **Condiciones y umbrales para la decisión:** Toda elección está condicionada a ciertos requisitos internos, como confianza en la fuente o percepción de estabilidad. Detectarlos y alinearlos con la propuesta facilita la aceptación.
- **Puntos de inflexión:** Las decisiones se toman cuando se acumulan suficientes razones para actuar. Destacar los factores clave que in-

clinan la balanza acelera este proceso y refuerza la percepción de oportunidad.

- **Alineación progresiva:** Reducir fricciones y adaptar el mensaje a la estructura mental del interlocutor facilita la persuasión sin generar resistencia, permitiéndole sentir que la decisión surge de manera natural.

Reflexión clave: Tomar decisiones no es solo un ejercicio lógico; es un proceso profundamente emocional. Nuestra tarea como persuasores no es forzar, sino acompañar y facilitar que la otra persona descubra que nuestra opción es la que se siente mejor.

Si logras alinear tu mensaje con los valores, emociones y criterios de decisión de tu interlocutor, habrás creado una persuasión que no se basa en la presión, sino en la coherencia y la confianza.

S - Simulación y expansión de mapas mentales

Cada persona vive en su propio mapa del mundo, una representación mental que le permite interpretar la realidad y tomar decisiones. Estos mapas no son estáticos ni objetivos; son construcciones subjetivas influenciadas por la experiencia, las creencias y la necesidad de certidumbre.

La persuasión efectiva no se trata de imponer tu realidad sobre la del otro, sino de explorar, comprender y expandir su percepción para generar un cambio genuino en su toma de decisiones. Para ello es clave el reconocimiento (demostrar que entiendes su visión del mundo) y la utilización de preguntas estratégicas que permitan a la persona descubrir nuevas opciones por sí misma.

La persuasión no es un combate de verdades absolutas, sino un baile en el que ambas partes contribuyen a la construcción de una nueva perspectiva compartida.

Principios esenciales de la simulación y expansión de mapas mentales

- **El mapa no es el territorio:** No vemos la realidad tal como es, sino a través de nuestras interpretaciones. Alfred Korzybski acuñó esta idea, pero ya el jainismo afirmaba hace 2.500 años que ninguna perspectiva es completa. Entender esto nos permite comunicar con más flexibilidad y menos conflicto.

- **Los mapas generan seguridad:** Nuestros mapas mentales nos permiten movernos por el mundo con confianza. Sin ellos, nos sentiríamos perdidos. Por eso, cuestionar un mapa ajeno puede generar resistencia, a menos que lo hagamos con tacto y respeto.
- **El cerebro premia la coherencia:** Cuando encontramos información que confirma nuestro mapa liberamos dopamina, lo que refuerza nuestra sensación de certeza. En cambio, cuando algo lo desafía sentimos disonancia cognitiva, una incomodidad que muchas veces nos lleva a rechazar la nueva información en lugar de integrarla.
- **El sesgo de confirmación filtra la realidad:** Nuestro cerebro prioriza lo que reafirma nuestras creencias y descarta lo que las contradice. Esto hace que muchas veces no veamos la realidad como es, sino como queremos que sea.

Herramientas clave para expandir mapas mentales

- **El mapa no es el territorio:** Comprender que cada persona interpreta la realidad de forma única. Reconocer esto nos permite abordar la persuasión con más empatía y menor confrontación.
- **Uso de preguntas estratégicas:** En lugar de afirmar o corregir, utiliza preguntas que lleven al otro a reconsiderar su perspectiva. Preguntar: *¿Qué te hace pensar eso?* o *¿Podría haber otra forma de verlo?* puede abrir nuevos caminos sin generar resistencia.
- **Construcción de consenso:** En lugar de atacar un mapa mental, busca puntos de encuentro para ampliar la conversación. El objetivo no es demoler la visión del otro, sino construir juntos una perspectiva más útil y flexible.
- **Estructuración del mensaje:** Organizar tus ideas de forma clara y progresiva ayuda a que la otra persona integre nueva información sin sentir que su mapa está siendo invalidado. Las metáforas y las historias pueden ser herramientas poderosas para facilitar esta integración.

Reflexión clave: Cuando persuades a alguien, no le estás dando un nuevo mapa listo para usar, sino ofreciéndole herramientas para ajustar el suyo. Si intentas imponérselo, lo más probable es que lo rechace. En cambio, si lo ayudas a expandir su visión con preguntas estratégicas y reconocimiento genuino, lograrás un cambio duradero y consciente.

Al fin y al cabo, la persuasión no consiste en convencer a alguien de que su mapa está mal, sino en mostrarle que siempre hay más territorio por explorar.

M - Movilización emocional y racional

Las emociones juegan un papel central en la toma de decisiones. Aunque nos gusta pensar que somos seres racionales, la realidad es que las emociones son el motor y la razón es el volante. No basta con ofrecer argumentos lógicos; para persuadir eficazmente es necesario generar un impacto emocional que refuerce la sensación de certeza y confianza en la elección.

La clave está en influir no solo en el pensamiento de la persona, sino también en su estado emocional, utilizando herramientas que conecten a nivel visceral con la decisión.

Principios esenciales en la movilización emocional y racional

- **Escenarios futuros evocadores:** Ayudar a la persona a visualizar el resultado positivo de su decisión genera una conexión emocional más fuerte y una sensación de certidumbre.
- **Estados emocionales contagiosos:** Las emociones se transmiten a través de las neuronas espejo. Si el persuasor proyecta seguridad y entusiasmo, es más probable que la otra persona sienta lo mismo.
- **El equilibrio entre emoción y razón:** No se trata solo de despertar emociones intensas, sino de gestionarlas para que no deriven en reacciones impulsivas o dudas posteriores.
- **El poder de las historias:** Nuestra mente procesa mejor la información cuando está envuelta en una narrativa. Las historias crean imágenes mentales, activan nuestras emociones y hacen que el mensaje sea más memorable.

Herramientas clave para movilizar emociones y razón

- **Inducción de estados emocionales positivos:** Crear un ambiente que favorezca la toma de decisiones, asegurando que la persona se sienta segura y optimista sobre su elección.
- **Refuerzo de ideas a través de la repetición estratégica:** Utilizar ejemplos, citas y casos concretos para fortalecer la idea que queremos anclar en la mente del otro.

- **Uso de la voz y el ritmo:** Ajustar la tonalidad y velocidad del discurso para generar impacto emocional. La voz es una herramienta de persuasión tan poderosa como las palabras mismas.
- **Uso de metáforas y *storytelling*:** Las historias generan conexión emocional y permiten que el interlocutor experimente la persuasión desde dentro, en lugar de recibirla de manera externa.

Reflexión clave: La persuasión es un juego de estados emocionales. No basta con decir lo correcto, hay que hacer sentir lo correcto. Si activas la emoción adecuada, la decisión se vuelve casi inevitable.

Al final, persuadir es construir un puente entre lo que la otra persona siente y lo que puede llegar a sentir. Si logras que experimente mentalmente el beneficio de su decisión antes de tomarla, habrás convertido una simple conversación en un proceso de transformación.

A - Alineación y acción

La persuasión no termina cuando alguien cambia de perspectiva o se siente motivado por una idea. Sin acción, no hay transformación real. Puedes haber llevado a una persona a ver el mundo de una manera nueva, pero si no da el siguiente paso todo se quedará en una conversación interesante sin impacto alguno.

Sin embargo, llevar a alguien a la acción no es simplemente decirle lo que tiene que hacer. Para que una decisión se materialice en un cambio concreto, la persona debe sentir que controla el proceso. Cuando la gente siente que está siendo empujada o presionada, su reacción natural es resistirse. Por eso, la clave está en alinear su motivación con un plan de acción claro y alcanzable.

Una de las razones por las que las personas postergan decisiones es la fricción de activación: la tendencia del cerebro a evitar acciones nuevas porque representan un gasto de energía.

Para reducir esta fricción, es esencial hacer que la acción inmediata sea fácil y progresiva. Un pequeño primer paso claro y alcanzable aumenta exponencialmente las probabilidades de éxito. La persuasión consciente no es empujar, sino crear el contexto adecuado para que el otro actúe sin sentirse forzado.

Herramientas clave para llevar a la acción

- **Cierre con opciones:** Presentar varias alternativas para que la persona elija con autonomía. Cuando alguien siente que tiene control sobre la decisión, su compromiso con ella se refuerza.

- **Principio de compromiso y consistencia:** Una vez que alguien declara públicamente una intención, su cerebro tenderá a alinearse con ella para evitar la disonancia cognitiva. Pedir verbalmente un compromiso específico aumenta la probabilidad de que se lleve a cabo.
- **Anclaje emocional:** Asociar la decisión con una emoción positiva. Cuando una persona visualiza mentalmente los beneficios futuros de su acción, su cerebro genera una conexión emocional que refuerza la ejecución del cambio.
- **Seguimiento y refuerzo:** Muchas personas necesitan un recordatorio o una validación externa para sostener su compromiso. Diseñar pequeños mecanismos de seguimiento puede marcar la diferencia entre una intención y una acción concreta.

Reflexión clave: La persuasión no es solo cambiar cómo alguien piensa, sino cómo actúa. Sin una llamada clara a la acción, el impulso de cambio se disipará y la inercia tomará el control.

Como persuasor, tu rol no es solo inspirar, sino facilitar. Si ayudas a las personas a dar el primer paso de manera sencilla y natural, estarás logrando una persuasión efectiva y sostenible.

Resumen

1. **Liderazgo personal y toma de control**
   - La persuasión consciente empieza con el liderazgo sobre uno mismo.
   - Dejar de verse como víctima de las circunstancias permite asumir el control de la vida.
   - Tomar decisiones con consciencia y responsabilidad mejora la capacidad de influir en los demás.

2. **Ver oportunidades en los demás**
   - En lugar de ver obstáculos o amenazas en los interlocutores, es clave identificarlos como oportunidades de crecimiento.
   - Cada interacción puede ser un aprendizaje mutuo y una ocasión para generar impacto positivo.
   - La persuasión no es manipulación, sino una forma de crear valor compartido.

3. **La actitud del héroe**
   - El verdadero cambio ocurre cuando dejamos de esperar que otros actúen y asumimos nuestro papel de protagonistas.
   - La historia de Kyle Maynard demuestra que el liderazgo personal supera cualquier barrera.
   - Ser un héroe implica actuar con determinación y no dejar que las circunstancias dicten nuestra identidad.

4. **Persuasión como ética y responsabilidad**
   - La persuasión debe basarse en el respeto, la transparencia y el beneficio mutuo.
   - Su mala reputación proviene de quienes la usan sin consciencia ni ética.
   - Como cualquier herramienta, en las manos correctas puede transformar vidas positivamente.

5. **Construcción de relaciones de confianza**
   - Para persuadir de manera efectiva es esencial generar confianza en las interacciones.
   - Las personas confían en quienes perciben como honestos, consistentes y alineados con sus valores.
   - Un enfoque basado en la colaboración fortalece las relaciones y la capacidad de influir.

6. **Transformarse en un agente de cambio**
   - La persuasión es más que una habilidad; es una forma de interactuar con el mundo.
   - Liderar la vida propia inspira a otros a hacer lo mismo, generando un efecto multiplicador.
   - Asumir la responsabilidad del impacto que tenemos en los demás es la clave para convertirnos en verdaderos agentes de cambio.

Tareas

1. **Aplicar el liderazgo personal**

   - Identifica una situación en la que te hayas sentido víctima y escribe cómo podrías haber actuado con mayor liderazgo.
   - Comprométete con una acción específica que refleje mayor control sobre tu vida en los próximos días.

2. **Reencuadrar percepciones sobre los demás**

   - Piensa en alguien a quien consideres un obstáculo y escribe tres formas en que esa persona podría representar una oportunidad de aprendizaje o crecimiento.
   - En tu próxima interacción con esa persona busca generar una conversación constructiva basada en ese nuevo enfoque.

3. **Adoptar la mentalidad del héroe**

   - Escribe sobre una situación desafiante en tu vida en la que hayas superado dificultades con determinación.
   - Define qué aspectos de esa experiencia puedes aplicar para liderar otros aspectos de tu vida.

4. **Persuasión con ética y responsabilidad**

   - Reflexiona sobre una ocasión en la que hayas intentado persuadir a alguien. Pregúntate: ¿Buscaba solo mi beneficio o también el de la otra persona?
   - Reescribe tu argumento para que refleje una intención de beneficio mutuo.

5. **Construcción de confianza en la persuasión**

   - Haz una lista de tres acciones diarias con las que puedas reforzar la confianza en tus relaciones.
   - Pon en práctica una estrategia de transparencia y consistencia en una conversación clave.

6. **Convertirse en un agente de cambio**

   - Identifica una persona o grupo en tu entorno a los que puedas influir positivamente esta semana.
   - Diseña una acción concreta que puedas llevar a cabo para impactar de manera positiva y sostenida en su vida.

Unas palabras finales sobre liderazgo personal y persuasión

La historia de mi amigo Kyle Maynard es una de esas que nos obligan a replantearnos lo que creemos posible. Nació con una rara condición llamada amputación congénita, lo que significa que sus brazos terminan antes del codo y sus piernas antes de las rodillas. Desde el principio muchos asumieron que su vida estaría marcada por la dependencia, las limitaciones y los obstáculos insuperables. Pero Kyle nunca aceptó esa versión de la realidad.

Desde pequeño, tuvo el deseo de ser como cualquier otro niño. Veía a sus amigos jugar al fútbol americano y soñaba con correr por el campo, formar parte del equipo y anotar *touchdowns*. No quería quedarse al margen; quería competir y demostrar que podía hacerlo. Con determinación y esfuerzo, se entrenó y jugó durante años junto a chicos sin discapacidades, encontrando maneras de adaptarse al juego y mantenerse en la cancha. Sin embargo, con el tiempo las diferencias físicas se hicieron insalvables. A medida que sus compañeros crecían y ganaban velocidad y fuerza, el fútbol americano se volvió un desafío casi imposible.

Fue entonces cuando su padre, viendo su espíritu competitivo y su deseo inquebrantable de superarse, le sugirió probar con la lucha libre. Un deporte donde su fuerza, determinación y capacidad de adaptación podrían marcar la diferencia. El cambio no fue fácil. En sus primeros combates, Kyle apenas podía competir contra sus rivales. No tenía la misma base de apoyo que los demás luchadores y perdía constantemente. Pero, en lugar de rendirse, hizo lo que siempre había hecho: adaptarse, aprender y seguir adelante. Durante un año perdió todos los combates, pero ajustó su técnica, fortaleció su cuerpo y trabajó incansablemente, cambiando su mentalidad hasta que cada derrota se convirtió en una lección. Con el tiempo, Kyle dejó de ser el adolescente que intentaba luchar y se convirtió en un verdadero competidor.

Su esfuerzo y perseverancia dieron frutos cuando, contra todo pronóstico, se coronó campeón del estado de Georgia, compitiendo contra jóvenes sin discapacidades. No hubo atajos, no hubo concesiones. Ganó con el mismo reglamento, en las mismas condiciones y con el mismo esfuerzo que cualquier otro luchador. Demostró que su verdadero poder no estaba en sus extremidades, sino en su mentalidad y su determinación inquebrantable.

Más adelante, Kyle llevó esa misma mentalidad a desafíos aún mayores. El 15 de enero de 2012 hizo historia al convertirse en el primer tetraamputado en alcanzar la cima del monte Kilimanjaro, la montaña más alta de África. Lo logró sin prótesis, impulsándose solo con la fuerza de sus brazos y su voluntad. Cada movimiento en esa escalada era un recordatorio de que los límites existen solo en nuestra mente. Años más tarde también conquistó el Aconcagua, la cima más alta de América, enfrentando condiciones extremas sin más ayuda que su determinación inquebrantable.

Pero su impacto va más allá de sus hazañas físicas. Hoy en día Kyle es un conferenciante internacional reconocido, inspirando a miles de personas con su historia de superación. Además, es un exitoso empresario con diversos negocios, demostrando que su mentalidad de resiliencia y adaptación no solo aplica en el deporte, sino en todas las áreas de la vida.

La historia de Kyle no es solo una de superación, sino una prueba viviente de que las barreras son, en su mayoría, una construcción mental. No importa qué obstáculos tengas; lo que realmente define tu destino es quién decides ser ante ellos.

Tú también tienes una decisión por delante: seguir viendo el mundo como un lugar lleno de amenazas o como un terreno de juego donde puedes transformar cada reto en una oportunidad.

Puedes seguir viendo en los demás simples recursos o, peor aún, obstáculos en tu camino, o puedes elegir ver en cada persona una posibilidad de crecimiento mutuo. Esa elección es la diferencia entre ser víctima de tu entorno o ser el héroe de tu propia historia.

Immaculée apostó por el amor, la generosidad y, sobre todo, por comprender que el verdadero poder no radica en la venganza, sino en su capacidad de perdonar. Porque el perdón no es rendición, sino liberación, y el verdadero liderazgo comienza desde dentro.

No puedes liderar a otros si primero no lideras tu propia vida. No puedes esperar transformar tu entorno si te dejas arrastrar por las circunstancias, las excusas o los miedos. Recuerda: los otros nunca son el problema, siempre son la solución.

Un líder no es quien impone su voluntad sobre los demás, sino quien toma el control de su propio destino. Es aquel que, incluso en los momentos más oscuros, sabe cuál es la mejor decisión y elige el camino correcto, aunque sea el más difícil, porque sabe que está alineado con su corazón y sus valores.

A veces, el liderazgo significa sacrificar la propia vida por los más débiles, como hicieron los valientes soldados del HMS Birkenhead. Otras veces implica salvar el mundo desobedeciendo órdenes, como decidió Petrov. Porque un verdadero líder no sigue caminos trazados por miedo o conveniencia, sino que se atreve a crear el suyo propio, guiado por lo que es justo, por lo que es necesario... y por lo que es correcto.

Un líder no es el más fuerte ni el más temido. Es aquel que, con su ejemplo, ilumina el camino para que otros también se atrevan a recorrerlo.

Deja de esperar que las cosas cambien por sí solas. El cambio no llega, se provoca.

Toma el liderazgo de tu vida. Tú puedes conducir el autobús, no limitarte a ser un pasajero más. Asume la responsabilidad de lo que sientes, lo que haces y cómo te relacionas con los demás a través de las herramientas que te he dejado en este libro y muchas más que puedes encontrar o que ya conoces.

La *persuasión consciente* no es solo un conjunto de técnicas y estrategias; es una forma de estar en el mundo. No se trata simplemente de influir, ni de caer en la tentación de ejercer un poder coercitivo o impositivo, sino de crear conexiones auténticas.

Es el arte de entender, escuchar y construir, como hizo Hanns Scharff, cuyo enfoque estaba basado en el respeto y la colaboración, demostrando que la persuasión más poderosa no nace de la fuerza, sino de la confianza mutua y el entendimiento genuino.

Es el arte de entender que cada interacción, por breve que sea, es un momento único, un regalo irrepetible, al más puro estilo *Ichigo Ichie* de la ceremonia del té. Honra cada encuentro, porque nunca sabes el impacto que puedes dejar en la otra persona... ni el que ella puede dejar en ti.

El problema es que la persuasión arrastra una mala reputación, no por su naturaleza, sino por el uso irresponsable que muchos le han dado: sin conciencia, sin ética, sin respeto y con una mentalidad fría e industrializada.

No estamos obligados a ser ni lobos ni corderos. Podemos ser mucho más e ir más allá. La persuasión no tiene por qué ser un arma; puede ser un arte, una forma de *haute cuisine* donde cada interacción es un plato exquisito, lleno de matices sutiles en sus aromas y sabores, cuidadosamente elaborado y ajustado al paladar de quien lo recibe. Porque, como cualquier otra herramienta, su verdadero valor depende de quién la utilice.

En las manos equivocadas, puede manipular, arruinar vidas y destruir sueños. Pero en las manos de quienes la entienden como un medio para construir, conectar y generar cambios positivos se transforma en una fuerza capaz de cambiar el mundo.

Puede derribar visiones obsoletas, enriquecer perspectivas y, sobre todo, transformar vidas, que no son más que la suma de innumerables decisiones. Decisiones que, aunque nos lleven por aguas turbulentas y travesías peligrosas, acaban marcando nuestro destino.

Recuerda que ir a toda máquina por vías rígidas y buscando que la gente se doblegue bajo el peso de tus verdades no es el mejor modo de crear relaciones sólidas y fértiles basadas en la confianza.

Si has llegado hasta aquí es porque quieres más que simplemente aprender a persuadir. Quieres convertirte en alguien que impacta positivamente en su entorno. Quieres que tu voz se escuche no porque gritas más fuerte, sino porque tu mensaje merece ser escuchado. Quieres que las personas te sigan no por miedo o presión, sino porque confían en ti.

Ahora es tu turno de unirte a este movimiento de *persuasores conscientes*. No esperes más. Sal ahí fuera y conviértete en un *agente del cambio*. Usa la persuasión no solo para lograr lo que deseas, sino para ayudar a otros a alcanzar lo que también anhelan. Y, sobre todo, recuerda esto: no se trata solo de convencer, sino de construir. No se trata solo de influir, sino de inspirar. No se trata solo de ganar, sino de hacer de este mundo un lugar mejor para todos.

Xavier Pirla Llorens

BIBLIOGRAFÍA

Ariely, D. (2008). *Las trampas del deseo: Cómo controlar los impulsos irracionales que nos llevan al error*. Ariel.

Bandler, R. (1985). *Usa tu cabeza para variar*. Cuatro Vientos.

Bandler, R. y Grinder, J. (1975). *La estructura de la magia* (vol. 1). Cuatro Vientos.

Bandler, R. y LaValle, J. (2002). *Persuasion Engineering*. Real People Press.

Campbell, J. (1949). *El héroe de las mil caras*. Fondo de Cultura Económica.

Carnegie, D. (1936). *Cómo ganar amigos e influir sobre las personas*. Simon & Schuster.

Cialdini, R. B. (2001). *Influencia: Ciencia y práctica*. Pearson Educación.

Cialdini, R. B. (2016). *Pre-suasión: Un método revolucionario para influir y persuadir*. Alienta Editorial.

Clear, J. (2018). *Hábitos atómicos*. Diana Editorial.

Damasio, A. (1994). *El error de Descartes: La emoción, la razón y el cerebro humano*. Crítica.

Fogg, B. J. (2019). *Hábitos pequeños: Cambios que lo cambian todo*. Editorial Planeta.

Gladwell, M. (2005). *Inteligencia intuitiva: ¿Por qué sabemos la verdad en dos segundos?* Taurus.

Heath, C. y Heath, D. (2007). *Ideas que pegan: Por qué unas ideas sobreviven y otras mueren*. Empresa Activa.

Homero (siglo VIII a.C.). *La Ilíada y La Odisea*. Traducciones varias.

Kahneman, D. (2011). *Pensar rápido, pensar despacio*. Editorial Debate.

Korzybski, A. (1933). *Science and Sanity: An Introduction to Non-Aristotelian Systems and General Semantics*. Institute of General Semantics.

Kotler, S. y Wheal, J. (2017). *Robar el fuego*. Dey Street Books.

Langer, E. J. (1989). *Mindfulness*. Addison-Wesley.

Langer, E. J., Blank, A. y Chanowitz, B. (1978). The mindlessness of ostensibly thoughtful action: The role of «placebic» information in interpersonal interaction. *Journal of Personality and Social Psychology, 36*(6), 635-642.

Lapierre, D. (1985). *La ciudad de la alegría*. Planeta.

Maslow, A. H. (1943). A theory of human motivation. *Psychological Review, 50*(4), 370-396.

Maynard, K. (2012). *No excuses*. Regan Arts.

Messner, R. (2001). *The Crystal Horizon: Everest – The First Solo Ascent*. Mountaineers Books.

Petty, R. E. y Cacioppo, J. T. (1986). The elaboration likelihood model of persuasion. *Advances in Experimental Social Psychology, 19*, 123-205.

Pinker, S. (2011). *Los ángeles que llevamos dentro: El declive de la violencia y sus implicaciones*. Paidós.

Polya, G. (1945). *Cómo plantear y resolver problemas*. Editorial Trillas.

Shelley, M. (1818). *Frankenstein o el moderno Prometeo*. Lackington, Hughes, Harding, Mavor & Jones.

Thaler, R. H. y Sunstein, C. R. (2008). *Un pequeño empujón: El impulso que necesitas para tomar mejores decisiones*. Taurus.

Voss, C. y Raz, T. (2016). *Rompe la barrera del no: 9 principios para negociar como si te fuera la vida en ello*. Harper Business.

Wollstonecraft, M. (1792). *Vindicación de los derechos de la mujer*. J. Johnson.

TÍTULOS PUBLICADOS